いづも財団叢書 3

出雲びとの信仰と祭祀・民俗・芸能

公益財団法人いづも財団
出雲大社御遷宮奉賛会［編］

口絵１　神迎神事
旧暦10月10日夜、全国からの八百万の神々を稲佐浜（出雲市大社町）で迎える。翌日から出雲大社にて神在祭が行われる。

口絵２　出雲大社の涼殿祭

夏を無病息災で過ごせるように祈念する神事。宮司は本社の東方約100mにある「出雲森《いずものもり》」で祈念した後、砂の上に敷かれた真菰《まこも》を踏んで大社境内に戻り、御手洗井《みたらしのい》で祈念して終了する。真菰を踏むことから「真菰の神事」とも呼ばれる。

口絵３　諸手船神事
12月３日を中心に行われる美保神社（松江市美保関町）の神事で、国譲り神話をモチーフにしている。氏子が中心になって行われるところに特色がある。

口絵４　大土地神楽
出雲市大社町に江戸中期から伝わる庶民による神楽。江戸中期から現在までの芸能の変遷過程や地域的特色をよく示す神楽として、国の重要無形民俗文化財に指定されている。

口絵５　潮《しお》（汐）汲《く》み
出雲市大社町に伝わる習俗。毎月１日の早朝、稲佐浜で海水を汲み、出雲大社や氏神に参拝。その後、自宅に持ち帰って、家族や玄関・神棚などに汲んだ海水を笹の葉で撒いて浄める。この習俗は島根半島の海岸部でもみられる。

目次

序章

第Ⅱ期公開講座の主旨と実施状況

第Ⅱ期公開講座の主旨と実施状況

公益財団法人
いづも財団事務局

一　公開講座の主旨と計画

1　第Ⅱ期公開講座の主旨

出雲には、今日でも古社が多く、古くから神社が多かったことが窺われる。奈良時代に編纂された『出雲国風土記』（七三三年成立）には、神社の数は合わせて三九九所もあると述べてある。また、平安時代に完成した『延喜式』（九二七年成立）には、神名帳に記載されている神社の中で、出雲に鎮座する神は一八七座もあり、この数は大和、伊勢に次いで全国第三位に相当する。ことほどさように、出雲は古代から神々の国であった。

明治二十三（一八九〇）年八月に、島根県尋常中学校・同師範学校の英語教師として赴任したラフカディオ・ハーン（小泉八雲）は、「出雲は、わけても神々の国であり、いまでもイザナギ・イザナミの子孫が、深くその宗祖を尊崇している」（平井呈一訳『日本瞥見記』上）と、出雲びとの信仰心の篤さについて、驚きを込めて述べている。

本講座では、そのような出雲びとの信仰の特質を、祭祀や民俗、神事芸能（神楽）の側面から考えてみようとするものである。

ところで、「出雲信仰」という言葉がある。これは、我が国を代表する歴史辞典の『国史大辞典』や『神道史大辞典』（いずれも吉川弘文館）には「出雲大社及び主祭神大国主神の神徳に対する信仰」と説明され、一般の百科事典にもそのような捉え方で記述されている。したがって、「出雲信仰」は出雲大社及びその主祭神である大国主神への信仰という理解は、研究者の間では定着しているといってよいであろう。

しかし、出雲びとの信仰は、出雲大社・大国主神への信仰ばかりではない。素戔嗚尊信仰や事代主命信仰などそれぞれの地域では、さまざまな神々への信仰も盛んであるし、また豊作・豊漁、無病息災、家内安全、縁結び、安産などの民間信仰も盛んに行われている。
この講座では、出雲大社及び大国主神信仰が基本となるが、島根半島四十二浦巡りなど各地域で行われている民間信仰についても考えてみたいと思う。

2 公開講座の計画

このような主旨に沿って、全六回の公開講座の計画を立てた。各講座ごとの主題名は、左記のとおりである。また表1は、講演題目、期日、会場、講師等を一覧表にまとめたものである。

第一回講座　出雲における古代の祭祀
古代出雲びとの信仰を祭祀の面から捉え、考古学の研究成果をもとに考える。

第二回講座　出雲大社の祭祀
出雲大社信仰の特質を神在祭及び涼殿祭から考える。

第三回講座「十月に神々が出雲に集うのはなぜか?」
全国の神々が旧暦十月に出雲に集う理由についてシンポジウムを通して考える。

第四回講座　出雲の民間信仰
出雲地域の民間信仰を祭祀習俗並びに縁結び信仰から考える。

第五回講座　出雲神楽と石見神楽
神事芸能としての神楽を重要無形民俗文化財である大土地神楽から考える。また、出雲神楽の特質を石見神楽と比較しつつ考察する。

第六回講座　島根半島四十二浦巡りと『出雲国風土記』
島根半島には、沿岸に点在する四二の浦々を巡る習俗がある。江戸期から巡礼の一つとして始まった「四十二浦巡り」の特質について考える。

シンポジウムの風景

表１　いづも財団公開講座　第Ⅱ期講座（平成26年度）
主題：出雲びとの信仰と祭祀・民俗・芸能

回	テーマ	講演題目及び講師名	開催期日等
1	出雲における古代の祭祀	A：考古学からみた出雲の祭祀【70分】 松本　岩雄（島根県文化財課文化財専門官） B：古代出雲の玉作について【70分】 平石　充（島根古代文化センター専門研究員）	【平成26年】 ６月14日(土) 県立古代出雲歴史博物館
2	出雲大社の祭祀	A：出雲大社の神在祭について【70分】 品川　知彦 （島根県立古代出雲歴史博物館学芸企画課長） B：出雲大社の涼殿祭の始原【70分】 関　和彦(元島根県古代文化センター客員研究員)	８月９日(土) 県立古代出雲歴史博物館
3	シンポジウム	十月に神々が出雲に集うのはなぜか？【180分】 品川　知彦（前出） 森田喜久男（淑徳大学教授） 西岡　和彦（國學院大学教授） 新谷　尚紀（國學院大学大学院教授） 錦田　剛志（島根県神社庁参事）	10月18日(土) 大社文化プレイスうらら館
4	出雲の民間信仰	A：出雲地方の祭祀伝承【70分】 浅沼　政誌（島根県教育庁文化財課企画幹） B：大国さまと縁結び信仰【70分】 岡　　宏三 （島根県立古代出雲歴史博物館専門学芸員）	12月13日(土) 県立古代出雲歴史博物館
5	出雲神楽と石見神楽	A：国指定重要無形民俗文化財・大土地神楽【70分】 錦織　稔之 （島根県古代文化センター専門研究員） B：出雲神楽と石見神楽【70分】 藤原　宏夫 （島根県立古代出雲歴史博物館主任学芸員）	【平成27年】 ２月14日(土) 県立古代出雲歴史博物館
6	島根半島四十二浦巡りと『出雲国風土記』	A：四十二浦巡りの精神と民俗【70分】 大谷めぐみ （島根半島四十二浦巡り再発見研究会副座長） B：風土記社参詣記【70分】 関　　和彦 （元島根県古代文化センター客員研究員）	３月14日(土) 大社文化プレイスうらら館

二　第Ⅱ期公開講座の実施状況

平成二十六年六月から島根県立古代出雲歴史博物館を主会場に、第Ⅱ期公開講座（全六回）を開催した。テーマは、「出雲びとの信仰と祭祀・民俗・芸能」である。次に、それぞれの講座の概要を紹介する。なお、役職名は、講師をしていただいた時点のものである。

【第一回公開講座】平成二十六年六月十四日（土）
主題　出雲における古代の祭祀
演題Ａ　考古学からみた出雲の祭祀
講師　松本岩雄　先生
（島根県教育庁文化財専門官）

遺跡からの出土品（木製の鳥や土笛・銅鐸・子持ち壺・玉など）をもとに、古代出雲の祭祀について講演いただいた。とりわけ玉は、古代社会においては装身具ばかりでなく、呪術的な霊力をもつと考えられていたとの説明があった。松本先生によれば、出雲の玉作技術は弥生時代においては近畿・北陸地方にまで広まっていたとのことである。

演題Ｂ　古代出雲の玉作について
講師　平石　充　先生
（島根県古代文化センター専門研究員）

松江市玉湯町にある花仙山は玉の特産地であり、古墳時代には良質な碧玉・瑪瑙・水晶を原材料とする勾玉が作られ、列島の広い地域に流通していたとの話があった。また、奈良時代に入ると祭祀に用いる玉の生産も行っていたとのことである。これらの玉を作っていたのは、「忌部神戸」であるが、この地域に忌部氏はみえず、むしろ出雲国造・出雲臣と関係が深いと説明があった。

【第二回公開講座】平成二十六年八月九日（土）
主題「出雲大社の祭祀」
演題Ａ　神在祭について
～民俗学による研究史を中心に～
講師　品川知彦　先生
（島根県立古代出雲歴史博物館学芸企画課長）

神在月の歴史について説明があった。それによると、出雲に神々が集うという伝承はすでに一二世紀の記録（奥義抄）で確認できることから、それ以前から伝わる伝承であるとのことである。また、神在月の研究は、これまで民俗学サイドからアプローチがなされてきたが、これからは歴史学も含めた総合的な分野からのアプローチが必要との見解を示された。

演題Ｂ　出雲大社の涼殿祭の始原
講師　関　和彦　先生
（元島根県古代文化センター客員研究員）

毎年六月一日に行われる涼殿神事について話していただいた。涼殿神事は、これまで「本殿の神が出雲森に涼みに行き、そして還御する」と考えられていたが、「涼み」とは納涼のことではなく、「清流」と考えるべきであり、夏に水が枯れることのないように祈る水神まつりであるとの見解が示された。

【第三回公開講座】平成二十六年十月十八日（土）
シンポジウム主題
「十月に神々が出雲に集うのはなぜか？」
講師　品川知彦　先生
（島根県立古代出雲歴史博物館学芸企画課長）
森田喜久男　先生（淑徳大学教授）
西岡和彦　先生（國學院大学教授）
新谷尚紀　先生（國學院大学大学院教授）
司会　錦田剛志　先生（島根県神社庁参事）

基調提案では、品川知彦先生から主題に関して、諸説を紹介していただいた。

これを受けて、講師の先生方からそれぞれの自説が披露された。森田喜久男先生は、古代出雲が我が国の交通の要衝だったことから、神々が集まる地とされたのではないかと見解を述べられた。

また、新谷尚紀先生は、「十月」と「出雲」という文言に着目。旧暦十月は海上から来臨する龍蛇神を迎える神迎えの月であり、神送りと神迎えが呼応し合い、神無月信仰が一二世紀半ばの平安貴族の歌学の世界で醸成されたのではないかと自説を披露された。

西岡和彦先生は、近世出雲大社はわが国を代表する神社へと変貌する中で、「神祇根本の霊地であり、十月には神々が集会する」とされ、これを出雲御師が全国に広めたから津々浦々にまで広がったと自説を述べられた。

【第四回公開講座】平成二十六年十二月十三日（土）
主題　出雲の民間信仰

演題Ａ　出雲地方の祭祀伝承

講師　浅沼政誌　先生

（島根県文化財課企画幹）

出雲地方で行われる神事は、「祓い清めの神事」「忌籠りの神事」「神迎え・神おろしの神事」「神占神事」「予祝・模擬神事」「神幸・風流道中」など九つに分類でき、それぞれの主な神事について教えていただいた。

複雑そうにみえる神事もこのように分類して考えれば、その特色がよくわかることを知った。

演題Ｂ　大国さまと縁結び信仰

講師　岡　宏三　先生

（島根県立古代出雲歴史博物館専門学芸員）

私たちは出雲大社の御祭神である大国主神を、親しみを込めて「大国さま」と呼んでいる。江戸初期には、上方では出雲大社の神が福神・縁結びの神と考えられていたが、出雲大社が大国主神を「大こく神」と初めて明言したのは、享保十年（一七二五）からとのことである。

縁結び信仰は、この後出雲御師によって全国津々浦々に広められ、縁結び神＝大国さま＝大国主神＝出雲大社と考えられるようになったと説明があった。

【第五回公開講座】平成二十七年二月十四日（土）

主題　出雲神楽と石見神楽

演題Ａ　国指定重要無形民俗文化財・大土地神楽

講師　錦織稔之　先生

（島根県古代文化センター専門研究員）

江戸期の神楽は神職によって舞われていたが、中期頃からは庶民が団体を組み祭礼興行に出演するようになった。藩は神楽の興行化を防ぐために、末期になると庶民による神楽（素人神楽）を禁止し、神職だけで舞うことになったという。

一方、大土地神楽は由緒正しい神楽であることや社家側が支援したこともあって、庶民の神楽が禁止されることもなく今日に及んでいるとの説明があった。江戸中期から現在までの芸能の変遷過程や地域的特色をよく示す神楽として、平成十七年に国の重要無形民俗文化財に指定されたとの説明があった。

演題Ｂ　出雲神楽と石見神楽

講師　藤原宏夫　先生

（島根県立古代出雲歴史博物館主任学芸員）

現在、島根県には神楽団体が出雲神楽約七〇、石見神楽一三〇、隠岐神楽一〇の計二一〇団体がある。

藤原先生は島根県の神楽のルーツを中世から説き起こし、近世の神楽、近代の神楽の特色をわかりやすく教えていただいた。神楽の演目には記紀神話にちなむものが多いが、これは近世後期の国学の隆盛が大きな影響を与えているとのことである。

また、今日の出雲神楽と石見神楽では、曲のテンポ（六調子と八調子）や神楽の内容、神楽面の材質、衣装や諸道具などに違いがみられるが、この違いは近代になり氏子による神楽団体が成立してから顕著になったとの説明があった。

【第六回公開講座】平成二十七年三月十四日（土）

主題　島根半島四十二浦巡りと「出雲国風土記」

演題Ａ　四十二浦巡りの精神と民俗

講師　大谷めぐみ　先生

（島根半島四十二浦巡り再発見研究会副座長）

島根半島の日本海岸には数多くの浦が存在する。杵築、日御碕、鷺浦、十六島、恵曇、美保関など四十二の浦々を巡る巡礼を「四十二浦巡り」と呼んでいる。

大谷先生は、このような巡礼がいつ頃からどのような目的で行われるようになったかなどについて説明された。それによると、巡礼の成立は一八世紀頃であり、その目的も禊、潔斎、死者供養、願掛け・願果たし、自己の内面を見つめる、神仏との出逢い、行楽観光など多様であるとのことである。

演題Ｂ　風土記社参詣記

～四十二浦巡りと『出雲国風土記』～

講師　関　和彦　先生

（元島根県古代文化センター客員研究員）

平田の小村和四郎は、江戸末期に『出雲国風土記』にみられる島根半島の寺社を参詣し、『風土記社参詣記』を著した。

関先生は「恵曇」を例に、『出雲国風土記』にみえる「恵曇海辺社」は一八世紀初めには菅原道真公を祀る「北野天神」となり、小村和四郎が参詣した頃は「江角大明神」と呼ばれ、今日では磐坂日子命を祀る「恵曇神社」となっていることなどをお話しいただいた。

四十二浦巡りの寺社は、長い年月の間に幾多の変遷を繰り返しながら今日に至っており、学問的にも奥の深い研究分野であることが分かった。

三　参加者の状況

平成二十六年度の当財団主催の公開講座は、全体主題を「出雲びとの信仰と祭祀・民俗・芸能」とし、全六回実施した。それぞれの受講者数は左記のとおりである。

第一回講座（講演会）六月　……　一〇九名
第二回講座（講演会）八月　……　一一一名
第三回講座（シンポジウム）十月　……　三六三名
第四回講座（講演会）十二月　……　九四名
第五回講座（講演会）二月　……　九六名
第六回講座（講演会）三月　……　一五〇名
計　……　九二三名

第一、二、四、五回講座は、受講者が多く毎回ほぼ満杯であった。会場の定員が一〇〇名であり、なかにはやむなくモニター室で受講いただいた方もあった。第六回講座の講演会は、島根半島四十二浦巡り再発見研究会と共催で行ったが、うらら館（定員六〇〇名）で開催したために混乱はなかった。

第三回講座はシンポジウム形式で行ったが、受講者は三六三名だった。「十月に神々が出雲に集うのはどうしてか？」という好奇心をそそるテーマであったこともあり、遠方からも多数の方々にご来場をいただいた。

この公開講座はテーマを「出雲びとの信仰」にしたことから、当初は受講者が少ないのではないかと心配したが、実際は予想に反して毎回盛況であった。知っているようで、実は詳しくは知らない「出雲の信仰」に対する知識を深めたいと考えている地元住民がいかに多いかがわかった。

次に受講者を地域別にみると、約七〇《パーセント》が地元の出雲市からの参加であった。会場が出雲市大社町であったために、距離的に近いということが大きな理由であろう。

また出雲市周辺地域からの参加者数は、松江市、雲南市、大田市の順であった。江津市以西からの参加者はなかった。

そのほか、少数ながら県外（鳥取県・山口県・広島県）からの受講者もあった。熱心な方々が多く、全六回すべての講座に出席し、表彰（皆勤賞）を受けた受講者もあった。

第1章

出雲における古代の祭祀
（第1回講座）

考古学から見た出雲の地域色

松本岩雄

「神話の国」といわれる出雲。近年、遺跡の調査が進展するなかで、出雲地域では全国的にみても注目すべき発見が相次いでいる。考古資料からみた弥生・古墳時代における出雲の特色を概括的に紹介し、出雲が記紀神話に多く登場する背景を探る。

まつもと・いわお
島根県立八雲立つ風土記の丘所長。昭和二十七（一九五二）年、島根県に生まれる。國學院大學文学部卒業。島根県古代文化センター長、島根県立古代出雲歴史博物館学芸部長、島根県教育庁文化財課長を経て現職。専門は日本考古学。
【編著書・論文等】
『弥生土器の様式と編年〈山陽・山陰〉』（編著、木耳社）、『出雲大社　日本の神祭りの源流』（編著、柊風舎）、「弥生青銅器の生産と流通」（『古代文化』五三巻四号、古代学協会）

はじめに――神話と考古学――

出雲といえば多くの人々は「神々の国」「神話の国」としてイメージする。それは、現存する日本最古の史書とされる『古事記』（和銅五〈七一二〉年）や勅撰正史である『日本書紀』（養老四〈七二〇〉年）にみえる神話の舞台の多くが出雲であることからであろう。また、天平五（七三三）年に完成した『出雲国風土記』は全国で唯一ほぼ完本として残り、郡郷をはじめとする地名の由来や記紀にはない出雲の伝承が記されている。このように、古代出雲にかかわる文献は他地域に比して豊富といえるが、多くは神話や伝承である。

日本統一の由来を物語る記紀神話のなかで、なぜ出雲が多く登場するのだろうか。それを証明する出雲の考古学的資料は長いあいだ全国的に注目されるものがなく、「記紀は大和朝廷が、支配を合理化するためにつくりだした政治的な所産」であることから、実態とはおよそ無

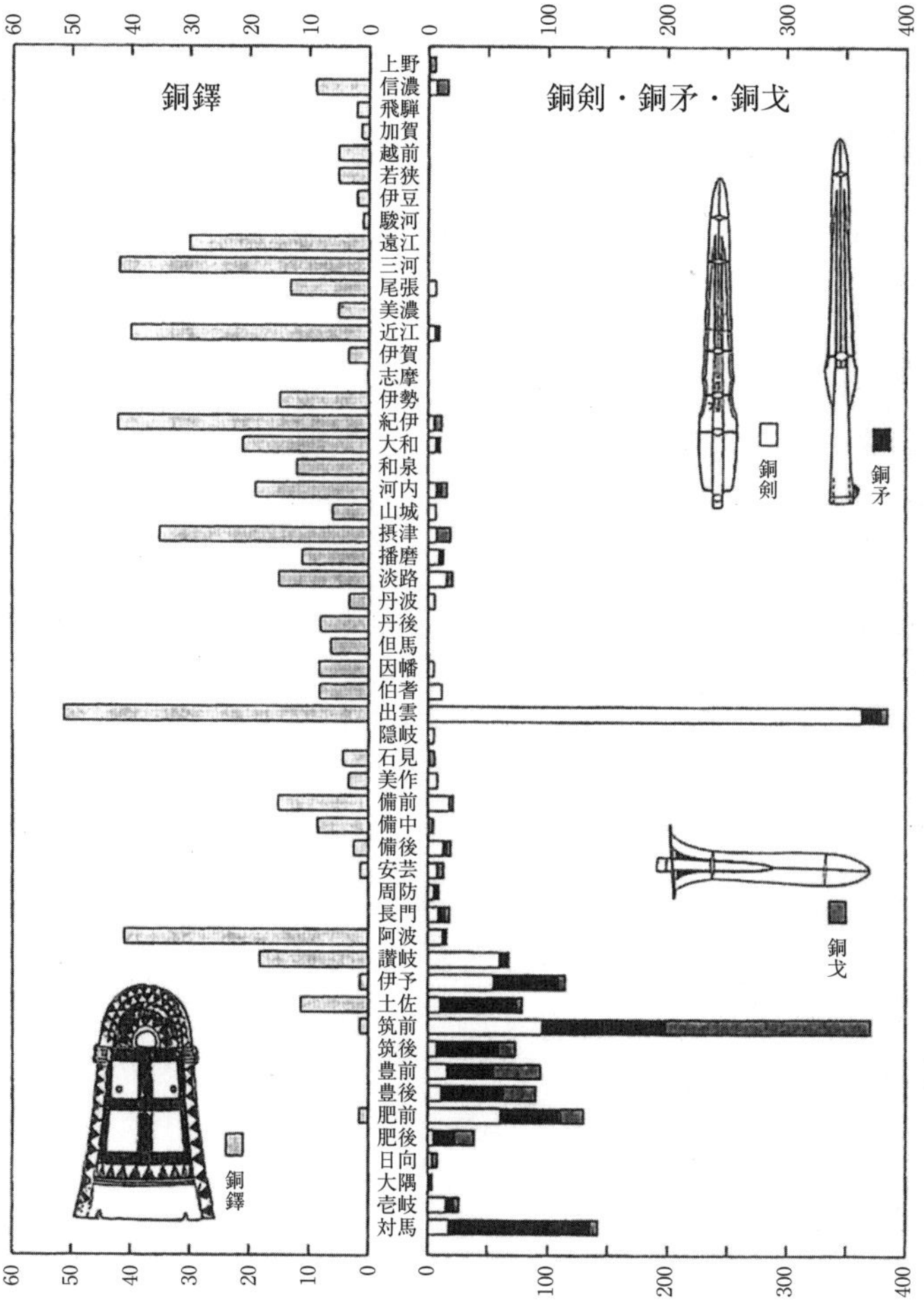

図１　旧国別の青銅器出土数

縁のものとされてきた。

ところが出雲では一九八〇年代以降、注目すべき考古学的な発見が相次いだ。昭和五十八（一九八三）年十二月、松江市大草町の岡田山一号墳出土の円頭大刀にX線を照射したところ、「額田部臣」という人名を記した銘文が発見され、全国から注目されることとなった。昭和五十九（一九八四）年には、出雲市斐川町の荒神谷遺跡で大量の銅剣が発見された。それまでの銅剣発見数は全国で約三〇〇本であったが、それをはるかに上回る三五八本が一か所から出土したのである。翌昭和六十年には銅剣出土地から七㍍あまり谷奥で銅鐸六個と銅矛一六本が一つの埋納坑の中から発見され、それまでの青銅器分布を大きく塗り替えることとなった。さらに、平成八年（一九九六）年には雲南市の加茂岩倉遺跡で史上最多となる三九個の銅鐸が出土した。弥生時代・古墳時代の出雲は日本列島のなかでも重要な地域であることが、考古学的にも次第に明らかになってきた。

そこで、出雲が何故神話に多く登場するのか、その背景について弥生時代から古墳時代の考古資料をもとに考えてみたい。考古学は人類が残した痕跡（例えば、遺構・遺物など）の調査研究を通し、人間の活動とその変化を解明する学問であることから、その対象は多岐にわたる。ここでは祭祀や葬送儀礼といった精神文化を示す資料を取り上げ、日本列島における出雲地域の特色を概観することにしよう。

一　弥生青銅器文化圏の行方

縄文時代は食料採集の段階とされるが、後期・晩期ごろには植物管理や穀物栽培が行われており、縄文農耕とも呼ばれている。ただし、この縄文農耕は多角的な生業形態の一つであり、社会構造の変化を引き起こした証拠はない。

これに対して、灌漑水田稲作の持つシステムは、やがては階級を発生させ初期国家への道を歩ませることになる点において、まったく異質の世界を持っていた。そうしたことから、灌漑水田稲作の導入をもって弥生時代の開始とみている。これをきっかけに社会が大きく変化していく、一つの時代の転換期とみる。集落形態にも大きな変化があり、集落の周りに溝を廻らせた環濠集落が現れる。土地を占有して開墾し、水を計画的に配るようになると生産力もあがり人口も増える。その一方、隣のムラとの土地争いや水利争いが生じることも多くなることから、共同体を守るために溝を廻らした集落が出現したと考えられている。

水田稲作農耕が始まったといっても、ただちに生活が安定したわけではない。春に種をまき、秋に収穫するまでには、風水害や日照り、病虫害など、絶えず自然の脅威にさらされていたにちがいない。水田管理のために様々な工夫改良がなされたと思われるが、弥生人は基本的には祖霊・地霊・穀霊への祈りこそが稲を守り育て、実らせるものだと観念していたと思われる。

弥生時代の特色の一つに金属器（青銅器・鉄器など）の使用が挙げられるが、なかでも祭器として使用されたとみられる青銅器をめぐる諸問題は、弥生社会を考えるうえで大きなウエイトを占めており、古くから研究がなされてきた。

日本列島の弥生時代像として、かつて和辻哲郎氏は『日本古代文化』（一九三九年）で「北九州を中心とする銅剣・銅矛文化圏」と「近畿を中心とする銅鐸文化圏」の対峙を唱えた。この説は長いあいだ教科書にも取り上げられていたため、広く知られるものとなった。この図式によれば、出雲はどちらの分布からみても最も遠い位置にあたり、辺境の地という印象が強かった。

ところが、荒神谷遺跡で銅剣・銅矛・銅鐸が合計三八〇点出土し、加茂岩倉遺跡で史上最多となる三九個の銅鐸が出土したことから、弥生時代の青銅器分布は大きく塗り替えられた。

二　荒神谷遺跡と加茂岩倉遺跡の特色

（一）荒神谷遺跡

出雲市斐川町大字神庭《かんば》の小さな谷あいにあり、丘陵の斜面をカットしてつくり出した埋納坑（二・一×一・五）の中に銅剣三五八本が四列に並べて納められていた。その谷奥七の地点に穿たれた埋納坑の中には銅鐸六個と銅矛一六本が一緒に納められていた。銅鐸はすべて鰭《ひれ》を立てて鈕《ちゅう》（吊り手）と鈕を向き合わせにして埋められ、銅矛は鋒部《きっさきぶ》と袋部を交互に置いてあった。近畿を中心に出土する銅鐸と北部九州を中心に出土する銅矛が一か所から発見されたのは初めてのことである。

銅剣・銅矛・銅戈などの青銅器は、当初は先端が鋭く、刃もつけられていた。ところが、日本列島で本格的な生産がはじまると、しだいに大型化して刃も丸くな

写真１　荒神谷遺跡から出土した銅鐸と銅矛

り、実用的な武器としては使えなくなる。これは武器としてではなく、寄りくる悪霊などを退散させる祭器として扱われるようになったと考えられる。荒神谷銅剣はいずれも長さ五〇《センチメートル》前後、重さ五〇〇《グラム》あまりのもので、同一型式の「中細形《なかぼそがた》銅剣c類」に属する祭器とみられるものであった。出雲を中心に分布していることから「出雲型銅剣」とも呼ばれ、出雲産の可能性がある。

銅矛は中細形と中広形《なかびろがた》型式のものが出土している。鋳型の出土例や刃部の研ぎ分けの特徴から、北部九州産の銅矛が出雲にもたらされたものと推測される。

銅鐸のルーツは、中国や朝鮮半島で家畜の首に付けたり、呪術師が使用していた小さな鈴だと言われている。それが次第に大型化し、遠くから仰ぎ見るものへと変化したと考えられている。荒神谷銅鐸は最古段階のⅠ（菱《りょう》環鈕《かんちゅう》）式と古段階のⅡ（外縁付鈕《がいえんつきちゅう》）式のものが出土している。多くは近畿地域で生産された銅鐸とみられるが、一号銅鐸は、鈕の断面形が二段で鐸身に市松文様や重弧文があるなど、これまで近畿地域で見つかっていた銅鐸にはない特徴をもっており、出雲産の可能性がある。

（二）加茂岩倉遺跡

荒神谷遺跡とは山を挟んでわずか三、四《キロメートル》の至近距離にある雲南市加茂町大字岩倉の農道工事現場で、史上最多となる三九個もの銅鐸が発見された。この発見により出雲の銅鐸は五一個となり（平成二十七〈二〇一五〉年現在では五三個）、旧国別にみると全国で最も多い地域になった。工事中に発見されたため埋納坑の大半は破壊されていたが、幸いにも残されていた坑の中に原位置で確認されたものは入れ子状態の銅鐸二組四個であった。ともに身を横たえて鰭を立て、裾を向い合わせにして埋納されていた。

三九個の銅鐸には、高さ四五《センチメートル》あまりのものが二〇個、約三〇《センチメートル》のものが一九個ある。このうち一五組三〇個が大小の入れ子状態で埋納されていたと確認されたが、残りのものも土の付着状況などからすべて入れ子であったと考えられる。主文様は流水文《りゅうすいもん》と袈裟《けさ》襷文《だすきもん》だが、シカ・カメ・トンボ・四足獣・顔などの絵画が鋳出されたものもあり、多くは弥生中期に製作されたものと推測できる。一五組二六個の同笵《どうはん》銅鐸や鈕に「×」印を印刻した例が一二個確認されている。同笵銅鐸には鳥取・岡山・兵庫・大阪・徳島・奈良・和歌山・福井・岐阜などから出土したものがあり、他地域との交流を考えるうえで重要である。「×」印はこれまで荒神谷遺跡の銅剣のみに確認されていたもので、両地域集団の密接な関係をうかがうことができる。

加茂岩倉銅鐸の多くは近畿産とみられるものの、一八・二三・三五号銅鐸はこれまで近畿地域を中心に出土していた銅鐸にはみられない文様があることから、出雲あるいはその周辺で製作された可能性が高いものと考えられる。

このように、荒神谷・加茂岩倉青銅器群には、推定九州産、推定近畿産、推定出雲産のものが含まれていた。荒神谷や加茂岩倉の青銅器を保有していた集団は、北部九州から武器形青銅器、近畿から銅鐸を入手するばかりではなく、出雲集団の意向に沿った大量の銅剣を製作するとともに一部には銅鐸の生産も手掛けていたことがうかがえる。他地域と密接な交流を持ちながら、独自の地域色ある青銅器を創造していたのが出雲地域といえる。

三　荒神谷・加茂岩倉遺跡の青銅器はいつ埋められたのか

荒神谷銅剣は、他の器種や他の型式が混じらず同笵品を多く含むことから、同一箇所でほぼ同時期に製作されたとみられる。各地からの集積、あるいはいったん分配した後の再集積とは考えがたい。また、長期使用の痕跡が認められないことから、製作した（弥生中期後半）後、比較的短期間のうちに埋納されたとみられる。荒神谷銅鐸は菱環鈕1式・外縁付鈕1式を含み、銅矛は中細形a類、中広形a類、中広形b類を含んでいることから、製作時期が最も下る中広形銅矛b類の年代（弥生中期末）ないしそれ以降に埋納されたとみられる。

加茂岩倉の三九個の銅鐸は、外縁付鈕1式から扁平鈕2式〜突線鈕1式までの型式を含んでいた。したがって、埋納の時期は、製作年代が最も新しいと判断される一八・二三・三五号鐸（扁平鈕2式から突線鈕1式）の時期、すなわち弥生中期末かそれ以降ということになる。このようにみると、荒神谷・加茂岩倉の大量の青銅器は、弥生中期末から後期初頭頃（約二〇〇〇年前）にはすべて埋納されたものとみられる。

弥生時代の中期後半から後期にかけて、出雲では四隅《よすみ》突出墓《とっしゅつぼ》という九州や近畿にはない特異な墳墓が築造されるようになる。さらに後期後半（二世紀後半頃）には出雲市の西谷三号墓にみられるように、突出部を含めると五〇㍍《メートル》以上もあるような当時の日本列島の中で最大級の規模をもつ墳墓が造られる。

弥生時代の出雲は貴重な青銅祭器を大量に保有し、四隅突出墓という特異な墳墓を築造するなど、列島のなかでもきわめて重要な拠点的な地域の一つであることが考古学的に明らかになってきた。

青銅器が埋められる前後に四隅突出墓が造られるということは、弥生時代の出雲においては中期の終わりか後期の初め頃に、非常に大きな社会的変化があったものと推測される。一方、弥生後期の全国的な状況をみると、九州では引き続き銅矛が使われ、近畿地域・東海地域では銅鐸が使用されている。出雲は非常に貴重であった青銅器を他地域に先駆けて使用しなくなるのが大きな特徴といえる。

四　青銅器はなぜ埋められたのか

（一）青銅器の用途と所有形態

銅鐸・武器形青銅器（銅剣・銅矛・銅戈）は、具体的には何の祭祀にどのように使用されたのか。銅鐸に描かれたシカ・イノシシ・倉庫などの絵画を読み解くことによって、農耕祭祀に使用された共同体の共有物とする説が有力である。それでは、貴重な祭器であった青銅器

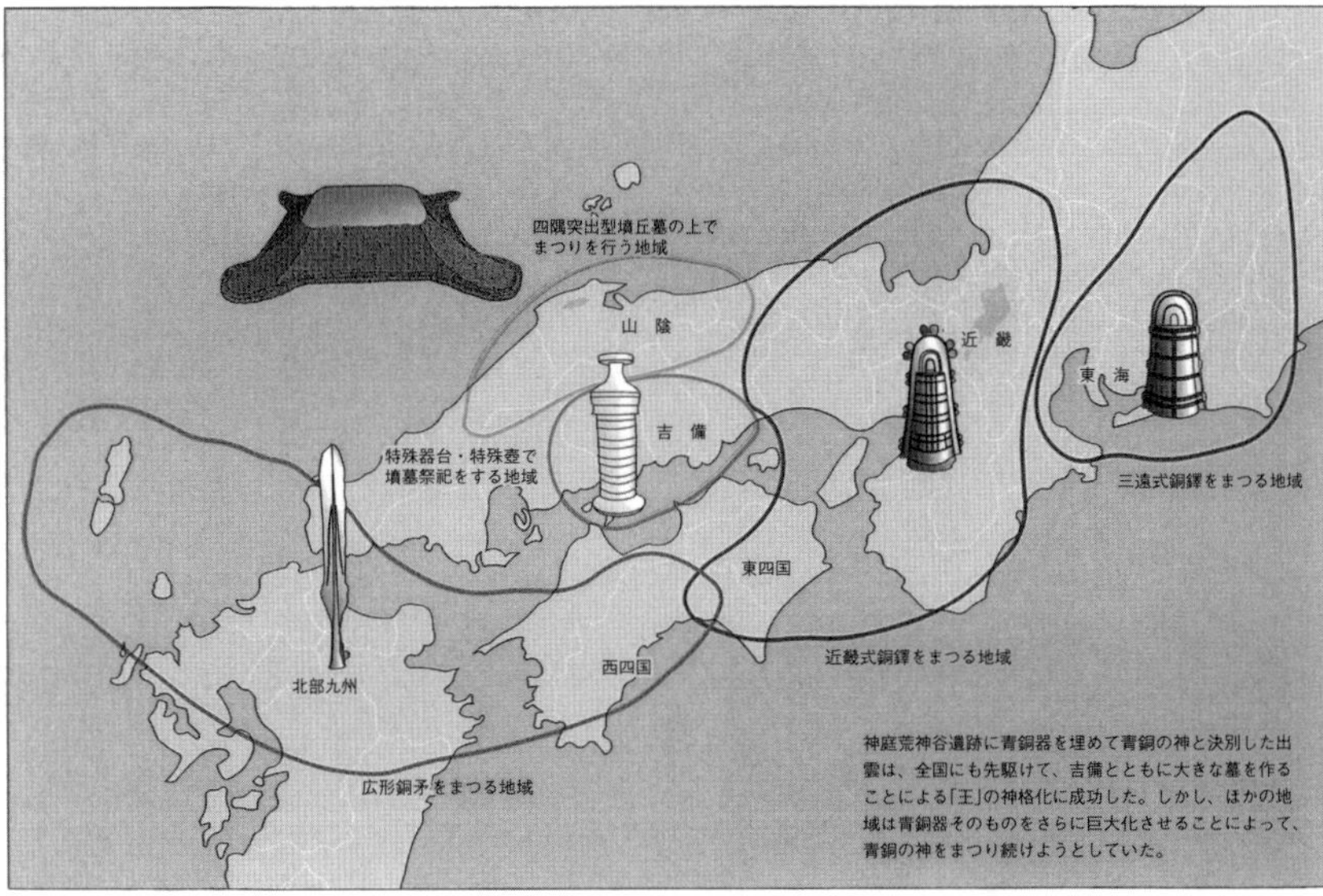

図２　弥生時代後期の各地域のシンボル（島根県教育委員会・朝日新聞社1997より）

が、なぜ土中に埋納されてしまったのだろうか。青銅器埋納については、廃棄説、隠匿説、境界埋納説、土中保管説、地鎮説などの諸説があり、定説はない。

銅鐸や武器形青銅器は、すべて弥生時代に埋められたもののようで、古墳時代の出土品に伴う例はない。もし銅鐸が、ムラの共有物として農耕祭祀に使用され、豊穣を祈願する重要な祭器であったならば、社会が大きく変動してもそうたやすく無くならないのではなかろうか。たとえ政治的な強い規制によって青銅祭器の使用を禁止したとしても、密かに使用する集団が存在し、古墳時代以降にも何かしら銅鐸使用の痕跡を留めていても不思議ではない。弥生青銅器を用いた祭祀は多様であり、時代とともに変質したであろうが、埋納される段階においては、農耕祭祀の道具というより青銅器を主体とした祭祀によって、寄りくる悪霊や他集団を追い払うとか、自らの集団をまとめて結束力を強化するなど、共同体の存亡を決する際の主要な祭器になっていたのではないだろうか。そして、青銅器の管理・所有についても一部の支配者層が握る状況であったと推測される。

（二）青銅祭器の終焉と四隅突出墓

そうした中で注目されるのが松江市南郊にある田和山《たわやま》遺跡である。この遺跡は弥生時代前期末から中期末まで、ちょうど出雲で青銅器が盛んに使用されていた頃に存在した環濠をもつ遺跡である。標高四五メートルの小高い丘を中心に山麓まで展開している遺跡で、山頂からの眺望は素晴らしく、東方に茶臼山（『出雲国風土記』にみえる神名樋野《かんなびぬ》）と大山《だいせん》、北方に宍道湖や島根半島を望むことができる。弥生時代の環濠集落は、住居エリアの周りに環濠を廻らすのが通常の在り方で、全国で五〇〇例以上確認されている。しかし、田和山遺跡は狭い山頂部に「五本柱」と「九本柱」の建物もしくは柱列、そして柵とみられる施設があるのみで、丘陵斜面に三重の環濠と土塁を廻らし、その外側に住居群が存在するこれまでにない特徴をもっている。田和山は地域のランドマーク的な存在であり、周辺の人々から精神的に重要な聖地として意識されていたものと考えられ、山頂の施設は集落統合の象徴的な存在ではなかったかと思われる。聖地とみられる田和山は弥生中期末の段階に突然廃棄されるが、その頃に大量の青銅器が埋納され、前後して四隅突出墓が相次いで築造される。

出雲において弥生中期末から後期初頭のころ、集団の存亡を決する大きな危機が訪れ、首長自らが所有する貴重な祭器を大地の神に捧げてまでも集団を守り、その決意を示すことによって、司祭者（首長）自身の力・求心力を高めたのであろう。それまでの祭器（青銅器）を真っ向から否定するのではなく、新たな支配の論理（神話）をつくり、集団をまとめていく力を特定の人物の権威へとすり替えることにより、青銅器は共同体成員の一定の同意のもとに丁重に大地の神に奉納されたのではなかろうか。

（三）出雲の青銅器と神話

ところで、出雲大社の主祭神である大国主神《おおくにぬしのかみ》は、大穴持命《おおなもちのみこと》・大物主神《おおものぬしのかみ》・大己貴神《おおなむちのかみ》・大国玉神《おおくにたまのかみ》・八千矛《やちほこの》神《かみ》など「一神多名」で称えられる大神で、多くの通婚譚をもつ。代表的なものは、宗像《むなかた》三女神の一神で福岡県宗像郡の宗像神社奥つ宮（沖ノ島）に鎮座する多紀理毘売《たぎりびめの》命《みこと》や越《こし》（北陸）の沼河比売命《ぬなかわひめのみこと》との通婚である。広域にわたる他地域との関わりを示す神話の淵源をたどるとすれば、荒神谷・加茂岩倉をはじめとする出雲の弥生青銅器の特徴は示唆的である。また、大きな勢力を特徴づける大量の青銅器や大規模な四隅突出墓が古墳時代にはみられなくなることから、国譲り神話をはじめとする記紀神話に結び付けられることも少なくない。

ただし、出雲の青銅器は九州・近畿・東海地域に先駆けて埋納されてしまうこと、そしてなによりも『古事記』『日本書紀』は八世紀に成立したもので、出雲の弥生青銅器が地上から消えてから約七〇〇年後のことであり、あまりにもタイムラグが大きいことから神話の背景を直接的に求めることは躊躇されよう。銅鐸発見の歴史は古く、『扶桑略記』によれば天智天皇七（六六八）年条に近江国で「宝鐸」が掘り出され、『続日本紀』によれば和銅六（七一三）年に大和国で「銅鐸」が発見されたという記録があるが、その時すでに銅鐸の用途は忘れ去られていた。

五　異彩を放つ出雲の古墳

『古事記』『日本書紀』の成立により近い、古墳時代の出雲の特徴をみることが、出雲神話成立の背景を探る糸口になるものと思われる。

弥生時代後期後葉には、北部九州・瀬戸内（吉備）・山陰（出雲）・北陸・畿内・東海などの諸地域には、軍事権と外交権をもった政治勢力が一定の領域をもって分立していたものとみられる。やがて弥生終末期から古墳時代初頭になると、畿内を中心にした新たな墓制が展開する。前方後円墳に代表される墓制で、それまでの墓制の個性を打ち破る形で、墳丘・埋葬施設・副葬品などに共通の規格をもって広く西日本にほぼ一斉に出現する。このことは列島各地の首長が共通の墳墓型式（埋葬儀礼）を採用することによって畿内の首長と結びつき、同じ倭国の一員としての意識を強めていった証と解釈され、この段階以降を古墳時代としている。

（一）大型方墳と前方後方墳

古墳時代前期には西日本の多くの地域で前方後円墳が築造されるが、出雲はなぜか方墳であり、前期後葉になってはじめて前方後円墳が出現する。埋葬施設の構造（竪穴式石槨）や副葬品（鏡・鉄製品など）は畿内の古墳規範に沿ったものであるが、大成《おおなり》古墳（安来市・方墳・一辺約六〇メートル）や造山《つくりやま》一号墳（安来市・方墳・一辺約六〇メートル）などにみられるように、前期の方墳としては全国最大規模の方墳が相次いで築造されるところに大きな特徴がある。

五世紀を中心とする古墳時代中期は、列島史上最大規模の前方後円墳が築造された巨大古墳の世紀ともいえる時代である。ヤマト政権の中心的人物が、古代中国の正史に「賛・珍・済・興・武」と記され、いわゆる「倭の五王」と称される大王が活躍した時期にあたり、絶大な権力基盤を内外の人々に誇示した時代でもある。誉田御《こんだご》廟山《びょうやま》古墳（墳長約四二五メートル）を中心とする古市古墳群（羽曳野市）や大山《だいせん》古墳（墳長約四八六メートル）を中核とする百舌鳥《もず》古墳群（堺市）などがその代表である。この時期の出雲の古墳は、前方後円墳も多くみられるものの、出雲地域最大の墳丘規模のものは存在せず、四〇〜五〇メートル以上の方墳が築造されるところに大きな特色がある。出雲の大型方墳としては、中期中葉の廟所《びょうしょ》古墳（一辺約六四メートル）・丹花庵《たんげあん》古墳（一辺約四七メートル）、石屋古墳（一辺約四二メートル）などが知られており、埴輪の特徴が畿内の主要古墳出土品に近いことが注意される。全国的にみると、大型方墳そのものは他の墳形に比べて圧倒的に少なく、畿内と近国及び中国の限られた地域に分布しているとされる。なかでも畿内の大型方墳は、誉田御廟山（応神天皇陵）古墳の陪冢《ばいちょう》に特徴的に築造され、大山（仁徳天皇陵）古墳の陪冢にも一部採用されていることから、被葬者は大王に直接仕えた人とみる説がある。そうした状況から出雲の大型方墳に葬られた人物は、王権との直属的な関係性を維持した大王墓の陪冢被葬者と同質的な被葬者ではなかったかとする見解がある。いずれにしても、出雲の中期大型方墳は、畿内との濃密な関連性のもとに築造されたとみられるが、後期になると再び独自な姿を現してくる。

古墳が出現した当初、多くの地域では前方後円墳を主体としながらも前方後方墳も決して珍しいものではなかった。前方後方墳は全国で四〇〇基以上知られており、その一割が出雲にある。出雲は前方後方墳が多い地域といえるが、出雲の特徴は数の多さよりも築造された時期の特異性にある。つまり、全国の前方後方墳はほとんど前期に築造され中期には消滅しているのに対し、出雲では約八割が中期末以降から後期に造られており、全国の趨勢とおよそかけ離れた動向を示している。前方後方墳の分布は特に出雲東部を中心に認められ、六世紀中葉には山代二子塚《やましろふたごづか》古墳（松江市）という出雲最大の前方後方墳（墳長九四メートル）を造営するに至り、御崎山古墳や岡田山古墳のように六世紀後葉にも多数造られている。

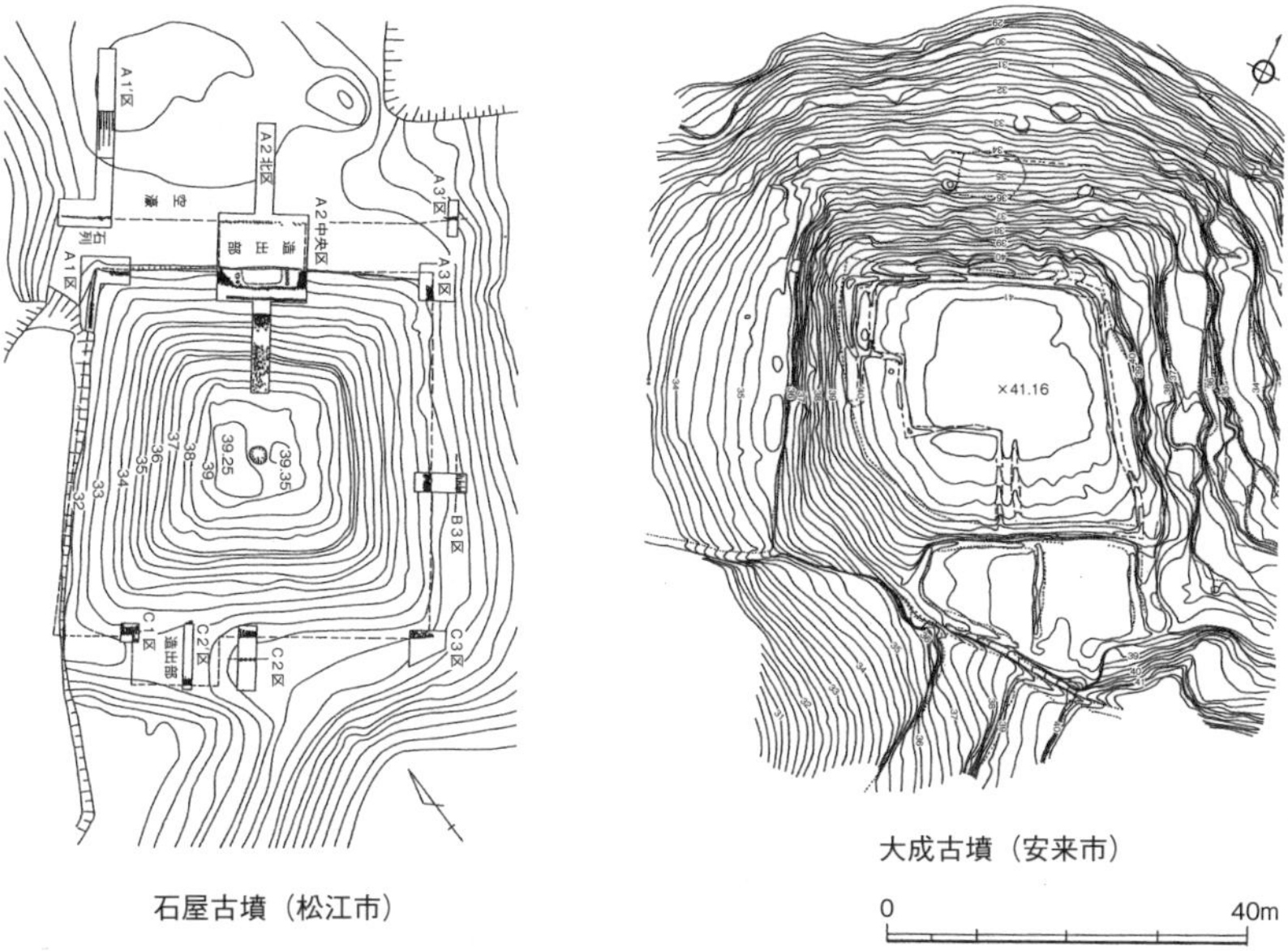

図３　出雲の大型方墳（前期：大成古墳、中期：石屋古墳）

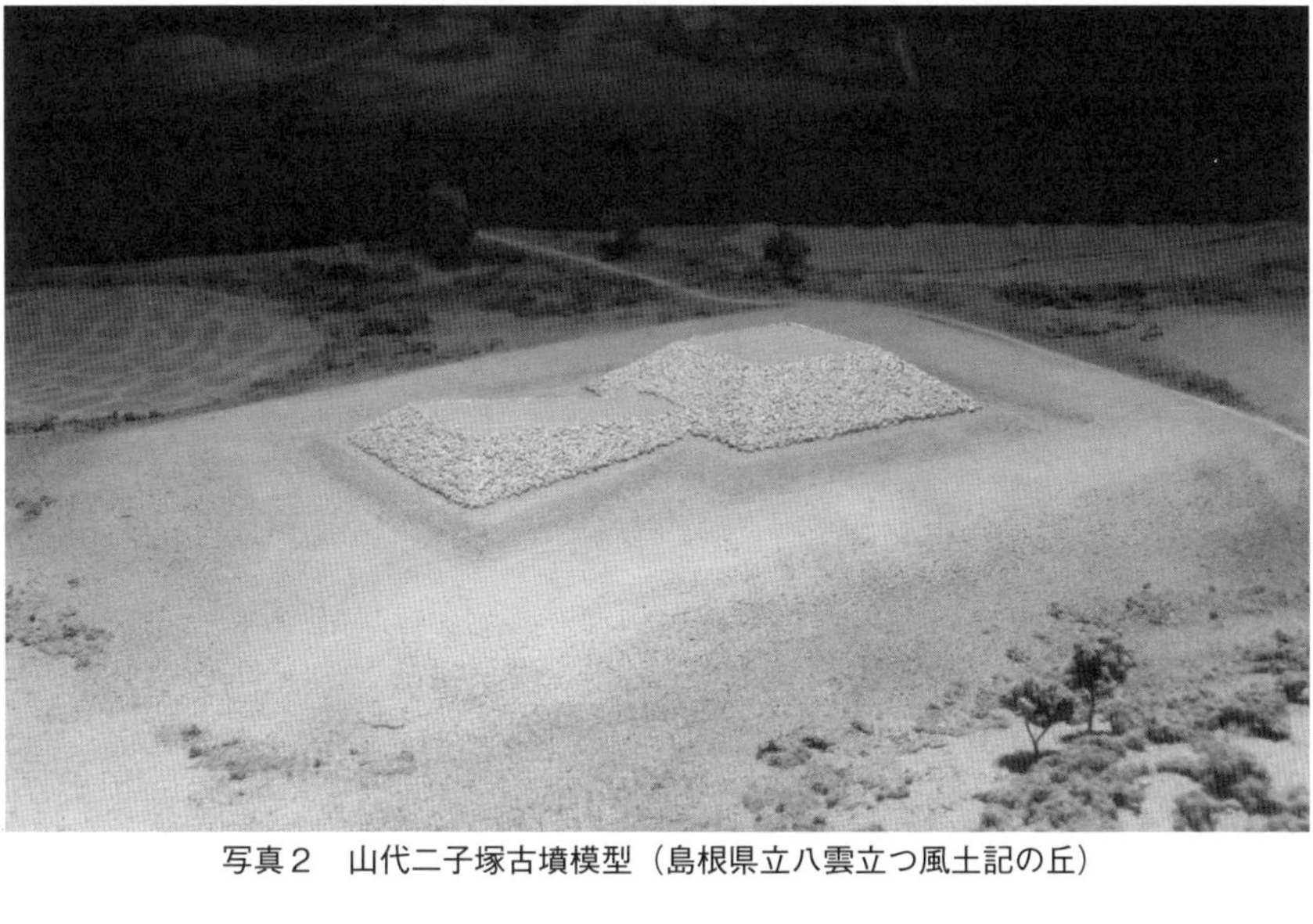

写真２　山代二子塚古墳模型（島根県立八雲立つ風土記の丘）

（二）特色ある石室・石棺・子持壺

後期の前方後方墳が分布する出雲東部には「石棺式石室」と呼ばれる他地域にはない特異な横穴式石室が造られる。丁寧に加工された板石で四方の壁を造り、その一方を刳り抜いて入口とし、家形に成形された天井石をのせるものである。九州中部の肥後地域の横口式《よこぐちしき》家形石棺や石屋形《いしやかた》などの影響下に造られたもので、六世紀後半から七世紀前半までみられる。

同時期の出雲東部の古墳では親壺の胴部に小壺を接合した子持壺と呼ばれる奇妙な土器が出土する。小壺・親壺ともに底部に穴があけられていることから、儀式専用の象徴化された土器とみられる。しかも、墳丘の斜面や裾から出土することから、円筒埴輪のように墳丘に立て並べたものであることがわかる。出雲以外の子持壺が、物を盛る実用的な器で石室内に供えられるのとは対照的で、「出雲型子持壺」とも呼ばれる。出雲では墳丘に子持壺を立て並べる独自の墳丘祭祀が行われたものとみられる。

横穴式石室や横穴墓の中に納められた家形石棺も強い地域色をもつものといえる。出雲東部が組合式《くみあわせしき》、西部は刳抜式《くりぬきしき》といった違いはあるものの、棺身の長辺側に横口を設け、そこから遺体を納める方式、あるいは遺体の状況を確認できる構造のもので「横口式家形石棺」と呼ばれる。出雲西部の大念寺古墳（出雲市）は墳長九一メートルの前方後円墳で、畿内の古墳に比較して巨大とはいえないものの、六世紀後半の列島における古墳の中では大規模なものに属する。さらに、石室に納められた刳抜式家形石棺は、同時代の奈良県見瀬丸山古墳の石棺を抜いて、列島では最大規模を有している。

出雲の後期古墳は多くの地域色・独自性をそなえていた。他地域、とりわけ畿内からみると、葬送儀礼において出雲は特異な世界が展開している地域と見えたにちがいない。出雲が最も異彩を放っていたのは古墳時代後期のことと思われる。

六　出雲の玉作り

古墳時代後期の六世紀後半といえば、出雲は列島内で数少ない玉生産地となり、ほぼ独占的に列島各地へ玉を供給していたことが知られる。

玉作りに関する記事は『出雲国風土記』（天平五〈七

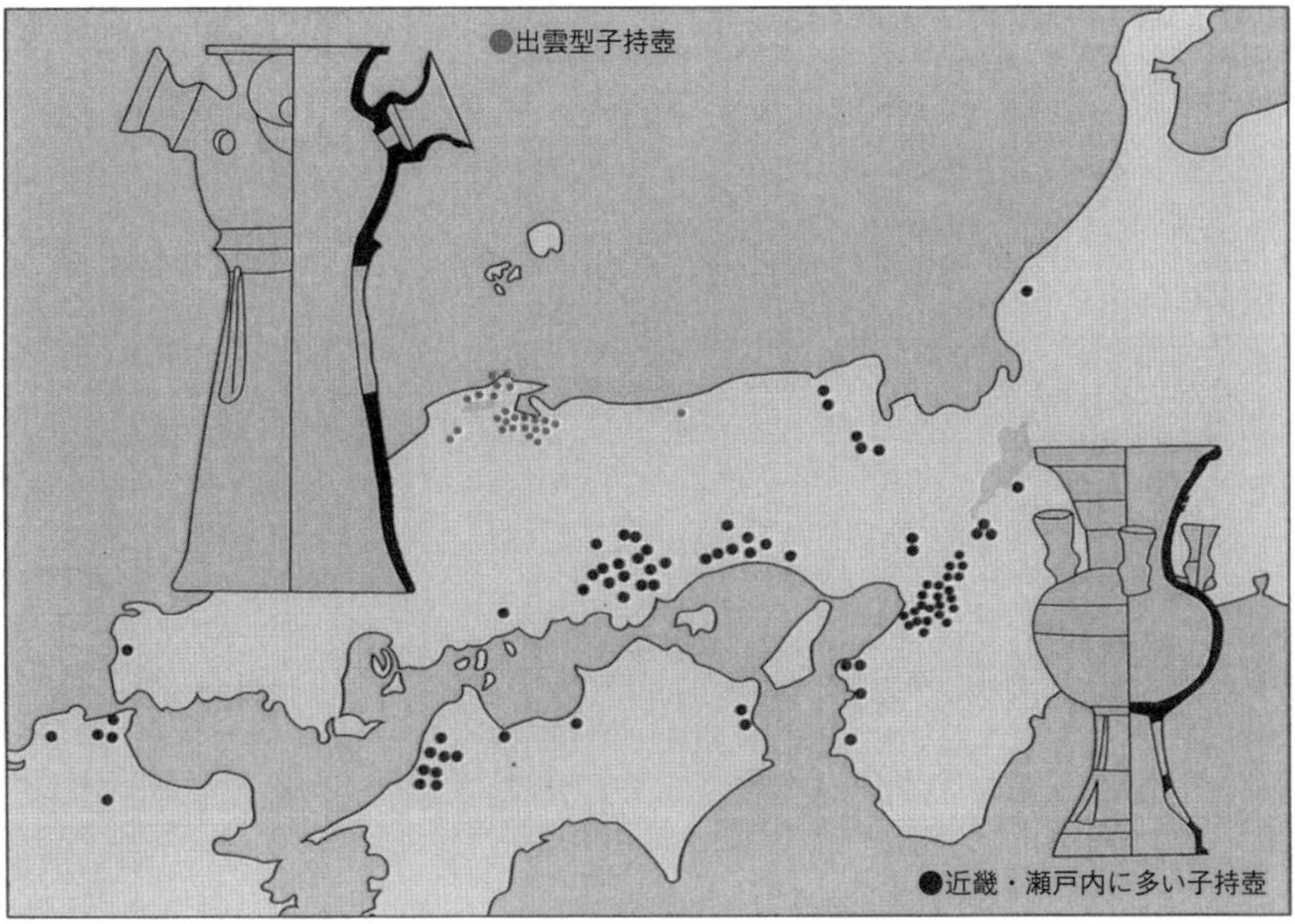

図４　子持壺の分布（６世紀後半～７世紀前半）（島根県教育委員会・朝日新聞社1997より）

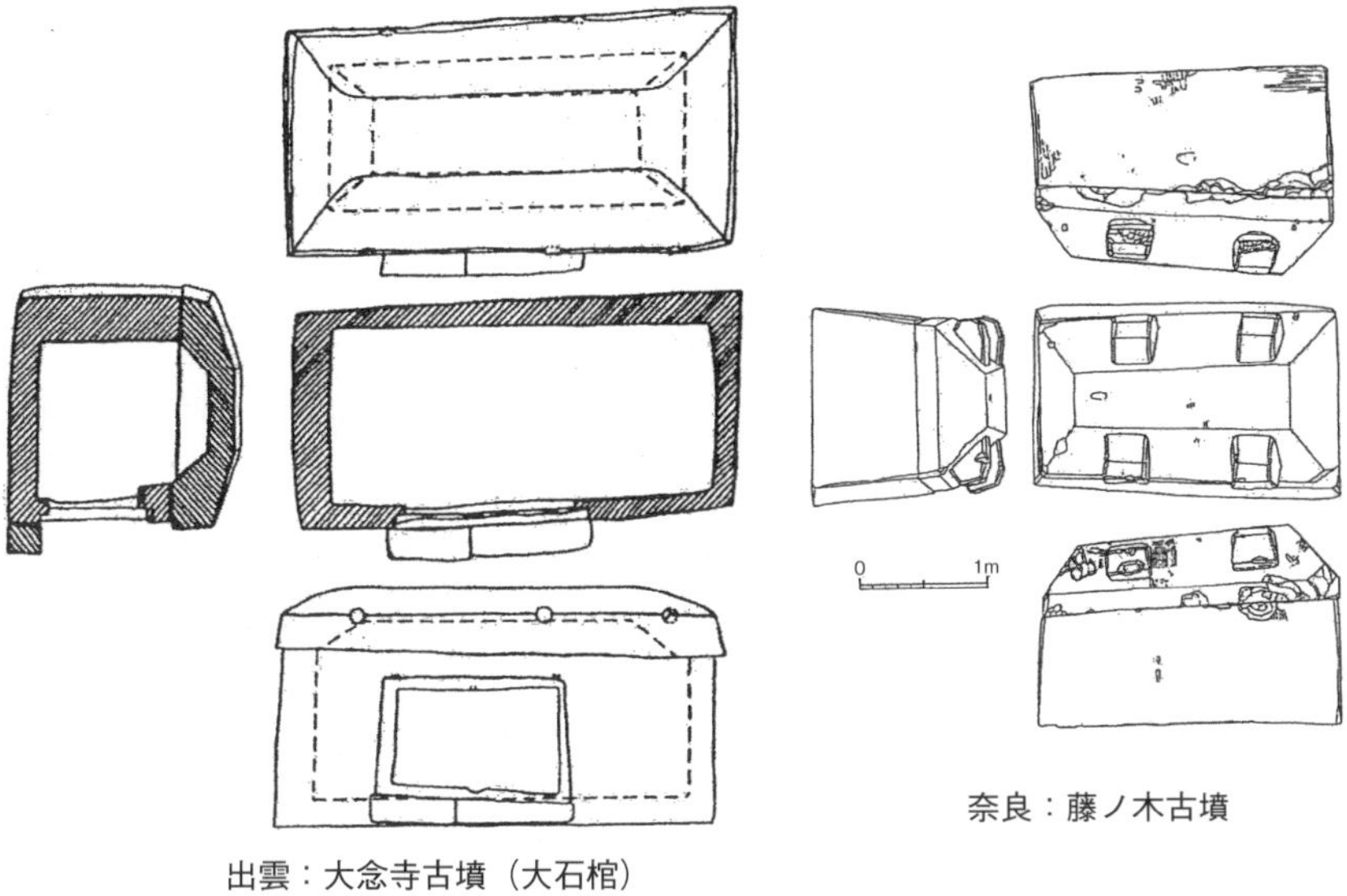

図５　出雲の横口式家形石棺（左）と大和の家形石棺（右）

三三〉年）、『出雲国計会帳』（天平六〈七三四〉年）、『古語拾遺』（大同二〈八〇七〉年）、『延喜式』（延長五〈九二七〉年）などの文献にみえるが、不思議と出雲に関するものばかりである。『出雲国風土記』によれば、出雲国造が天皇の前で神賀詞《かむよごと》を奏上する際に奉る神聖な玉を、意宇郡《おうぐん》の忌部神戸《いむべのかむべ》（松江市玉湯町、同市東・西忌部町）で作っていたことが知られる。出雲国造のみが行う神賀詞奏上に用いられた玉は、『延喜式』では、白玉（白髪が生えるまで健やかに）・赤玉（若々しい表情を保つように）・青玉（みずみずしくあるように）が記され、天皇の長寿と国家の安寧を祈って奉られた。さらに、出雲から毎年定期的に貢進された玉は御富岐玉《みふきたま》と呼ばれ、宮中で行われる祭祀（大殿祭《おおとのほがい》）の場で天皇に霊威を付与する玉として用いたとされる（『延喜式』）。

　文献をみる限り、八世紀から一〇世紀にかけて出雲で作られた玉が宮中で行われる重要な祭祀に用いられ、とりわけ霊力のあるものとして意識されていたことが知られる。これらの玉は具体的にどのように作られていたのであろうか。

　出雲では全国に先駆けて明治時代から玉作関係の遺物に注意が払われた。耕作等によって採集された砥石や玉

写真３　出雲玉作史跡公園（花仙山の西側にあたる玉造温泉周辺には古墳時代の玉作遺跡が多数ある）〈松江市立出雲玉作資料館提供〉

類未成品が玉作《たまつくり》湯《ゆ》神社・忌部神社・六所神社へ奉納され、その資料をもとに主要地域三か所が大正十一（一九二二）年に「出雲玉作跡」（松江市玉湯町）の名称で国指定史跡になった。そして近年の考古学的調査研究により、玉類の生産と流通の様子が解明されつつあり、出雲では弥生前期から平安時代にかけての玉作遺跡が一〇〇遺跡以上確認されている。これまでの研究成果の一端は、次のとおりである。

①弥生時代前期に全国でもいち早く出雲で玉作りが行われ、その技術は北近畿、北陸まで及んだ。

②古墳時代になると花仙山《かせんざん》（松江市）の碧玉《へきぎょく》・瑪瑙《めのう》・水晶を原材料とする勾玉《まがたま》が作られ、列島の広い地域に流通。

③玉作技術や石材をみると、古墳時代中期後半から後期前半にかけて、出雲や北陸地域の工人が大和へ移動して玉生産に携わっていた可能性がある（奈良県曽我《そが》遺跡）。

④六世紀中頃以降は出雲以外では玉作遺跡がほとんどみられなくなり、出雲が玉をあらかた独占的に生産し、全国に供給していた。

⑤出雲では七世紀後葉には一時的に生産の痕跡が未確認となるが、その後再度八世紀から九世紀まで生産されていた（多くは碁石状の平玉《ひらたま》生産で勾玉がみられない）。

六世紀後半から七世紀前半の全国の中小古墳の副葬品には玉類（勾玉・管玉《くだたま》・切子《きりこ》玉《たま》など）があり、各地の首長はその玉類の産地が出雲であることを直接的あるいは間接的に意識していたのではなかろうか。つまり、出雲で霊力のある玉を長期にわたって生産し、全国に供給していたことから、ヤマト政権をはじめ各地の首長たちの意識の中に出雲は特別な地であるという観念が醸成されていたものと推測されよう。

古墳時代後期から終末にかけての時期は、『古事記』『日本書紀』が成立する五〇〜一五〇年前のことである。記紀はヤマト政権が支配を合理化するためにつくりだした政治的な所産と理解されるが、各地の首長がある程度容認できる内容でなければ意味を持たないものであろう。古墳時代後期の段階には各地域にそれぞれの首長（国主《くにぬし》――国造）と国土創世神が存在していたと考えられるが、出雲の国主が大国主《おおくにぬし》（偉大なる国主――支配者）として位置付けられて国譲りを行うという構図に対して、各地の首長も大きな抵抗感・違和感を抱かなかっ

写真４　史跡出雲玉作跡から出土した玉類（上は瑪瑙勾玉、下は碧玉管玉の製作工程）〈松江市立出雲玉作資料館提供〉

たのではなかろうか。

日本の古代国家成立の由来を物語る神話の中で、なぜ出雲が多く登場するのか、その背景のひとつに「出雲の玉作り」が重要な役割を果たしていたものと考えられる。

おわりに

古墳の墳丘規模や副葬品の相対的な優位性が、政治勢力の大きさを表出しているものとすれば、出雲には政治的に大きな勢力が存在していたとは考え難い。出雲には一〇〇メートル以上の古墳は見られないばかりか、現在のところ前方後円墳が一一五基、前方後方墳が四一基確認されており、圧倒的に前方後円墳が多い。埋葬施設の変遷過程や副葬品の組み合わせについても、大局的にみれば基本的には畿内の古墳に準じた様相を示している。

しかしながら、これまで概括的に紹介してきたように、前方後方墳の占める比率の高さや盛行期の特異性、大型方墳の時期ごとの特徴の違いをはじめ、地域色の濃厚な石棺式石室・横口式家形石棺・出雲型子持壺など、古墳祭祀・葬送儀礼の在り方に独特の特色が存在するのも事実である。さらには、霊力を有する玉類（勾玉・管玉・切子玉など）を六世紀中頃以降になると、ほぼ独占的に生産していた地域でもある。

銅鐸・銅剣・銅矛などの青銅器や四隅突出墓に代表される弥生時代出雲の特色が、古墳時代には一気に失われることから、そこに神話の背景をみる見解がある。ただし、弥生時代の中期・後期は列島各地で地域色をもつ政治勢力が存在していた段階であり、古墳時代になると各地の勢力が持っていた墓制の要素を部分的に統合する形で畿内を中核に新たな墳墓祭式が創出され、出雲のみならず各地の地域色も希薄になってしまう。そうしたなかで、古墳時代の出雲はヤマト政権と密接な関連を持ちつつ、一方では列島各地の勢力とも関わりながら、時期ごとに一定の地域色を固持して存在感を主張し続けていたといえよう。

出雲が記紀神話に多く登場する背景は、青銅器・四隅突出墓などの存在が基層の淵源にはあるだろうが、とりわけ異彩を放つ古墳時代後期の在り方が大きな要因となったものと推測される。

【参考文献】

池淵俊一　二〇〇四「出雲型子持壺の変遷とその背景」『考古論集　河瀬正利先生退官記念論集』
角田徳幸　二〇〇八「出雲の石棺式石室」『古墳時代の実像』吉川弘文館
島根県教育委員会・朝日新聞社編　一九九七『古代出雲文化展』
島根県古代文化センター・島根県埋蔵文化財調査センター　二〇〇七『四隅突出型墳丘墓と弥生墓制の研究』
島根県埋蔵文化財調査センター　二〇〇二『荒神谷遺跡・加茂岩倉遺跡』
島根県立古代出雲歴史博物館編　二〇〇九『輝く出雲ブランド　古代出雲の玉作り』
松江市史編集委員会　二〇一五『松江市史　通史編1　自然環境・原始・古代』
米田克彦　二〇〇九「考古学からみた出雲玉作の系譜」『出雲古代史研究』一九
渡辺貞幸　二〇〇七「前方後方墳の世界」『出雲と石見銀山街道』吉川弘文館

古代出雲の玉作

平石　充

古代出雲の玉作（玉生産）は、従来いわれていたように古墳時代から奈良平安時代にかけて一貫したものではなく、七世紀に断絶がある。このような近年の考古学の成果を踏まえ、奈良平安時代の玉生産とはどのようなものか、また忌部氏や出雲国造とはどのような関係があったのか再検討する。

ひらいし・みつる
昭和四十三年（一九六八）群馬県に生まれる。國學院大学大学院修士課程修了。島根県埋蔵文化財調査センター・島根県立古代出雲歴史博物館を経て、現在島根県古代文化センター専門研究員。専門は日本古代史。
【編著書・論文等】
『松江市史　通史編１　自然環境・原始・古代』（松江市史編集委員会）、「人制再考」『前方後方墳と東西出雲の成立に関する研究』（島根県古代文化センター）、「出雲の部民制・国造制」『歴史評論』七八六

一　古代玉生産研究の現状

緑色の碧玉、半透明のオレンジ色を呈する瑪瑙、透明な水晶（古代では水精と表記）、これらを用いて製作された勾玉・管玉・切子玉などは、古代出雲を代表する手工業生産品である（写真１）。従来、この出雲の玉について は、古墳時代、これらは松江市花仙山周辺で採取される上記石材を用いて出雲国内で生産され、特に古墳時代後期になるとその生産地はほぼ花仙山周辺・玉造川流域に限定される。また、全国的な視野で玉生産をみても、主要な生産地はほぼ出雲のこの地域に限られる。そして奈良平安時代にも全国で唯一連続して作られている、とされてきた。

写真１　古墳時代後期の玉類
（島田池１区２号横穴墓出土）

　ただし、近年このような理解については疑問点や修正すべき点が指摘されている。まず、古墳時代前期の生産遺跡は調査事例が少なく、出雲で古墳時代的な玉がどのように生産されたのか明確になっているわけではない。製品の出土も少なく、出雲を離れた地での生産も想定されている（丹羽野裕　二〇一五）。また、古墳時代後期の玉類の製品を観察した大賀克彦氏は、出雲に玉生産が集中したとされる時期（古墳時代後期）でも、日本の各地で地域独自の特徴的な玉が流通し、地域的な生産は出雲以外でもおこなわれたのではないかとする（大賀克彦　二〇〇八）。そして、出雲の玉生産については古墳時代の玉生産と奈良平安時代の玉生産の間には断絶がある、との指摘が米田克彦氏からなされている（米田克彦　二〇〇九ａｂ）。

二　古墳時代の玉と奈良平安時代の玉

　玉の製作技術に注目した米田克彦氏は、出雲地域の玉生産工人が持っていた特徴的な技術として、玉に空いている穴を一方向から開ける片面穿孔を挙げる。片面穿孔は古くは弥生時代後期の水晶製玉類にみられるが、古墳時代中期以降、太く短い管玉を作るようになって広く採用される技法で、古墳時代後期の出雲の玉では、管玉だけでなく、勾玉も含めほぼすべての種類の玉に採用されるようになる。

　これに対し、出雲で出土する奈良平安時代の小形石製の球状ないし碁石状の製品（以下、仮に奈良平安時代の玉とする）には、そもそも穴を開けたものが少ない。そして穴を開けたものは両面から穿孔される。

　また、製作している玉の種類も異なっている。今のところ、勾玉・管玉、そして切子玉・小玉そのほかの多種

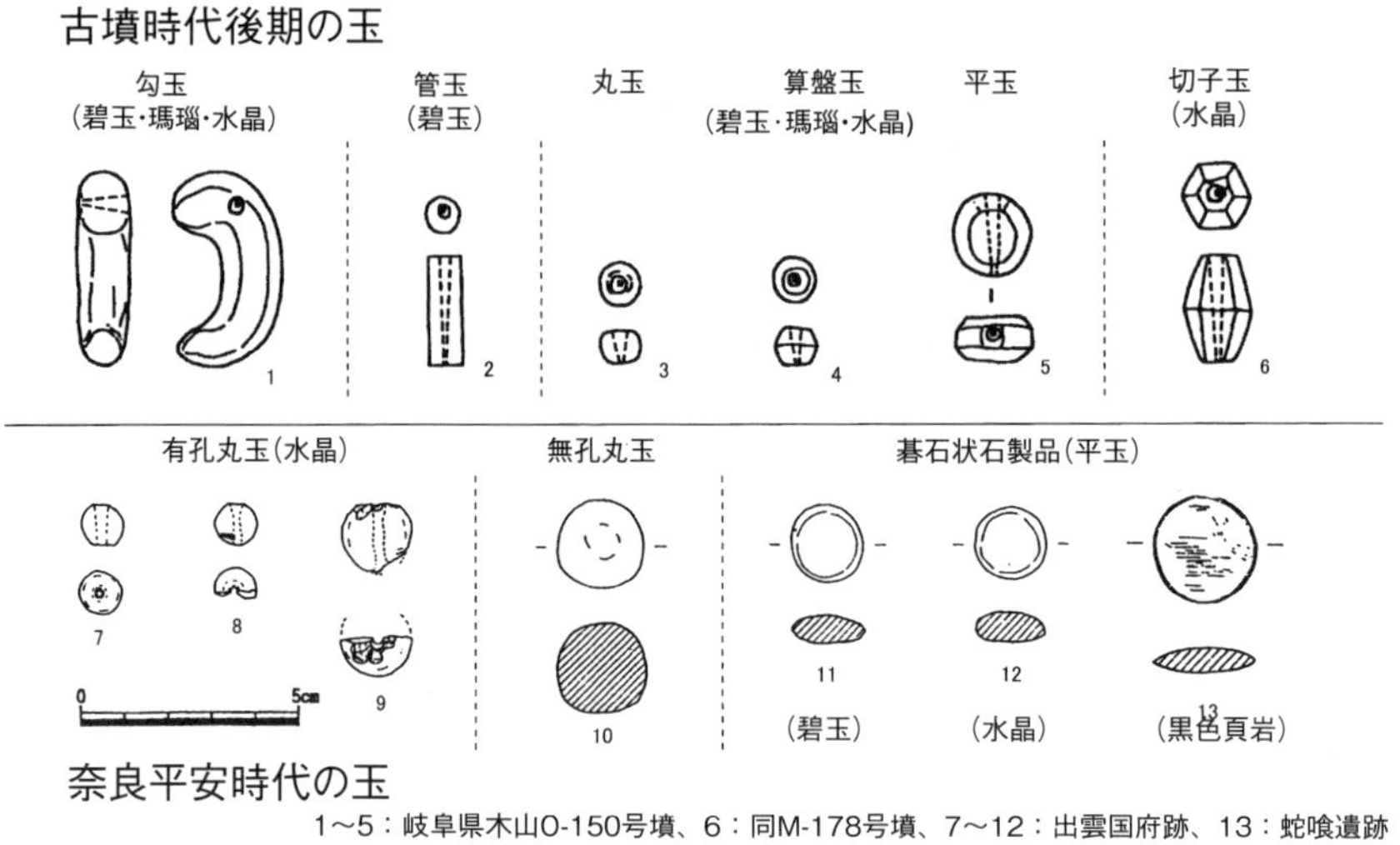

図1　古墳時代後期の玉と奈良平安時代の玉　米田克彦 2009b より転載

多様な玉類の生産が奈良平安時代におこなわれたという痕跡は確認されていない。一方で、奈良平安時代に製作されていた玉類は、碁石状を呈した平玉や球状をした丸玉で、先に示したように、古墳時代までの玉類には必ず空いていた穴は少ない。

使用する石材も異なっており、黒色頁岩や泥岩が用いられるようになる。水晶や碧玉も用いられているが、水晶は白濁し、碧玉も緑ではなく、頁岩や泥岩に近い黒いものが選ばれている。形態と合わせ、まさに碁石がイメージされるものである。

さらに、玉湯町の遺跡について目を向けてみると、瑪瑙勾玉や碧玉管玉など古墳時代的な玉の生産遺跡は一番新しいものが七世紀初頭（松江市堂床遺跡）、奈良平安時代の玉の最初の生産遺跡（松江市岩屋遺跡）は八世紀前半（米田氏は八世紀中葉とみるが、八世紀前半の可能性がある）位までしか溯らない。この間約一〇〇年ほどは、生産遺跡が確認されていないのである。

これら米田氏の指摘は、一部不確定な部分もあるがおおむね正鵠を得ており、今後の奈良平安時代の玉の研究はこれらを踏まえておこなう必要がある。

三　文献史料からみた奈良平安時代の玉生産

出雲の玉生産を考える上では、考古資料だけでなく、文献史料にも玉生産やその製品についての記述が多く残るのが特徴である。まず、文献史料からはどのような玉が確認できるのか一覧表にしたのが表1となる。まず玉のみえる時期についてであるが、一番古いものが天平六（七三四）年の「出雲国計会帳」で（記事は前年八月のもの）、一番新しいものが『永昌記』の天治元（一一二四）年の記事である。この両者はいずれも後に編集・編纂された二次史料ではなく、文書・記録すなわち一次史料であり、水精玉の進上は事実とみて良い。

次にその石材を見ると、水精（水晶）が多く認められ、3『出雲国風土記』（以下『風土記』）島根郡玉結浜の碁は実際には黒色頁岩なので、石材には黒色頁岩も含まれている。一方で、碧玉・瑪瑙に当たる石の記載は6の「青石玉」「赤水精」のみである。これは出雲国造神賀詞奏上儀礼に伴い天皇に献上される玉類の記載である。このときの石製品は全体として「玉」とされるが、個別には「白水精」「赤水精」「青石玉」であり、数量を「枚」で表現し、古墳時代的な玉、勾玉や管玉であったとみられる。出雲国造神賀詞奏上儀礼は、出雲地域の伝統的大豪族である出雲国造が、代替わりごとに天皇にその長寿と安寧を祈る祝詞を奏上する儀礼で、現在残っている祝詞は一〇世紀に編纂された『延喜式』（以下『式』）収録のもので、その内容は多様な起源のものが混在する。しかし、出雲の神宝である玉を奉る部分はもっとも根幹となる古い要素とされ、登場する神社は都が飛鳥地域にあったことを前提としており、これらの部分は少なくみても七世紀後半には成立していたものと考えられている（武田祐吉　一九五八）。奉られる玉は、祝詞に「白玉の大御白髪坐し、赤玉の御あからび坐し、青玉の水江の玉の行き相いに」と登場するように、儀礼に必要不可欠の要素であった（菊地照夫　一九九五）。この時代に玉生産遺跡は確認されていないことを合わせ考えると、七世紀の人々にとって、わざわざ古いイメージの古墳時代的な玉を用いた可能性が高いだろう。奏上儀礼が数十年に一度の儀式であることを考えれば製品や生産遺跡が確認されないのは当然で、やはりこれらの玉類の生産は例外的であったと推測される。

次に、中心となる玉生産はどのようなものか。恒常的なものと、臨時的なものがあるが、恒常的なものは８御祈玉である。これは、年三回おこなわれる定例の大殿祭と、臨時の大殿祭用の玉で、毎年六十連進上されていた。この大殿祭は、中央での祭祀担当氏族である忌部氏がおこなう宮廷儀礼の代表的なもので、そのはじまりも奈良時代以前あるものと推定される（菊地照夫　二〇〇一）。大殿祭で御祈玉は天皇の居所の四隅などに吊され、次の大殿祭の時に外された。その材質や形状は不明であるが、人が身につけることのない祭祀具であった。穿孔されて紐で一連に結ばれ、装身具として使われることが前提であった古墳時代の玉とは大きく異なるといえる。

最後に、臨時的なものはいずれも水精（玉）とされ、水精製であることが明記されている。また表中の９・10の事例をみると、それなりに高価なものであったようである。これが何をさすのかが問題であるが、赤水精＝瑪瑙、青石＝碧玉とみると、古代の水精の属性には透明性があったとみられる。これらは東大寺の仏像装飾・仏具や鎮壇具にみられる透明な水晶丸玉であったのであろうか。こちらも、全体としてみると、念珠などを除いて人の身につけることは基本的になかったと思われる。

以上、奈良平安時代の文献史料にみえる出雲の玉類を

表１　古代・中世史料にみえる出雲の玉

番号	史料	記載日時	西暦	名称	数量	備　考
1	『風土記』	天平５．２．30	733	水精		意宇郡長江山条。製品ではなく素材
2	『風土記』	天平５．２．30	733	御沐之忌玉		意宇郡忌部神戸条。御祈忌玉の誤写との説あり（菊地2001）
3	『風土記』	天平５．２．30	733	碁		島根郡玉結浜条。製品ではなく素材
4	計会帳	天平５．８．19	733	水精玉	150顆	大帳使に付して進上
5	計会帳	天平５．８．19	733	水精玉	100顆	大帳使に付して進上
6	『古語拾遺』	大同２	807	御祈玉		出雲にいる櫛明玉命の裔が毎年調物と合わせ進上する
7	『延喜式』	延長５	927	玉・赤水精・白水精・青石玉	赤水精８枚・白水精16枚・青石玉44枚	臨時祭36神寿条。出雲国造就任時の神賀詞奏上時の玉
8	『延喜式』	延長５	927	御富岐玉	60連	臨時祭74富岐玉条、毎年の大殿祭用玉。10月貢進。３時大殿祭36連、臨時24連
9	返却帳	長保２．６．21	1000	水精	200丸 料稲813束	宣旨
10	返却帳	長保４．８．11	1002	水精	100丸 料稲813束	蔵人所御帖
11	永昌記	天治１．５．４	1124	出雲水精		出雲国主藤原為隆が白河院に献上
12	永昌記	天治１．６．９	1124	雲州水精玉	110顆	出雲国主藤原為隆が白河院に献上

みると、古墳時代の玉的な要素は、神賀詞奏上儀礼の玉類を除きみられない。また、水精（水晶）や黒色頁岩・泥岩の利用など、考古学の指摘する変化と合致する点が多く、文献史料にみえる奈良平安時代の玉生産は、考古学が示している生産と全体としては整合的に解釈できる。問題は、遺跡から中心的に出土する穿孔されない碁石状の製品で、これらが表1の文献史料に登場する玉のいずれかに当たるのか、それとも碁石のように玉ではない別な製品であるのかどうかが大きな課題である。ただし、文献史料からみると、製品の形はどうであれ、出雲で石材を加工することを「玉作」と呼び、その製品のなかに奈良時代の人々が「玉」と称するものがあったことは間違いない。また、恒常的な生産物が御祈玉、すなわち祭祀具である点も見逃せない変化である。

四　玉の生産者

今まで記してきたような、奈良平安時代の玉生産に関わった人たちはどのような集団であったのだろうか。まず、玉生産遺跡は現在のところ玉湯川流域周辺と、出雲国府跡にほぼ限定されている。このうち、出雲国府跡の玉生産は、国府に集約された手工業生産、一般に国衙工房と呼ばれているもので、玉生産者の居住地などとは直接関係が無いとおもわれる。

これに対し、玉湯川流域周辺は生産者の居住地と考えられる。『風土記』意宇郡忌部神戸条（史料1）をみると、ちょうどこの玉湯川流域に当たる地域が意宇郡の忌部神戸とされ、そこでは「御沐之忌玉」が作られていた。また、『式』では前述の恒常的な貢納品である御祈玉は意宇郡の神戸の玉作氏（史料2）が納めていたとされるが、これも同じ忌部神戸をさす。

史料1　『風土記』意宇郡忌部神戸条

忌部神戸、郡家正西二十一里二百六十歩。国造神吉調望、朝廷に参向する時、御沐之忌玉を作る。故、忌部という。即川辺に出湯あり。出湯在る所海陸を兼ね、仍って男も女も老も少きも、或は道路に駱駅《つらな》り、或は海中洲に沿って日に集まり市をなし、繽粉《みだれまが》いて燕楽《うたげ》す。一たび濯げば則ち形容端正にして、再び浴れば則ち万病を悉く除く。自レ古より今に至るまで、験を得ざることなし。故、俗人《くにびと》神湯という也。

史料2　『式』巻三臨時祭　富岐玉条

凡出雲国所㆓進御富岐玉六十連㆒。三時大殿祭料三十六連。臨時二十四連。毎年十月以前に意宇郡神戸玉作氏をして造り備えしめ。使を差し進上す。

この忌部神戸が玉生産者集団であった。神戸とはふつう政府に納める税を特定の神（忌部神戸の場合は忌部神。後述の紀伊国鳴神社の祭神）の用途に用いるよう定められた集団で、平安時代初めの『新抄格勅符抄』大同元（八〇六）年牒では、「十戸」とみえる。一戸の神戸は成人男子四人を含みその家族を含め総計二〇人くらいと考えられるので、一〇戸からなる忌部神戸は正丁とよばれた成人男子四〇人くらいを含む、二〇〇人くらいの集団であった。

次に、この神戸の名称忌部とは、神戸の税が用いられる神の名前で、忌部神は紀伊国名草郡鳴神社の祭神である。この鳴神社の南には名草郡の忌部神戸（こちらも一〇戸からなる）があった。忌部神戸は全国で出雲と紀伊だけにあり、両者は深い関係にあった。ただし、忌部は全体としてみると、その中心としてみると大和国高市郡を本拠とする中央の忌部連（後宿禰）氏で、彼らが支配する地方に置かれた忌部の集団、いわゆる地方忌部が紀伊や出雲の忌部にあたる。

では、出雲の忌部神戸には地方忌部が集団で居住し、玉を作っていたのであろうか。忌部神戸の戸籍などが残っていないので厳密には不明といわざるを得ないが、後述するように中世の史料に忌部臣がみえるがおそらく部民である地方忌部は居住していなかったのではないかと考えられる。それは忌部という地名自体から推測される。実は古代の出雲国のなかでは、忌部という地名自体が新しい地名と考えられるのである。図2では現在の玉湯川・忌部川流域の『風土記』にみえる地名をあげている。現在はこの周辺は松江市玉湯町・東西の忌部町などとよばれ、忌部川の川名もある。しかし、『風土記』には行政地名である忌部神戸は存在するが、現在の忌部川は『風土記』では野代川であり、付近の山・川・神社にも忌部の

図2　古代の玉作周辺地名

名称はみえない。一方で、玉作という地名は行政地名にはないが、玉作山・玉作川・玉作街・玉作湯社など多数みることができる。おそらく、奈良時代の行政区画としての忌部神戸にあたる地域は、伝統的地名としては玉作とよばれていたと推定される。

ここで前掲の史料2をみると、意宇郡神戸にいるのは玉作氏である。また、忌部氏の氏族伝承を記した『古語拾遺』（以下『拾遺』）にもこの集団についての記述があるが、そこでも「櫛明玉命　出雲国の玉作の祖なり」とみえる。『拾遺』では地方忌部は、たとえば紀伊国の忌部は「天目一箇命　筑紫・伊勢両国の忌部の祖なり」として〇〇の忌部と明記しているのであるが、全国に散らばる地方忌部のなかで唯一出雲だけは忌部とせず玉作としている。このことから、生産していた人々も玉作氏とよばれたのだろう。

この玉作氏はどのような氏族なのか、ということであるが、結論から述べると出雲国造出雲臣と深い関係にあったと推測される（小倉慈司　一九九六）。史料1も、本来であれば「紀伊国鳴神社の忌部神の神戸であるから忌部である」という説明でよいのに、なぜか「国造神吉調望、朝廷に参向する時」と出雲国造に由来が結びつけられている。小倉氏の説を補足すると、『風土記』にみえる手工業生産は、仁多郡の鉄器生産を除くと意宇郡の忌部神戸の玉と島根郡大井浜の陶器（須恵器）になるが、両者は出雲臣の本拠地である意宇平野に近接する境界領域でかつ交通上の要衝にあたり、市なども存在し、共通する特性を備えている（『風土記』島根郡朝酌促戸条・史料1。図3参照）。このような特性は出雲独自の体制で意宇平野＝出雲臣を中心に手工業生産集団が集約的に配置されたものである（平石充　二〇一五）。

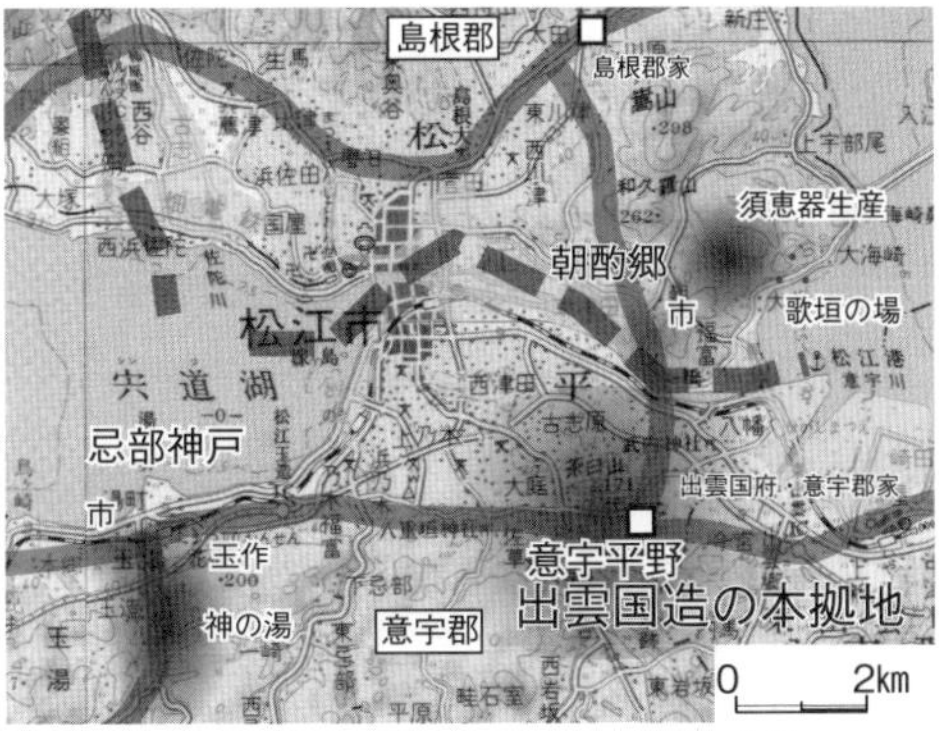

図３　『風土記』にみる手工業生産地

五　玉生産と忌部氏

一方で、出雲の玉生産者集団と忌部氏との関係も全くないわけではない。まず、ここで作られる玉は忌部氏が執りおこなう大殿祭で使われるものであるし、『拾遺』では出雲玉作という名称であるが、忌部の関係者として登場する。なぜ出雲の玉生産者集団は忌部神戸となったのであろうか。直接的には、『風土記』が書かれた直前にあたる七世紀末～八世紀前半の、出雲をめぐる社会状況が反映していると考えられる。

まず、現在知られる最初の出雲国司長官は中央忌部氏の有力者、忌部宿禰子首である。彼は、壬申の乱で大海人皇子（天武天皇）側につき活躍した。そして天武十三（六八四）年からは『古事記』『日本書紀』（以下『記』『紀』）の編纂に関わる「帝紀」「上古諸事」の筆録に参加した。大宝二（七〇二）年の三月には彼を含む神祇官人に位が一階与えられているが、これは同年二月の諸国の国造を入京させて大幣を班給した行事（祈年祭の開始記事と推測されている）の実施の褒賞と考えられている（『続日本紀』以下『続紀』）。国造が入京したこと、時期が二月であることから、出雲国造神賀詞奏上儀礼とも深く関係すると考えられる。そして和銅元（七〇八）年に出雲守に任じられ、次の出雲守船秦勝が任じられる直前の霊亀二（七一六）年二月に史料に残る最初の神賀詞奏上儀礼がおこなわれた（『続紀』）。『式』によれば、神賀詞では出雲国司が国造を引率するので、忌部宿禰子首・出雲国造果安（あるいは前任国造）らが共同で神賀詞奏上儀礼を整備した可能性がある。神賀詞奏上儀礼自体がいわゆる国譲り神話と関係する儀礼であるので、この神話を現在のように整理したのも、彼らである可能性もある。

また、『紀』のいわゆる国譲り神話にあたる神代下第九段の異伝、一書の二は、杵築大社の創始が巨大な天日隅宮の造営として語られ、大己貴神の祭祀を天穂日が執りおこなうことを明記している。この第九段一書の二は、出雲臣の祖先神であり、天穂日は出雲国造出雲臣の主張を取り入れた異伝ではないかとされる（三宅和朗　一九八四）。この一書では、国譲りの後に、やや唐突に紀伊国の忌部以下の諸国の忌部の祖神ほかの天降りの伝承が挿入され、これも一書の二の形成に出雲臣とともに忌部氏が関与したものを示すものであろう。

このように律令制の開始時期に出雲臣と忌部氏が関係を深め、その中で玉作に忌部神戸が設定されたと想定できるだろう。また、米田氏の指摘を併せれば、古墳時代的な玉生産は終了したが、八世紀初頭に出雲臣と忌部氏のもとで再開されたということになる。

ただし、今まで述べてきた玉に関する儀礼、出雲国造神賀詞奏上儀礼や大殿祭は、いずれも八世紀に整備された儀礼ではあるが、その前身となる儀礼があったとされる。また、全国的に玉生産遺跡の動向をみると、六世紀になって島根県の玉湯川流域に集中する以前に五世紀後半～六世紀前半に、奈良県橿原市の曽我遺跡でその前提となるような出雲の技術を用いた玉生産（片面穿孔の太型碧玉管玉などの生産）がおこなわれていた。曽我遺跡での玉生産の終了と、出雲の玉湯川流域での集約的な玉生産の開始の歴史的意義については論者によって評価が異なり定まっていないが、曽我遺跡に出雲の玉生産者が動員されたことは間違いない。この曽我遺跡は現在知られるなかでは列島最大規模の玉生産遺跡で、その南約五〇〇㍍に式内社天太玉神社がある。この神社は中央忌部氏の祖神である天太玉命を祭神とし、同地は中央忌部氏の本拠地であった。五世紀にはまだ氏族制度は確立しておらず、中央忌部氏にあたる氏族も形成途中であったと思われるが、曽我遺跡は彼らの前身が統括した集約的な玉生産遺跡であったのであろう。そこに出雲の玉生産者も参加していた。また、出雲の玉生産で使用される紅簾石片岩製砥石は紀伊の忌部氏の居住地域（図4★地点）

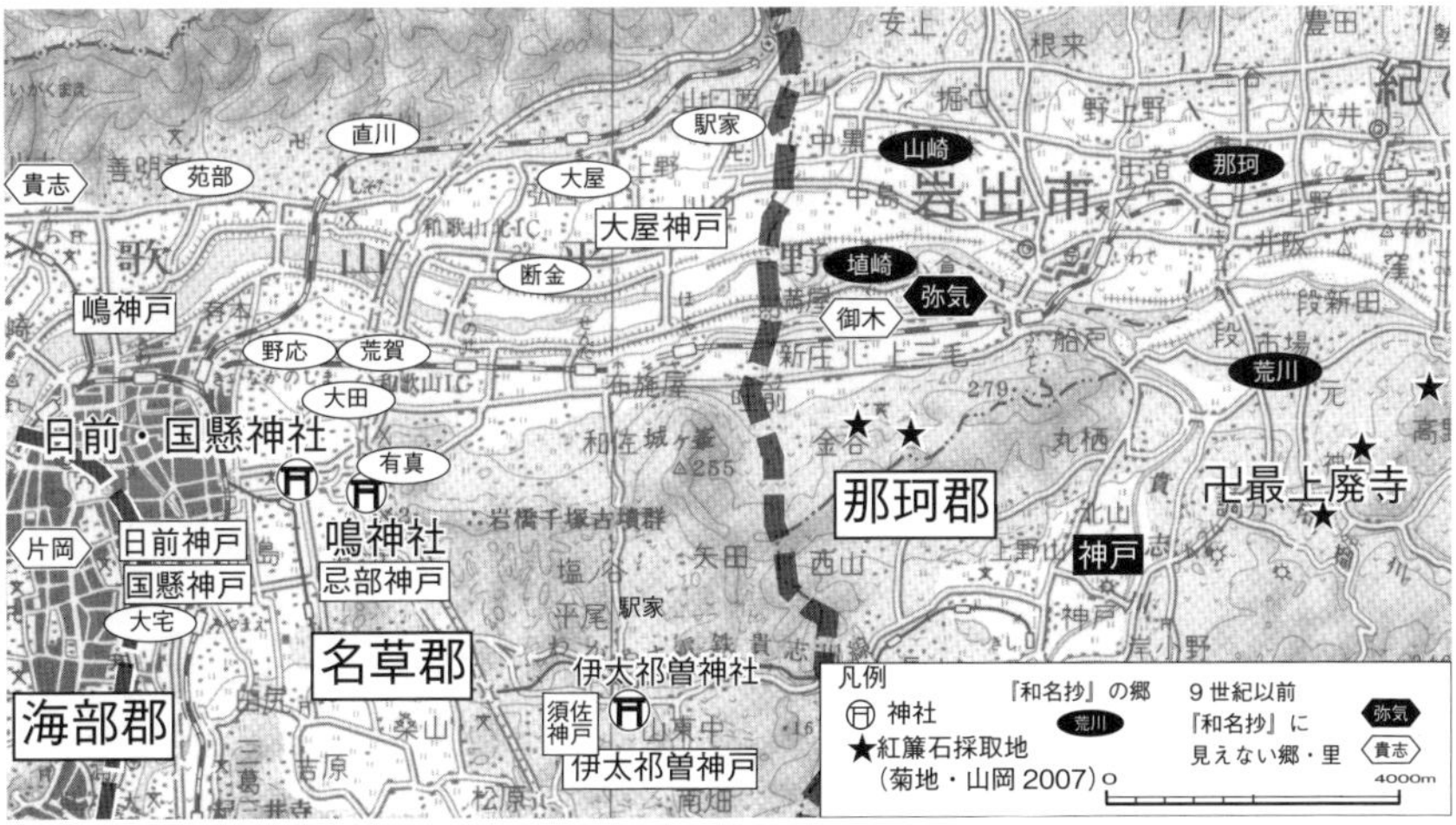

図4　紀伊国の郡・郷

からもたらされたとの理解もあり、これに従えばやはり忌部氏を仲介として出雲と紀伊が関係を有していたのであろう（菊地照夫・山岡邦章　二〇〇七）。このように、五世紀段階には出雲の玉生産者集団と忌部氏との関係もあったと推測できるのである。

いささか複雑な説明となってしまったが、奈良平安時代の玉生産者集団である忌部神戸は、直接的には七世紀〜八世紀初頭の出雲国造出雲臣や中央忌部氏との関係、国譲り神話の形成という政策のなかで生み出され、いったん終了していた玉の生産を再開したのであろう。ただし、忌部氏と出雲の玉生産者には五世紀段階には関係を有しており、八世紀に再構築される関係にはその前史があってそれを復活させたという側面にも留意する必要があるだろう。奈良平安時代の玉生産と五世紀段階での玉生産は全く無関係、ないし擬制的な関係と見る見方ももちろんあるが、生産を再開した場所は古墳時代に玉を作っていた同じ「玉作」地域、玉湯川流域であった。この時代の製品の素材には玉作山（花仙山）周辺で採れる碧玉も使用されているが、中心となる水晶や黒色頁岩や泥岩の産地は『風土記』によれば長江山（意宇郡長江山条：安来市伯太町の永江山）、玉結浜（現在の松江市美保関町玉結湾）とされる。このことに従えば「玉作」地域で玉生産を再開する技術的必然性はなかったわけだが、おそらく地域に伝統的な労働奉仕関係が残存しており、それが再編されたのであろう。出雲では他にも六〜七世紀に須恵器生産に関与していた地域が、九世紀頃に須恵器生産を開始するという事例もある（丹羽野裕　二〇一〇）。また、ここでは詳述しないが、奈良平安時代によく知られていた野見宿禰を介しての出雲臣と土師氏との同祖関係も、五世紀段階頃に存在した関係が再編された可能性がある（平石充　二〇一五）。

六　「玉作」地域の氏族

最後に、この出雲玉作と呼ばれた集団について、もう少し踏み込んで検討してみたい。彼らの氏族名を直接記した古代史の史料は今のところ知られていないのであるが、注目すべき史料として近世に成立した『忌部総社神宮寺縁起』『忌部総社根元録』（以下『縁起』『根元録』）がある（藤岡大拙　一九七九）。これは現在の忌部神社に伝えられた法華経の紙背に記された縁起部分で、筆写されたのは江戸時代の万治二（一六五九）年であるが、その成立時期については永禄九（一五六六）年から慶長六（一六〇一）年の間には成立していたと推定される（藤岡大拙　前掲）。一方、近世出雲における『風土記』研究の画期は、寛永十一（一六三四）年の日御碕神社への『風土記』写本奉納と考えられ（高橋周　二〇一五）、同書は近世の古代出雲研究の影響を受けていない可能性がある。

さて、古代の玉生産に関する記述としては、①水精の念珠を久多美の匠が作っていた、②国造が朝廷に奉る精珠類を忌部玉作邑で作っていた、③斉衡三（八五六）年慈覚大師が「水精並出雲石数珠」を清和天皇に献じ、天皇は「玉作之業」が停止しないよう命じた。また、忌部の地名についてはで④不浄を払い、朝廷・全国神仏に御祭器を作っていたので忌部というとし、⑤忌部三社権現（現在の忌部神社の前身）についても雲州地主権現の幸霊久多美大神・奇霊の霊湯権現・宿坐霊の富士名権現と説明する（以上『縁起』）。

いずれも中世仏教色の強い説話で歴史的事実として取ることはできないが、忌部氏や『紀』『拾遺』等にみえる太玉命・櫛明玉命の信仰を全く説かない点や『風土記』が登場しない点は、中世以前の土着の伝承を伝えている可能性が高い。なお、忌部氏祖神の太玉命や玉祖命は、元禄期以降に成立した『忌部大宮濫觴記』からは登場する。

これらの伝承群を、当時の水晶の数珠と「玉作」地名から創作したと考えることも可能である。しかし、『縁起』には③に関連して焼物を須谷で製作していたとするが、この須谷では九世紀頃の須恵器窯跡（湯峠窯跡）が大正時代に発見されている。③に水精と並んで登場する出雲石は、現在は碧玉をさすが中・近世にはみられない石材名称で、一〇世紀の儀式書である『西宮記』に六位以下の要帯具、石帯の材料として「瑪瑙」とは別に確認できる。六位以下の石帯は黒色を呈していたとみられるので、先述の黒色頁岩・泥岩類であった可能性が高いだろう。これらはいずれも『縁起』が作成された近世初頭では知ることができない知識によるもので何らかの在地の伝承を伝えるのであろう。

これらのなかには、忌部長者の一族も登場しており、日置麻呂（『縁起』）・忌部臣（『根元録』）という名がみえる。このうち忌部臣は、出雲臣の同族関係を結んだ出雲玉作の統括者の可能性がある。『縁起』が中世以前の伝承を一部に伝えているとしても、すべてが古代の伝承であるわけではない。しかしつづく日置氏が出雲玉作りの関係者だったのではないか、と想像したくなるような傍証も存在する。

第一の傍証は、日置氏は出雲国造の配下の実務を担当した氏族ではないかという想定である（内田律雄　一九八七、森公章　二〇〇九）。『風土記』意宇郡新造院をみると山代郷には二つの新造院があったが、一つが後に出雲国造となる出雲臣弟山造立によるもので（県指定史跡山代郷南新造院）、一つが出雲神戸の日置君目烈が造立したものである（国指定史跡　山代郷北新造院）。そして出雲神戸とは熊野大社・杵築大社を奉祭する神戸で、杵築社の奉祭は出雲国造の任務であるので、日置君もこれに参加する氏族であった。そして、日置氏は出雲臣同様に出雲国内に多くみられ、国造出雲臣に次いで有力だった。ただし、これだけでは玉生産への関与までは明らかにできない。

ここでは更に踏み込んで、日置氏と地方忌部の間の関係性、また紀伊と出雲の氏族構成の類似構造について検討する。前者については、日置氏の祖櫛玉命と、出雲国玉作の祖櫛明玉命がたいへん似ている点、また、先に述べた『紀』第九段一書の二に差し込まれている忌部氏の伝承が主殿寮の官人を出す伝統的氏族（名負氏という）の職掌と重なることなどからすでに指摘があった（井上辰雄　一九八〇）。

さらに出雲と紀伊の関係も含め論じてみよう。紀伊国の那賀郡には日置造・首氏があり、大領に任じられるものがあるなど、当地の有力氏族だった。さらに、同地の日置造・首には主殿権允の日置首長津がみえ（『日本三代実録』元慶元年十二月二十五日条）、大極殿の木材を切り出す山を探すため紀伊国に派遣された木工外従五位下日置造縄主（同貞観十八〈八七六〉年）も、位階からみて、那賀郡の郡司層と想定される。そして縄主が宮殿の造営に関係するように、木材の採取に関わる職能を持っていた（薗田香融　一九九四）。また、日置首長津は祖先を天穂日命として菅原朝臣に改姓している点もじつに興味深い。

さて、この紀伊国那賀郡の日置氏の本拠地であるが、本貫地を記す史料や氏寺と考えられる最上廃寺（紀の川市桃山町）から、同郡荒川郷と推定されている。この荒川郷は、先に紹介した紀伊国の忌部の居住地、名草郡御木郷推定地（和歌山市三毛）に隣接する場所にあたる（図4）。なお、御木郷については郷名や諸属郡に変遷があるが、名草郡御木郷（『拾遺』）→那賀郡弥気里（『日本霊異記』）→那賀郡埴椅郷（『和名類聚抄』）の変遷を想定しておく（平石充　二〇一三）。

以上のことから、紀伊の忌部、これは天皇の宮殿を作る材木を用意する忌部とされるが（『拾遺』）、どうも那賀郡郡司となる日置造氏の統率下にあったのではないかと想定される。また、紀伊最大の有力豪族である紀伊国造紀直との関係をみると、その本拠地（名草郡）の縁辺部・境界領域の水陸交通の要所に天皇の宮殿造営に奉仕する忌部や日置氏が存在していることになる。ここで出雲国の忌部神戸に戻ると、紀伊と同じような構造があると想定した場合、出雲国の忌部神戸の関係者として日置麻呂が登場するのは、非常に理解しやすいのである。あくまで現象面であるが、紀伊の忌部の存在形態と出雲の忌部神戸の存在には類似した要素があったのではないだろうか。

おわりに

以上、考古学からみた出雲の玉生産の再評価から始まって、現在文献古代史の立場から奈良平安時代の玉生産をどのように考えるのかを論じてきた。そこでは、七世紀段階に断絶を持ちながらも、五世紀に培われた玉を介した忌部氏との関係が、出雲国造による玉生産の統括も含めて再生産・再編成されたと指摘した。この再編後の出雲の「玉作」が、主として祭祀具を中心とする玉生産に変わったことは、いわゆる国譲り神話のような世界観・中央からみた出雲観の形成とも深く関わる重要な問題を有していると思われる。また、最後に示したように紀伊との関係や、忌部と諸氏族の関係は、いわゆる地方忌部（部民）がそれぞれの地域社会・地域編成でどのように必要な物資を生産したのかを考える素材を提供するものと思われる。以上のことからも、出雲の玉生産研究はそれにとどまらない深い意義を有しているといえるだろう。

【参考文献】

井上辰雄　一九八〇「日置部の研究」『古代王権と宗教的部民』柏書房
内田律雄　一九八七「『出雲国風土記』と考古学」『出雲古代史の諸問題』第一五回古代史サマーセミナー事務局
大賀克彦　二〇〇八「古墳時代後期における玉作の拡

散」『古代文化研究』一六
小倉慈司　一九九六「出雲国の神戸」『出雲古代史研究』六
菊地照夫　一九九五「出雲国造神賀詞奏上儀礼の意義」『出雲世界と古代の山陰』名著出版
菊地照夫　二〇〇一「出雲国忌部神戸をめぐる諸問題」『祭祀と国家の歴史学』塙書房
菊地照夫・山岡邦章　二〇〇七「島根県内玉作遺跡より出土する紅簾石片岩製内磨砥石の石材産出地の検討」『古代文化研究』一五
薗田香融　一九九四「仏教文化の発達」『和歌山県史　原始・古代』和歌山県
高橋　周　二〇一五「近世出雲における『出雲国風土記』の伝写と神社の歴史認識―万九千社・立虫神社を中心に―」『古代文化研究』二三
武田祐吉　一九五八『古事記　祝詞』岩波書店
丹羽野　裕　二〇一〇「出雲・大井窯跡群の様相と生産体制試論」『古代窯業の基礎研究―須恵器窯跡の技術と系譜―』真陽社
丹羽野　裕　二〇一五「出雲ブランドの確立」『松江市史　通史編１　自然環境・原始・古代』松江市史編集委員会
平石　充　二〇一三「神郡神戸と出雲大神宮・於友評」『古代文化研究』二一
平石　充　二〇一五「出雲の部民制・国造制」『歴史評論』七八六
藤岡大拙　一九七九「忌部神社蔵古記録について」『山陰　地域の歴史的性格』雄山閣出版
三宅和朗　一九八四『記紀神話の成立』吉川弘文館
森　公章　二〇〇九「評司・国造の執務構造」『地方木簡と郡家の機構』（初出二〇〇五）
米田克彦　二〇〇九ａ「穿孔技術から見た出雲玉作の特質と系譜」『出雲玉作の特質に関する研究』島根県教育委員会
米田克彦　二〇〇九ｂ「考古学からみた出雲玉作の系譜」『出雲古代史研究』一九

第2章

出雲大社の祭祀
（第２回講座）

神在祭について
～民俗学による研究史を中心に～

品川知彦

神在祭および神集い伝承は、昭和時代に入って主に民俗学の立場から注目を集めてきた。この民俗学の成果を中心に、神在祭・神集い伝承がどのように研究されてきたのか、その概略を示し問題点を指摘するとともに、近年の新しい動向についても触れたい。本稿は、シンポジウム「十月に神々が出雲に集うのはなぜか」で議論される内容を補完する意味を持つ。

しながわ・としひこ
昭和三十八（一九六三）年山口県生まれ。東北大学大学院文学研究科博士課程前期修了。島根県立古代出雲歴史博物館学芸企画課長。専門は宗教史・宗教民俗学。
【編著書・論文等】
『出雲大社』（共著、二〇一三年、柊風社）、『出雲大社の祭礼行事』（共著、古代文化センター、一九九九年）など

一　はじめに

旧暦十月の異名を神無月という。その理由は一般的には、全国の神々が出雲に集い、各地の神々が不在だからとされる。一方神々が集う出雲では、この月は神在月とも呼ばれ、現在、出雲大社、佐太神社、熊野大社（平成二十五年から復活）はじめ十社（図1参照）で神々を迎え祀る神在祭が行われている。

神々が出雲に集うことは、一二世紀半ばの歌学書『奥義抄』に「天の下のもろ〳〵の神出雲国にゆきてこの国に神なきゆゑにかみなし月といふをあやまれり」（『日本歌学大系』一、風間書房、一九五八、三〇〇頁）にすでに記されている。年紀が明らかな史料において、特定の神社に神々が集うことを明確に記すのは、一四世紀半ばの万葉集注釈書『詞林采葉抄』（古代出雲歴史博物館蔵）である。ここには、出雲では十月が神在月と呼ばれること、神々は神在社と呼ばれる佐太神社に集うことが記さ

れる。しかし神々が集う理由自体は、神々が祖神スサノヲを尊崇していることを挙げ、また国造について記すなど出雲大社に向けられている。

一方神社側では、正平八（一三五三）年の「日三崎撿校清政起請文」に「毎年十月神在に三貫文之事」（千家家蔵）とあり、出雲大社において一四世紀半ば頃には何らかの形での神在祭がなされていたことが推測できる。佐太神社では、明応四（一四九五）年の「佐陀大社縁起」に、龍蛇の漂着、四月神在祭、神目山での神送りなどが記されている（鹿島歴史民俗資料館『重要文化財佐太神社』、一九九七、四二五頁）。さらに一六世紀末には神魂神社、六所神社、真名井神社においても神在祭を行っていたと推測できる史料が残されている。このようなことから、神々を迎える側の出雲でも、少なくとも中世末には多くの神社で神在祭が行われるようになっていたと言えよう。

ところで神在祭、もしくは神集いに関する民間伝承としては、九月晦日もしくは十月朔日頃に出雲に神を送る「神送り」、十月晦日もしくは十一月朔日頃に出雲から神が戻ったことを祝う「神迎え」がある。多くはそれぞれの日に氏神に地域の人々が参詣し、赤飯などを供え

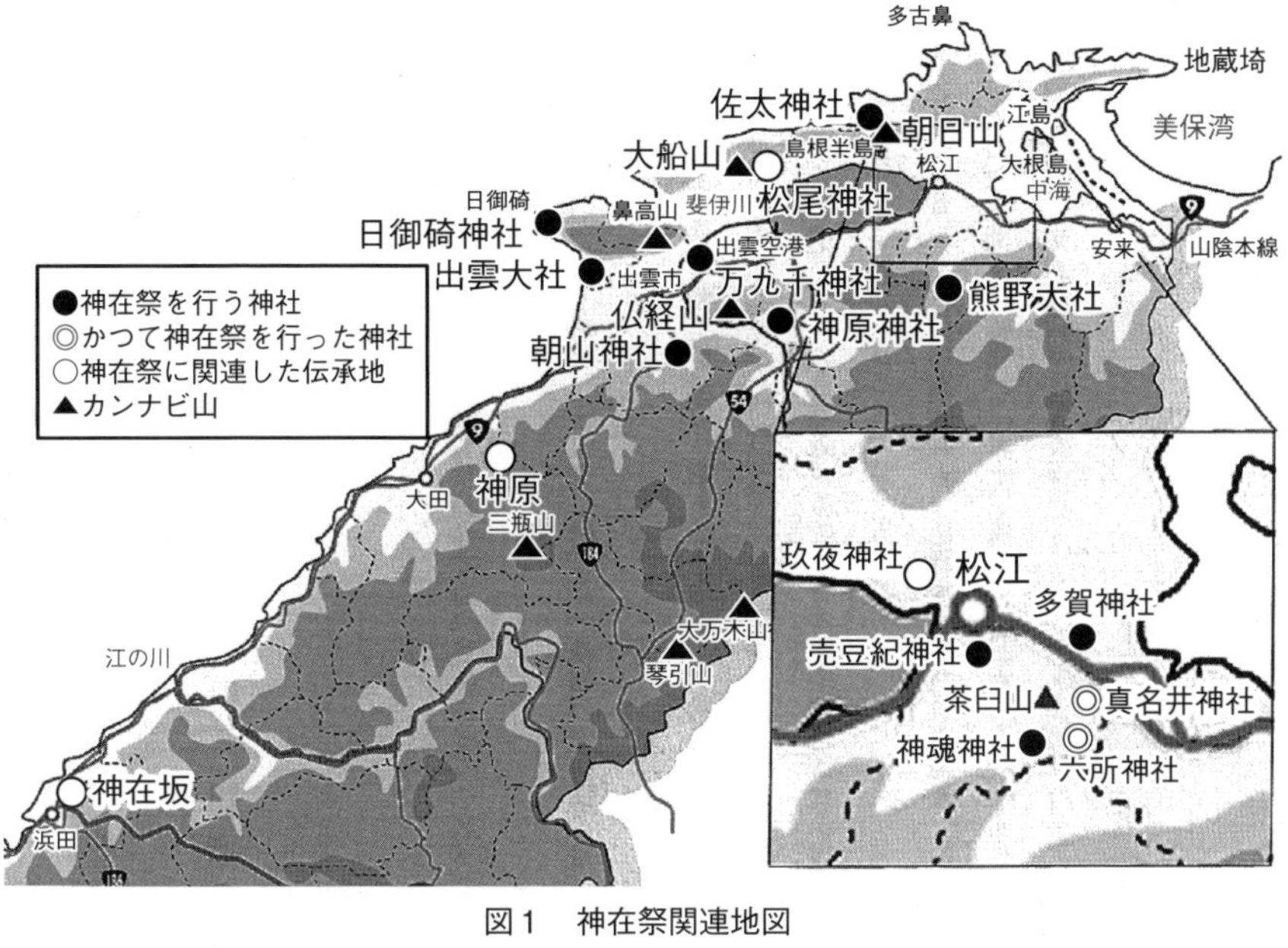

図1　神在祭関連地図

ていたという。この伝承は北海道・南西諸島をのぞくほぼ日本各地に伝わっている。九月晦日に神々を出雲に送るとの意識は、民間伝承ではないにしろ、すでに室町時代の伏見宮貞成親王による『看聞御記』応永三十二（一四二五）年九月三十日条に見られる。そこには「其後大雨下。霹靂消肝。是諸神出雲国神幸奇瑞歟。」（『続群書類従』補遺二、続群書類従完成会、一九九一、五二二頁）と記され、天候の急変が神の出雲への旅立ちと見なされている。この意識は、出雲でも天候の急変（お忌み荒れ）を神の出雲への到着、もしくは出雲からの旅立ちと捉えることと共通している。

時代は下がるが、文化年間に屋代弘賢などが行ったいわば民俗調査である『諸国風俗問状』の質問項目に、「九月（中略）此月神送りといふ事候哉（中略）十月（中略）此月神迎といふわさも有之候哉」（『日本庶民生活史料集成』第九、三一書房、一九六九、四五八頁）とある。このように一九世紀初め頃には、民俗調査の質問項目にも挙げられるほど、神送り・神迎えは全国的な伝承になっていたことがわかる。なかには、「女子を持ちたるものは他に送るの縁にや、神送りを祝い、婦を迎ふべき男子持たるものは、十月の神迎ひを祝ふ」（「越後国長岡領風俗問状答」『日本庶民生活史料集成』第九、三一書房、五五二頁）といった派生した伝承を持つ地域もあったのである。

しかしながら、かつてほぼ全国で行われていた神送り・神迎えも、その多くが行われなくなっている。現在行われている事例として、例えば滋賀県甲賀市土山町の若宮神社がある。当社では、九月二十八日に「宮送り」として若宮さん（大神さん）を出雲（大社）に送る神事があり、十月十五日に若宮さんを迎える「宮迎え」の神事が、宮座を中心に営まれている。

小論は、このような神在祭、および神送り・神迎えなど神在祭に関連した民間伝承が、これまでどのように研究されてきたのか、その概略を民俗学の成果を中心に示すことを目的とする[1]。この作業は、神々が出雲に集う理由を民俗学の見地から明らかにするものともなり、その意味で十月に開催されるいづも財団主催のシンポジウム「十月に神々が出雲に集うのはなぜか」の内容を補足するものにもなるであろう。

二　従来の神在祭研究に見られる主題

出雲への神集い伝承については、中世以後、神集いの理由や神無月の由来をめぐって様々に論じられてきている。とりわけ昭和時代に入ってこの伝承は民俗学の分野から注目を集めてきている。近代以前の研究内容については シンポジウムにおいて議論されることが予定されているので、ここでは昭和以後に限って議論を進めたい。時期を昭和以後に限ると、諸論考は大きく分けて四つの主題をめぐって展開しているように思われる。

（一）神集い伝承と集う神々の神格

神集い伝承と集う神々の神格との関連を問題としたのは、日本民俗学の創始者として知られる柳田国男である。柳田は昭和十四（一九三九）年の『祭時習俗語彙』以来、神集い伝承などに触れているが、昭和十八年の「家の神の問題」において次のように記している。

旧暦九月の祭を終わってから、神を御送り申した儀式が、神の一年中一処に鎮座ましますといふ信仰の有力になった後まで、なお久しく伝わって居た結果、やがて程無く御還りなる御不在のやうに解釈する者があったからではないか。（『定本柳田国男集』第一三、筑摩書房、一九六九、を使用、四三一頁）

その上で、柳田は神集いの起源を「神の御降り昇りといふ信仰」（前掲書、四三一頁）に求めている。柳田においては、春に山から田に降り秋（収穫後）に山へと昇るとされる、いわゆる「田の神去来」信仰に神集い伝承を結びつけられている。すなわち従来は収穫祭が終わると田の神は山へと送られていた。一方で、田の神が山と田を去来するのではなく、地域に常住するとの考え方も有力になってくる。この二つの考え方が折衷される形で、十月は田の神の一時的な不在の時と考えられるようになり、端的に言えば、その不在時の行き先が出雲に結び付けられたものとするのである。

柳田のこの示唆は後の民俗学者によって継承され、より具体的に主張されるようになる。例えば関敬吾は、

神々の出雲渡御も田の神のお還りも、根本的には同じ信仰に基づくものであり、これが神無月の信仰と結合したものであった。（「神不在と留守神の問題」『民族学研究』新三ノ一、一九四六、六五頁）。

と記し、神集い伝承と田の神去来を積極的に結びつけて

いる。つまり、出雲への神集いは、田の神去来信仰を背景に、一時的な田の神の滞在先として考えられたに過ぎないものとして消極的に位置づけられるのである。

神集い伝承と田の神去来を結びつける根拠として、第一に、民間伝承において出雲に集うとされる神格に田の神、山の神、ダイコク、イノコなど農耕神的な性格を持つものがあること、第二に、出雲に滞在する期間が翌年の春までなど十月とは無関係な去来伝承を持つものがあることが挙げられる。後者の伝承として例えば、宮城県伊具地方や福島県旧飯坂町で、十二月八日に出雲に赴き、二月八日に戻るという伝承などを挙げることができよう。一般に民俗学では、中央から離れた場所（より正確に言えば交通の不便な場所）に古い伝承が残るとされている。この観点からこの伝承を見れば、この型の去来伝承は、東北地方など中央から離れた場所に多く存在している。したがって民俗学の立場から言えば、この型の去来伝承は田の神の去来先が出雲に結びついたことの傍証ともなるのである。

（二）留守神とその神格

留守神とは、神無月に出雲に集わず地元で留守を守る神をいう。例えば承応二（一六五三）年頃の『懐橘談』には「住吉大明神は諸神當社（筆者注：佐太神社）へ来臨し給ふ故、国家守護の為め、毎年十月出で給はず」（『続々群書類従』第九輯、続群書類従完成会、一九八四、三八八頁）と住吉大明神が留守神として記されている。

留守神について柳田は「神無月の留守神は家の神であったらしい。留守といふことはちょうど里の神々の不在中に、家の神だけの祭が行はれて居たことを意味するのかと思ふ」（「家の神の問題」、前掲『定本柳田国男集』、四三三頁）と記している。留守神は家の神であり、十月にその祭がなされていたとするのである。この視点についても後に継承されていく。関敬吾は、留守神とされる家の神は農耕神的な性格を持つことを指摘する（前掲「神不在と留守神の問題」、七七頁）。また郷田洋文によると、留守神も出雲に集う神もともに農耕神的な性格を持つ家の神であり、留守神は田の神去来から去来伝承が欠落したものと解釈しているのである（「留守神信仰『出雲民俗』一一、五頁）。つまり留守神は家の神、さらに言えば農耕神的な性格を持つ神（田の神）とされた上で、留守神伝承は田の神去来から去来伝承が欠落したものとされ、前項で述べた田の神去来の枠組みで説明されるに至るのである。

（三）神無月と霜月との関係

この主題は換言すれば、収穫祭が十月か十一月かという問題である。収穫祭が十月であることを前提に議論を展開するのは、やはり柳田である。柳田は『祭日考』において次のように記している。

神在祭は祭とは実は謂へないもので、強いて云ふならば或る一つの大切な祭の部分であった。（中略）是は来るべき一一月の厳粛なる祭に、神に奉仕することの出来る身になれるように、極力戒慎して信仰を攪き亂されまじとする心づかひであった（『祭日考』新國學談第一、小山書店、一一二頁）。

つまり、柳田は神在祭を本来十一月に行われる収穫祭の前の物忌みの期間に過ぎないとみなし、神在祭をいわば消極的に位置づけているのである。出雲において、神在（お忌み）の期間には家の普請や歌舞音曲などの物音を立てず、髭を剃らず、爪を切らず、髪も洗わないで静かに暮らすという伝承を伴っているのも、十一月の収穫祭のための物忌みを示したものとされたのである[2]。

この視点も例えば郷田洋文のように後に継承されていく。

神無月の祭は望の日を中心としてそれから物忌の生活に入っていたのであり、正朔の暦日が普及すると共に物忌開始が神無月の朔日から晦日までとなり、神送・神迎の伝承もそれ以後に成立したのではないかと思っている。（中略）亥の子、十日夜などの刈上祭も（中略）、それを境にして霜月の収穫祭を迎える準備の物忌の生活に入った痕跡の方が強いと思へる。（前掲「留守神信仰」、一四頁）[3]

一方で収穫祭が十月であったと主張するのは、佐太神社宮司でもあった朝山晧である。朝山は古代における収穫祭は十月であったと捉え、それ故に神無月の語源を神に新穀を献じるカンナベ（神嘗）月もしくはカンナビ月に求めている。そして出雲では、この収穫祭はカンナビ山（神の籠る山、神々を祀る祭場とされ『出雲国風土記』に四例記載されている）に諸神を迎えて新穀を献じるカンナビ山祭という形態を取ったとする。そしてさらに現在諸社で行われる神在祭の源流も、このカンナビ山祭にあったと捉えている。このように朝山は神在祭を十一月の収穫祭（新嘗祭）のための物忌みではなく、物忌みそれ自体によって祝われる新嘗祭として積極的に位置づけたのである[4]。

（四）神集いの地がなぜ出雲か

この問題については、出雲への神集いを田の神去来の枠組みで捉えようとする立場では、出雲は田の神の去来先として消極的に位置づけられるのみで、重要な問題にはなり得なかった。一方で、収穫祭が元来十月であったとし、神在祭の源流をカンナビ山祭と捉える朝山はこの問題を積極的に取り上げている。

朝山は新穀を献じるカンナビ山は他国に存在したとしても出雲ほどは整えられておらず、出雲においてのみカンナビ山祭が盛大に行われていたとする。そしてこの祭が継承され、縁故のある神社に伝えられたものが神在祭だと捉える。それ故に出雲においてのみ神在祭が行われており、神々も出雲に集うことになったとするのである[5]。

この朝山による神在祭のカンナビ山祭起源説と田の神去来との調停を試みたのが、出雲の民俗学者である石塚尊俊である。石塚は神集い伝承の背景に田の神去来があったことを認めながら、出雲においてのみ神在祭が行われるのは、それがカンナビ山祭に源流を持つためとする。なぜなら朝山も触れているように、神在祭が行われる神社の多くが『出雲国風土記』に記載されるカンナビ山の周辺に鎮座しているからである。そして古代において出雲を冠する神社が出雲地方以外に十座あることから見て、出雲に関連する神社が全国的に著名だったとする。その上で中世においては熊野御師（神人）、中世末以後は出雲大社御師の活動を通じて、神集いの地としての出雲が各地に浸透していったと捉えるのである（『神去来』、慶友社、一九九五、三四六―三五六頁、など）。

神集いの地としての出雲が浸透していった理由という点では、朝山はカンナビ山起源説とは別の観点から以下のように指摘している。

十月は極陰の月、出雲は日本の陰地、陰神伊弉冉尊はこの月出雲で神避りました。だから佐太は比婆山神陵の地、年々天下の諸神この大社に参集、大孝を申べ玉ふということになったのだと思ひます。此は吉田兼倶以来の説で、吉田家に属してきた佐太の神主の説になったのだと思ひます。兼倶が天下に号令して説けば、日本のすみずみまで周知されるは当然と存じます。（「神在祭・新嘗祭問状答」『山陰民俗』

四四、一九八五、一九頁）

これは昭和二十八年（一九五三）、石塚の書状に対する朝山の返信の一部である。十月に出雲で崩御したイザナミに対する孝行のために出雲に神々が集うとするのは、中近世の佐太神社などに見られる神集いの理由であるが、この考え方が吉田家に由来し、かつ吉田家の影響力によって神集いの地としての出雲が各地に浸透したとしているのである。

神集いの地がなぜ出雲か、という問題については、吉野裕子が別の観点から指摘している。吉野は、古代には日本に受容されていたとする陰陽五行説にもとづき、十一月の陽の来復のためには、祭によって極陰を確認する必要があるとする。このために陰を表象する空間として中央から見て陰（乾の方向）にある出雲と、陰を表象する時間として極陰の月である十月が選択されたと捉えている（『陰陽五行と日本の民俗』、人文書院、一九八三、二八九―二九三頁）。つまり、出雲は陰陽五行説の立場から必然的に選択されたとするのである。ちなみにこの陰陽の原理から出雲への神集いを説明する考え方は、中近世の多くの文献に見ることができる。

また田中卓は古代史の立場からこの問題に触れている。田中は藤原行成の日記『権記』長徳元（九九五）年十月六日条の「熊野杵築両神致斎廃務之間、不能糺定犯人等之事」（『増補史料大成』四、臨川書店、一九九二、一七頁）の記事を引きながら、十月に熊野大社と杵築（出雲）大社の物忌みのために、公の行事をなさない「公事廃務」が出雲においてのみ国家的に認められていたとする。律令祭祀制度において十月は祭祀を行わないことになっているが、この記事から十月に出雲大社で祭祀を行うことが国家的に認められていたのではないかと推測するのである。さらにこのような背景から神集いの地が出雲とされたと捉えている（「日本古代史における出雲の立場」『神道史研究』四五、一九九七、五九―六二頁）。

三　民俗学を中心とした研究史における問題点

以上概観してきた神在祭・神集い伝承の諸研究にはいくつかの問題があると思われるが、紙幅の関係からここでは四点を挙げておきたい。第一に、去来伝承を持たない留守神伝承までも田の神去来の枠組みに包摂しようとする郷田の議論のように、あまりにこの枠組みを重視し過ぎる点である。すでに出雲への神集い伝承の説明に田の神去来の枠組みが用いられる根拠として、出雲に集う神格が農耕神的な性格を持つこと、十月とは関係なく出雲に去来する事例があることの二点があったことについては記しておいた。

確かに十月に関係なく出雲に去来する事例を見た場合、これに関わる神格は、田の神（福島県旧飯坂町）、山の神（三重県津市）、亥の子（滋賀県旧マキノ町）、大黒（愛媛県松山市近郊・大分県旧津江村）、社日（福岡県旧星野村）、オカマサマ（茨城県大子町・茨城県旧美和村・栃木県旧大山田村）などがあり、これまで確認できたこの型の伝承十五例のうち九例は農耕神的な神格とすることができる[6]。この点のみ取り上げれば、この型の伝承は田の神去来の枠組みによる解釈を裏付けることができるかもしれない。しかしながら神集い伝承全体から言えば、出雲に集うのは農耕神的な神格よりも、いわゆる氏神・鎮守など地域の神社に祀られる、いわば神社神道的な神格が集う場合が多数であり、とりわけ神無月に暦通りに出雲に去来する伝承に限れば、滞在する神格は神社神道的な神格が集う割合が一層大きくなるのである。さらに言えば、十月に関係なく出雲に去来する事例は十五例しかなく、二百例を超える伝承全体から見ればごく少数に過ぎない。

もちろん、民俗学で説かれるように神社神道的な神格の底流に、家の神や農耕神的な神格があったことは否定できないかもしれない。しかしながら、伝承全体を見た時に、家の神や農耕神的な神格が伝承の中心ではない以上、すべての伝承を田の神去来の枠組みで解釈することには問題があると言わざるを得ない。伝承全体の解明に向けては、神社神道的な神格がとりわけ十月暦通りに出雲に集うと信じられるようになった理由が考えられなければならないだろう。

第二に、神集いの地がなぜ出雲か、という問題が十分には検討されていない点である。朝山のカンナビ山祭起源説においては、論証なしに古代の祭祀が現代まで何らかの形で継続しているという議論の展開に疑問を持たざるを得ない。また吉田家の影響力については、後述するように十月に出雲で崩御したイザナミに対する孝行のために神々が集うという考え方の背景に吉田家があることは認めるとしても、その根拠が明らかにされているとは言えない。

石塚は熊野御師の影響が次の点に見られるとしてい

る。まず佐太神社に関しては、南北朝時代頃には成立したとする三殿並立の本殿構成、中近世の祭神をイザナキ、イザナミ、アマテラス、ニニギ、コトサカノヲ、ハヤタマノヲなど十二座とすること、近世初め頃に成立した神能「大社」の台本に佐太神社が雲陽金宝山・比婆山と記されるなどの点である。神魂神社では、祭神をイザナミとし社地が比婆山と伝承される点、熊野大社では紀州系の熊野権現社（上社）が祀られていた点である。さらに享保二年（一七一七）の『雲陽誌』に六十一社の熊野権現社をはじめとした紀州熊野系の神社が勧請されている点にも影響を認めている（前掲『神去来』、三四三―三四五頁）。しかしながら紀州熊野側の史料の制約もあって、熊野御師の神在祭に対する影響は推測の段階に留まっている。また出雲大社御師の影響についても「出雲大社の信仰を扶植するために歩く以上、それが神在祭の伝承を弘布しなかったはずはない」（前掲『神去来』、三四六頁）と述べるに過ぎない。

第三に、神が集う出雲各社の神在祭について、個別的、歴史的な研究が十分にはなされていない点である。この背景には、民俗学では文字資料は何らかの目的を持って記されたもの・不都合な事実は省略されているもの（計画資料）、あるいは特別なこと・一回切りのことを記したものとみなされており、庶民の日常の歴史を再構成しようとする民俗学では理念的に文字資料が重視されなかったことが影響を与えているだろう。とはいえ神在祭を行う諸社は歴史的な背景の中でそれぞれの論理で神在祭を行ってきたはずであり、それを等閑視し一括して出雲を田の神の去来先と捉えるのみでは不十分であろう。

第四に、神在祭に関する神職や国学者の思想や解釈がほとんど顧みられていない点である。この点も神在祭研究において民俗学によるアプローチが先行したという事情があるだろう。しかしながら神集い伝承を民間伝承として捉えるとしても、そこには神職などの宗教思想との相互関連が様々に見られるのであり、あるいはむしろ彼らの思想がその伝承成立に大きな役割を果たしたと見ることもできるのである。また一方で、神職などの思想・教説をわかりやすく伝える上では、民間伝承に含まれる信仰内容をその教説に取り込んでいることも想定しなければならないのである[7]。

四　神在祭研究の新しい動向

民俗学を中心とした神在祭研究に加えて、歴史学などこれまでとは異なった分野からのアプローチもなされるようになってきている。例えば歴史学の分野では、井上寛司が佐太神社および出雲大社に関して個別的・歴史的研究を行っており、中世から近世に至る神在祭の変化、および現在見られる形の神在祭の成立契機を中世一宮制の衰退とそれに伴う祭礼構造の変化という脈絡の中で捉えている[8]。

このような新しい動向のすべてを紹介することは筆者の能力を超えている。ここでは上述した問題点の克服、とりわけ何故出雲か、という問題に寄与すると思われる議論について概略を示しておきたい。

まず、朝山によって推測された吉田家の影響力の問題である。筆者はかつて朝山のこの指摘を手掛かりにして、佐太神社の個別的研究を試みたことがある[9]。そこでは、十月に出雲で崩御したイザナミに対する孝行のために神々が集うという佐太神社の神集いの理由の成立には、三つの見地が必要であったことを指摘した。すなわち第一にイザナミが十月に崩御したこと、第二に佐太神社をイザナミの埋葬地とみなすこと、第三に祖神に対する尊崇のために神々が集うことである。管見の限りでは、第一の見地は一五世紀末の吉田兼倶による『日本書紀神代巻抄』に「（イザナミは）十月ニ崩御アルソ、サルホトニ、十月を神無月と云ソ」（岡田荘司『兼倶本宣賢本日本書紀神代巻抄』、続群書類従完成会、一九八四、一三九頁）と記されるのを初出としている。第二の見地は、同じ吉田家に由来するとされる一六世紀初めの『延喜式神名張頭註』に「佐陀。伊弉並尊。神代岩隠地」（『群書類従』第二輯、続群書類従完成会、一九九二、二五八頁）と記されるのを初出としている。第三の見地は、すでに一四世紀半ばの『詞林采葉抄』に見られるものである。このように佐太神社の神集いの理由成立にあたっては、朝山の指摘の通り、吉田家の影響を確認することができたのである[10]。

また一八世紀初めまでに成立したとされる吉田家の神道切紙を集成した『事相方内伝草案』には「十月ヲ神無月ト云ハ、諸神出雲大社ニ集給テ、母神孝行ノ神事ヲ成シ給ガ故ナリ（中略）左ニハアラズ、謂伊弉冊尊ハ十月ヲ以テ彼地ニ神座、是八百万神之母神ナルカ故（後略）」

（『神道大系』論説編九、神道大系編纂会、一九九一、二二八頁）と記されている。この資料は最終的には神の遍在を説いて出雲大社への神集いを否定しているものの、切紙伝授の際に出雲への神集い伝承を示すことは、神集い伝承を知らなかった諸国の神職にこの伝承が伝わる一つの契機になったであろうことも示している[11]。

第二に、石塚によって提出された出雲大社御師の影響力である。これについては近年、岡宏三などにより史料の翻刻および御師の活動や広めた御神徳の内容などが論じられ、その成果の一部は島根県古代文化センター『出雲大社の御師と神徳弘布』（二〇〇五年）に紹介されている。筆者もこの中で、安永二（一七七三）年に豊後・筑後国を担当した御師、佐々誠正によって記された『大社幽冥誌』を翻刻するとともに、神在祭に関して御師が広めたであろう御神徳の内容に触れている。ここではその一部を紹介しておきたい。

佐々はオオモノヌシの御神徳に関して、次のように記している。

葦原中津国の顕露を執て国土を主り給ふ、其政務は皇孫尊に授け玉ひしかども年毎の神在月に領給う八百万の神を集め其国〃におゐて規矩をたてかくれのことの制禁をとるの示しあり、または男女の縁を結びて家名を永く子孫に伝え（後略）（「大社幽冥誌」『出雲大社の御師と神徳弘布』、二〇〇五、一四一頁）

ここでは国譲りにおいて、オオモノヌシ（オオクニヌシ）が幽事（目に見えないこと・人間の能力では把握できないこと）を治めるようになり、そのため十月に率いる八百万の神々を出雲大社に集め、神々が鎮座する国々における規準を立てることや、出雲大社の神集いにおいて縁結びがなされ、それが子孫繁栄につながることが記されている。出雲大神が八百万の神々を率いているという教説は、御師が訪れる地域の神々が出雲大神の支配下にあることを示しており弘布の上では重要な役割を示したものと考えられる。また、神集いにおいて縁結びがなされることを主張した点において、神送り・神迎え伝承に与えた影響も大きかったものと思われる。おそらく御師がこのような御神徳を伝えたことが、民間伝承において出雲（大社）での神集いの目的が全国的に縁結びと伝えられるようになった大きな要素となったものと想定される。

第三に、御師そのものではないが、西岡和彦が『近世出雲大社の基礎的研究』で指摘した出雲大社神職による勧化の影響である。この勧化は延享度の造営に向けて遷宮費用を調達するために、幕府の協力のもと行われた。勧化の際、神職は出雲大社に対する理解を深めるために縁起書を持参した。その縁起書の概略を示すと以下のとおりである（西岡和彦『近世出雲大社の基礎的研究』、大明堂、二〇〇二、一五四―一五五頁）。

・オオナムチが国土を平定し国譲りまで顕露の事を治めていたが、これを天孫に譲ったことによって、アマテラスにより出雲大社が造営されたこと
・その故に、出雲大社は日本守護の神社であり、その御神恩をいただかない者はいないこと
・出雲大社の御神徳には、父スサノヲの御神徳として縁結びなどがあり、オオナムチの御神徳として武運、農業守護（虫の災いなどを防ぐ）や病災守護などがあり、ダイコク（大国）の神徳として福の神があること
・出雲大社の御神徳をすべての人が蒙る証拠として、神集いがあること
・勧化する地域の神々も人々を恵み養う目的のために出雲大社に集うこと
・したがって勧化を行うことは「一身一家子々孫々にいたり、国々所々神の恵を蒙」ることにつながること

この縁起書では神集いを基盤として、神々から蒙る御神徳が説明されている。それ故に、延享度の造営に際して行われた勧化によって出雲大社の神集いが全国的に浸透していったであろうことが推測できるのである。

五　おわりに

昭和以後、民俗学を中心に神在祭の研究が進められ、一方で神送り・神迎えなどの民間伝承の採録も積極的に進められていった。しかしすでに触れたように、このようにして採録された伝承も、多くの場合途絶えてしまい、いわば「生きた民俗」ではなくなってしまった。

しかしながら出雲、とりわけ出雲大社への神集い自体は、マスコミやウェブなどによる情報の交流、とりわけ近年のパワースポットブームもあいまって、これまで以上に認知されるようになってきている。その結果、縁結びの御神徳などに導かれた出雲大社参詣客も、平成の大遷宮の影響もあって増加してきている。

また出雲大社では、平成二十一年からお忌みの期間の旧十月十五日に縁結び大祭が行われるようになった。

ウェブを中心とした広報だったにもかかわらず、三千人を超える祈願者があったとされ、翌平成二十二年からは旧十月十七日にも行われるようになっている。

情報の交流が飛躍的に容易となった現在、出雲への神集い伝承はどのように変化し、また新しく始まった祭がどのように人々に受け取られていくのだろうか。民俗学としての新しい研究テーマもここにあり、今後このようなテーマも含めて新たな視点で研究が進んでいくことが望まれよう。

【注】

1　小論は、拙稿「出雲への神参集伝承の再検討に向けて」『山陰民俗研究』四、一九九八、および「出雲神在祭の歴史と解釈」『出雲大社の祭礼行事』、古代文化センター、一九九九の内容をもとにその一部を改稿したものである。なお、研究史の整理においては、石塚尊俊「神送り・神迎えの問題」『出雲信仰』、雄山閣、一九八六、を参考としている。

2　しかしながら柳田はこれとは別の見方をしている場合もある。『神道と民俗学』では、九月末など各地で行われる神送りは、十一月の祭ではなく、秋の祭のための神迎えに対応するものと捉えている（『定本柳田国男集』第十、筑摩書房、一九六九、を使用、三六七頁）。

3　この郷田の指摘において、神在祭と亥の子、十日夜などの刈上祭とを関連させていることには注意が必要である。出雲の諸社で行われる神在祭は、そのほとんどが十月十日もしくは十一日に関連しており、また出雲大社の神在祭を寛文二（一六六二）年の『案内者』や享保二（一七一七）年の『諸国年中行事』などの文献では、十月中亥日の行事としているからである。つまり祭日から見て、出雲の神在祭は何らかの形で刈上祭に関連するものと考えられていた可能性があるのである。この点については、拙稿「出雲神在祭の共通基盤」『神道と日本文化』三・四、二〇〇八、などを参照のこと。

4・5　「神在祭の起源に就いて」、一九三三、および「神在祭について」、一九五三（いずれも前掲『出雲信仰』を利用）など。

6　出雲への去来伝承（神送り・神迎え伝承）の事例や滞在の期間による分類については、前掲「出雲神在祭の歴史と解釈」およびその巻末に掲げた表を参照のこと。なお余談となるが、これら十五例の伝承において、神集いの目的が明白な伝承四例（茨城県大子町・茨城県旧美和村・秋田県横手市保呂羽山・大分県旧津江村）では、その目的をすべて「縁結び」としている。これらの型の伝承を古いものとみなすならば、論理的に言えば「縁結び」の目的も古い伝承でなければならない。しかし詳述は避けるが、出雲大社で縁結びがなされるという信仰は江戸時代初め頃に成立したものと考えられる。

7　例えば、オオクニヌシが幽事を支配しているが故に、様々な事の「議り事」をするために出雲大社に神々が集うとする考え方は、一八世紀半ば頃から国学の進展とともに成立したものである。また民俗事象を教説に組み入れる点では、一八世紀半ば頃、出雲大社の縁結びの御神徳を御師が伝えるにあたり、女性たちが稲佐浜で蛤を拾い良縁を祈るという縁結びの貝の伝承を組み入れていることなどが挙げられよう。

8　『大社町史』上巻第三章、大社町、一九九一、および「中世佐陀神社の構造と特質」前掲『重要文化財　佐太神社』所載、など。

9　「佐太神在祭考」『論集』二三、一九九六、および前掲「出雲神在祭の歴史と解釈」を参照のこと。なお出雲大社に関しての個別的研究は「出雲大社神在祭考」『日本宗教文化史研究』七、二〇〇三を参照のこと。

10　本文に記したように佐太神社の神集いの理由においては、佐太神社がイザナミの埋葬地（比婆山）であることが重要となる。例えば明応四（一四九五）年の「佐陀大社縁起」には「神在月事伊弉諾尊十月十一日示病相十七日暁乃尅隠（中略）又以垂見山為御廟所」と記されている（前掲『重要文化財　佐太神社』、四二五頁）。また天和四（一六八四）年の「秋鹿郡佐田大社之記」には「神名火山下之足日山（中略）当社云神在社（中略）佐田社ハ杵築大社母神也（中略）伊並尊崩此国、遂葬垂日山（中略）神紀所謂比婆山者蓋此処哉乎」と記されている（『神道大系』神社篇三六、神道大系編纂会、一九八三、九二―九三頁）。これらの資料においては、比婆山とみなす足日山（垂見山・垂日山）が重要視されており、カンナビ山は等閑視されている。佐太神社はカンナビ山の一つに比定されている朝日山の麓に鎮座しているが、この佐太神社の神在祭に関する資料において、カンナビ山が等閑視されていることを見れば、朝山のカンナビ山起源説は現状では留保する必要があるように思える。

11　寛政六（一七九四）年、神社の位階を吉田家から受けるために上京した際の日記『宮沢安道上京日記』には、出雲郡羽根村八社神社の神職から十月を神有月というのは出雲国に限るという話を聞いたことが記されている。直接的ではないが、吉田家を通じて出雲への神集い伝承を知る機会があったことがここでも推測できる（前掲書所載）。

涼殿祭の起原

関　和彦

出雲大社の神事は年間七十余に及ぶという。その中で地域の人びとに親しまれているのが真菰の神事、涼殿祭である。初夏の六月一日、人びとに囲まれながら粛々と斎行される出雲国造の「歩行」神事は多様な要素が重なっている。神事の舞台に光をあて、神話を念頭においた神事を歴史・民俗学的に検討し、神事の性格を明らかにする中で、その起原を探る。

せき・かずひこ
東京都生まれ。早稲田大学大学院修士課程修了。八王子市史編さん委員。元共立女子第二中学高等学校校長。博士（歴史学）。日本古代社会史を専門とし、出雲・石見などの地域社会、そして神話なども手掛ける。
【編著書・論文等】
『風土記と古代社会』（塙書房）、『古代出雲への旅』（中央公論新社）、『古代に行った男ありけり』（今井出版　第1回古代歴史文化しまね賞受賞）、『出雲国風土記註論』（明石書店）、『古代出雲の深層と時空』（同成社）など。

一　森といえば「出雲の森」

出雲といえば和歌発祥の地として知られてきた。わが国最初の勅撰の和歌集『古今和歌集』の仮名序において撰者の一人、紀貫之は『古事記』にみえるスサノヲ命の「八雲たつ　出雲八重垣　妻ごみに　八重垣つくる　その八重垣を」の歌を「すさのをの命よりぞ　三十文字あまり一文字はよみける」と評した。

その出雲の地において出雲大社に仕え、出雲国学の祖である千家《せんげ》俊信《としざね》に師事した富永芳久は『出雲国風土記』にみえる多くの名所を和歌を通して全国に広めようと画した。

手始めに『出雲国風土記』にみえる地名、「山」「谷」「森」「浦」「橋」などを詠みこんだ各地から投稿された歌を集成した『出雲国名所歌集』を発行した。それは嘉永四（一八五一）年のことであった。

その歌集をひもとくと、「森」の名所を詠ったところに、

出雲森

六月朔日芳久をとぶらひて

後藤夷臣

八雲立つ出雲の森の陰ちかき君が家居はあやに涼しも

の歌が入集されている。

六月一日に富永芳久を訪ねた後藤夷臣《ひなおみ》（寛政三〈一七九一〉年～天保十二〈一八四一〉年）とは安芸国の本居門下の国学者であり、『古事記』、和歌に通じ、出雲・伯耆・石見の地を遊学し、出雲に関しては『八雲路日記』を著わしている。

その『八雲路日記』は天保四（一八三三）年の成立であるが、そこに「今年も出雲の大神に詣てむといへは児玉利足も同くまうてむといふに六月の始より今ふや出なう明日やいそきなむといふに利足の母病にいれつきて命さへあやうかりけれはと、かくして日を過せり今はとてすさ一人としておのれはかりいてゆく、今は六月廿日まり三日なり」とみえており、夷臣は天保四年の六月二十三日に念願の出雲大社参拝の旅にでたことがわかる。その中で夷臣は「今年も出雲の大神に詣てむ」と記しており、それ以前に何回か出雲大社参拝を経験していたようである。この天保四年の旅の際も「芳久主を訪らひ」としており、夷臣と芳久は親しい関係にあったと思われる。

その芳久の家居は歌によれば「出雲の森」の近くであったことがわかる。その「出雲の森」は芳久の『出雲国名所集』によれば出雲国において八指に入る著名な森であり、『杵築景境志』においても「観るべき喬林として一に曰く出雲森」と高い評価を得ていたことがうかがえる。

図１　『祭典式大略』（千家家蔵）
涼殿の様相（明治初期）

この「出雲森」であるが、出雲（杵築）大社上官であった佐草自清の元禄元（一六八八）年『重山雲秘抄（上）』には次のように姿をみせ

る。

涼殿　一の鳥居の東を去る、今の路尺二町許、壇あり、今三圍許りの椋一株茂盛す社なし。名所集載るところの出雲森これなり。堀川百首源仲実の歌に、
千早振る出雲の森に瀰和　神酒の事なり　居へて禰宜ぞ懸つる　紅葉散らすな

「出雲森」とは涼殿のことであり、現在、北島国造邸外の東南の角、椋木《むくのき》を中心とする柵に囲まれた壇としてある。後藤夷臣がいつの年であるかは不明であるが、「出雲森」の近くの富永芳久の家居を訪ねたのは暑き六月一日であった。

二　「もり」といえば「母理」

「出雲森」、しかし古代出雲において「もり」といえば「母理」であった。ここに『出雲国風土記』意宇郡条にみえる母理郷の郷名起源伝承を載せる。

母理郷　郡家の東南のかた三十九里一百九十歩なり。天下造りし大神、大穴持命、越の八口を平けたまひて、還りましし時、長江山に来まして詔りたまひしく、「我が造りまして命らす国は皇御孫の命、平らけくみ世しらせと依さしまつらむ。但、八雲立つ出雲国は、我が静まります国と、青垣山を廻らしたまひて、玉珍置きたまひて守らむ」と詔りたまひき。故、文理といふ。（神亀三年、字を母理と改む。）

この意宇郡母理郷は現在の安来市伯太町母理に名を残す、古代出雲国でいえば最も東南部に位置する。ここに母理に関して不思議な言い伝えを残す史料がある。承応二（一六五三）年にまとめられた黒沢石斎の『懐橘談《かいきつだん》』である。石斎は林羅山の推挙で松江藩に仕え、『出雲国風土記』を最初に研究の俎上に載せた儒官である。

その『懐橘談』上の意宇郡の母理の条には「母理の郷は今、能儀郡なり、大穴持命青垣山廻給て守ると詔、故に文理と云、聖武天皇の御宇、神亀三年に字を母理と改めぬ、大社の左に母理と云所あり、これ御神の御旅所と云、此地を杵築へ移したるべし」とあり、この「母理」の地を移した大穴持命（大国主大神）の御旅所が出雲大社の左（向かって右）の「母理」だというのである。

その黒沢の見解を確認する為に『懐橘談』下の神門郡の杵築（大社）の条に目を転じよう。大社「社中の三井」に言及し、最後に「御手洗」の井に言及する。

三に曰く御手洗これは六月一日・廿八日に祭あり、此三井は神の井なれば人恐て汲む事もなし亀山の麓に森あり、出雲の森と云、一には母理と書、今能儀郡の母理を爰に移したり共いへり、涼殿を是をいふ是も六月一日・廿八日国造出て祭ありされば古歌によみ人しらず、心ありや出雲の森の桜花その神垣の八重に咲くなり

この説明においては「母理《もり》」とは「出雲の森」のことであり、別称「冷殿」とも呼び、国造が奉仕する神事が六月一日、二十八日に行われていたことがわかる。

先の後藤夷臣が「六月朔日」に富永芳久の居宅を訪問したのは出雲の森の神事、涼殿祭を拝観する為だったのであろう。実に「出雲の森の陰ちかき」ところに富永邸は位置していたのである。今も変わらず涼殿の東側に富永邸は所在している。

三　涼殿神事の近世の様相

後藤夷臣が拝観したという「六月朔日」の涼殿における「国造出て祭」とはいかなる神事なのであろうか。

実は「六月朔日」の国造神事は古くはみえず、史料上確認できるそれに類するであろう最古の神事は千家国造による天正十二（一五八四）年六月二十八日の夜の「涼見殿より明神御くわんきよの神事」と思われる。「くわんぎょ」とは「還御」のことであり、その前段階として影向の祭礼がセットで存在したことが想定される。しかし、その時点で神、大国主大神が影向する神事はすでに姿を消していたようである。

出雲大社、大国主大神に奉仕する出雲国造家は南北朝時代、一三四三（興国四、康永二）年の約定において千家、北島の二流に分かれ、年中祭祀を分掌、所領を分轄し、歴史経る中において今日に至るが、祭礼に関しては明治四年までは一年の十二か月を奇数・偶数で分け、奇数月を千家、偶数月を北島が分掌する習わしであった。六月二十八日は偶数月であることから「涼見殿より明神御くわんきよの神事」は北島国造に分付され、千家国造は廃れていた影向の神事を奇数月の五月晦日に「下井《おりゐ》の神事」として復活させたようである。千家国造の「下井の神事」、即ち大国主大神のお出迎え、北島国造の「還御の神事」、大国主大神のお見送りという祭礼体制が復

活したのである。

佐草自清の元禄七（一六九四）年『出雲水青随筆』によれば、当初、五月晦日を祭礼日としたが、文禄元（一五九二）年に神事の「始め」「終わり」を考慮し、五月晦日から翌日の六月一日に変更し（天正十九年迄ハ五月晦日修之、有事自文禄元年六月朔日ニ改ムル）、二度の涼殿神事が定着したのであろう。

後藤夷臣が拝観した「六月朔日」の神事は千家国造による涼殿の下井の神事であった。改めて長文であるが佐草自清の説明に目を向けてみたい。

涼殿（去一ノ鳥居ノ東、今路尺二町許）、有壇（今三圍許リノ椋一株茂盛ス）、無社、名所集所載之出雲森是也、堀川百首源仲實歌、千早振出雲森瀰和（神酒ノ事也）居テ禰宜懸紅葉散、櫻讀リトナン、六月朔日・同二十八日祭之（神田三石在杵築之内、両国造領知之玉フ）、朔日神事之儀式、辰刻計国造（束帯）上官（大紋）社入、下殿乗輿至涼殿（天正十九年迄ハ五月晦日修之、有事自文禄元年六月朔日ニ改ムル）、森（引注連）之下土器盛粢、役人備置之、森之西設座、畳、国造向東祝言、畢醴酒出、別火並上官醴酒給、然後国造白幣ヲ棒ケ持ツ、中官芽草ヲ路次ニ敷キ（別火不敷之、国造而已也）、此上歩行、別火（狩衣、當時着祭服）幣帛捧持御先ヘ行ク、上官後陣行、至御手洗水井（引注連）、前立向南祝言、畢乗輿館ニ歸リ玉フ（八足御門ヨリ涼殿マテ、路次一行二杵築地下夫出テ兼日砂ヲ置ク、涼殿御手洗ヲハ、役神人兼日掃除ス、廿八日同前、但此度拝殿西、歩行之路次砂ヲ置ク）

この神事の空間は屋外であり、かつまた移動・歩行・遷御という動的な様相を有しており、祭礼移動の神事空間を創出することが必須であった。

佐草自清の説明によればその準備は、涼殿（出雲の森）の柵に囲まれた壇の椋木前庭に注連縄を引き、祭場を整え、国造の着座を椋木の西側に設け、柵の周囲には束ねた緑々とした「芽草（真菰）」を大量に立て囲い、また涼殿から境内の御手洗井までは一直線状に立砂を等間隔に置き、国造の「歩行」の「路次」を確保するという、多岐にわたるものであった。

祭礼の当日は朝「辰刻」、国造の国造館からの出御に始まる。涼殿にては国造は椋木の西側の座に着き、椋木に向い、即ち「東」に向かって祝言（祝詞）を申し、その後、供えられていた「醴酒《ひとよさけ》」を神と共飲し、また祭礼に奉仕する「別火並上官」にもふるまう。

その後、国造は御幣を両手で捧げ持ち、御手洗井に向かい「歩行」するが、事前準備された立砂を掃除番の神職が箒で掃き均し、その上に「中官」が両側から「茅草」を手を差しのべながら置き、その立砂・「茅草」の上を国造が「歩行」するのである。

ここで注目すべきは祭礼の要が涼殿から御手洗井までの国造の「歩行」であり、特異な「歩行」神事と性格づけることができよう。

その「歩行」が出雲国造の歩行なのか、それとも大国主命の歩行なのか、そこにこそこの祭礼の深源がありそうである。

写真１　手前が涼殿、境内まで続く立砂

四　涼殿の原景観に神事の根源をみる

この祭礼において着目しなければならないのは「森之西設座、畳、国造向東祝言」である。椋木のそびえる東の方向に何が秘されているのであろうか。

佐草自清は元禄七（一六九四）年『出雲水青随筆』にて言及し、「古への涼殿森下、東へ流れたるとなん」としている。現在、出雲大社東側の荒垣に沿うように南流している「熊野川（現・吉野川）」がその「古へ」は東流していたというのである。その「古へ」とは境内拡張をともなう松江藩主松平直政が行った正殿造営遷宮を柱とする「寛文度造替（寛文七〈一六六七〉年）」を念頭に置いているのであろう。寛文七年の頃、佐草自清はすでに五十余歳であり、出雲大社の中心的上官であり、当然、造替にも係わったと思われ、「熊野川」の流路の差し替えは事実であった。

当時、出雲大社の北側に所在していた北島国造邸は境内地拡大にともない、東流していた「熊野川」の地に移り、熊野川は改修工事により現在のように荒垣沿いを南流する形となったのである。

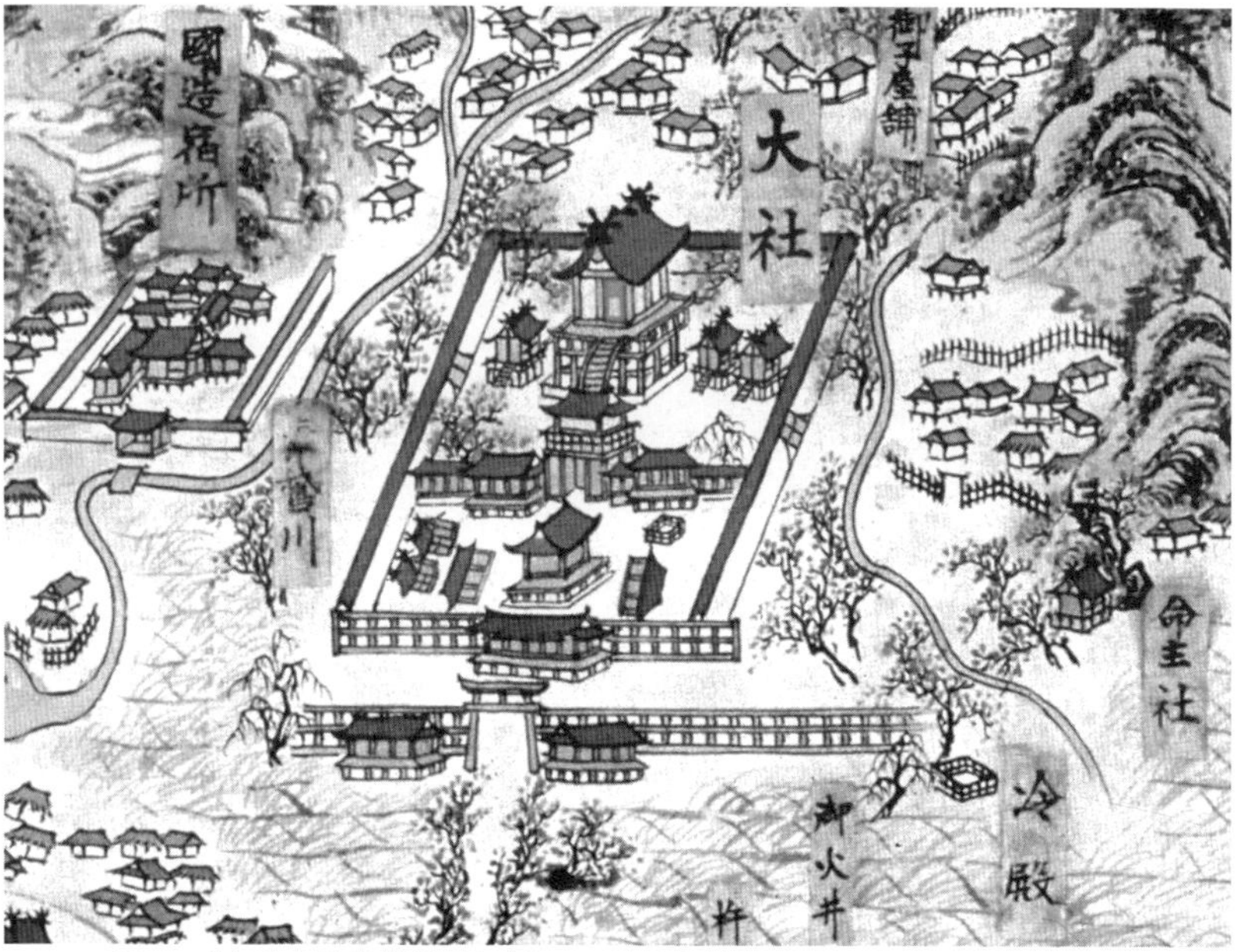

図２　「出雲大社并神郷図」（出雲国造千家尊祐氏所蔵、江戸時代の模写）

鎌倉時代の古地図、宝治二（一二四八）年の「出雲大社并神郷図」（出雲国造千家尊祐氏所蔵）では「熊野川（吉野川）」の流れは自然に描かれており、緩やかに東南に流れていたことが確認できる。

ところが「寛文御造替」以降の「天保杵築物絵図」（出雲国造千家尊祐氏所蔵）では荒垣の東側を直線的に流れており、基本的に今に通じる環境である。

今では想像もできないが江戸の寛文の頃までは「熊野川（吉野川）」は北島邸の屋敷地を東南に流れ、絵図にみるように「涼殿の東」、命主社との間を流れていたのである。

涼殿・出雲森を思う時、椋木からなる森にとどまるものではなく、「熊野川」が流れ、水場と一体化した祭場であった古の様相が浮かんでこよう。佐草自清は「愚按るに」とひかえめながら「涼殿・御手洗水、両所ニテ禊事修して」と涼殿と御手洗の両所を「禊ぎ」とからめてとらえようとしたのは卓見といえよう。涼殿での神事を「下井の神事」とはかつての水場での神事を物語っているのである。

その涼殿から命主社は直線距離にしてわずか百《メートル》程度であり、その間を「熊野川」が流れていたのである。原形においては川を挟んだ一体化した聖地の森であったのであろう。命主社は出雲大社の境外摂社であるが、その鎮座地は「寛文御造替」時の石切工事の際に勾玉、銅戈が大石の下から発見された場所であり、そこは「熊野川」の流れに洗われる岸であったと思われる。命主社の広前には巨大な老木の椋が聳えており、凉殿・命主社を含む一帯を出雲森とすれば椋の森といえるであろう。凉殿・椋木、ともに「京」を抱える字であることも示唆的ではなかろうか。

五　「凉」殿とは

後藤夷臣が富永芳久邸を訪れた六月朔日は暑かったのであろうか。夷臣の寄せた歌は、「八立つ出雲の森の陰ちかき君が家居はあやに凉しも」とあり、「凉」を強調している。しかし夷臣は井（熊野川、古代においては流れる「井（走井）」も存在した）があった古環境は知らなかったのであろう。「凉」を「森の陰」に求めて詠い済ましている。

ここで理解を深める為にまずは「凉《すず》」の本源的な意味合いを考えてみたい。今までは「凉（凉）しい」という感じから神が「凉（見）殿」に凉みに行くという理解が一般的であり、「すずみ」を動詞、そして原型名のように理解しているが、本来は「凉殿」であり、「すず（み）どの」と読むのが正しいのではなかろうか。

その場合、「すず」はいかなる意なのであろうか。「すず」という言葉から直ぐに連想するのは「鈴」であろう。問題は「鈴《すず》」であるが、「すず」には「鈴」以外にも、「水・酒、流れ出る・注ぎ出る」意がある。「すず」と水の関係が浮かんでくる。それを象徴的に顕現しているのが伊勢神宮の「五十鈴川」であろう。

天元四（九八一）年の『琴歌譜《きんかふ》』に「高橋の甕井の須美豆」とみえ、「須美豆」、すなわち清水がみえる。「すず」は「す（み）ず」の訛化と思われる。凉殿とは「熊野川」の水辺の祭祀場であり、本来は椋木を中心とする「森」、すなわち「出雲の森」を構成していたのであろう。

その「出雲の森」は意宇郡の母理《もり》郷を移した場所という。その意味するところは大きい。『出雲国風土記』によれば母理郷は実に大国主大神が北陸遠征から帰還した地であり、国譲りに同意しつつも「八雲立つ出雲国は、我が静まります国」として譲れないと宣言した地でもあった。大社の涼殿、すなわち出雲の森は『懐橘談』によればそこは母理の世界となる。

涼殿の祭場に影向した神は母理郷条を勘案すれば大国主大神となろう。ここで『肥前国風土記』佐嘉郡《さかぐん》条にみえる古代びとが抱いた神世界について触れておこう。

佐嘉川（略）その源は郡の北の山より出で、南に流れて海に入る。この川上に荒ぶる神ありて、往来の人、半を生かし、半を殺しき。ここに県主の祖、大荒田占い問ひき。時に土蜘蛛、大山田女・狭山田女といふものあり、二の女子、「下田村の土を取りて、人形・馬形を作り、この神を祭祀らば、必ず応和ぎなむ」と云ふ。大荒田、即ちその辞のままにこの神を祭るに、神この祭をうけて遂に応和ぎき。

神は祭られる為に人びとに危害を加え、自身の存在を知らしめようとするが注目すべきは神々が「川上に荒ぶる神」というように「川」を基軸に「遷移」していると認識されていたことであろう。人びとは難を逃れる為、神を祀る為に神の交通路、「川」の辺で神迎え、神を称える祭祀を行ったのである。ここでは水辺の祭祀の祭具として「人形・馬形」が用いられていた。

神々の移動、その道は聖なる河川であった。大国主大神は「熊野川」の涼殿の水場祭場で出雲国造に迎えられたのであろう。涼殿から境内への国造「歩行」の神事は迎え入れた大国主大神を神聖な「路次」を通して出雲大社境内の御手洗井に招く神事だったのである。

「涼」に関しては出雲の森の古環境を再現し、また「涼」の古義を考える中で一定程度の理解が得られたが、涼殿祭の有り様を極める為には「祭礼移動の神事空間」の国造「路次」に設えられた「立砂」、そして「茅草」を視野に入れることが求められよう。

「立砂」、「茅草」ともに水辺にかかわる聖なる物であり、「熊野川」畔の聖なる祭場からの巡幸「路次」を浄めるものであったと考えられる。「茅草」とは屋根材・飼肥料などに利用される有用な草本の総称であり、実際に用いられているのは「真菰《まこも》」である。筆者が拝観した折は十間川の真菰二千本が用いられていた。世に涼殿祭を「真菰の神事」と愛称する所以である。

涼殿神事は「国造歩行而勤仕之」儀式として特筆される。国造が祭礼の際に境内、すなわち大地（地面、土の上）を歩くことはなく、祭礼において本殿に参内する際には輿に乗る規式であった。

涼殿祭の根源は大国主大神を涼殿から境内の御手洗井まで遷御されることであり、それを担う出雲国造は大地を直接足で踏むことなく、稲佐浜の聖なる潮で浄められた立砂、それを均した上に敷かれた真菰を踏み「歩行」するのである。佐草自清は「真菰を踏」を『出雲水清随筆』で「葉薦を踏」と書き表している。「薦」は「菰」である。何故、数ある「茅草」の中で「こも」が用いられたのか今まで不問の課題であるが、当然、「薦・菰」は神が「籠《こも》」る神聖な植物とされていたのであろう。

写真２　境内へと「歩行」する
出雲国造（先代千家尊祀宮司）筆者撮影・1998年

六　おわりに

本論のタイトル、涼殿祭の「起原」の「起原」に関しては避けるように論を展開してきた。

先に述べたが確認できる涼殿祭の古例は千家国造による天正十二（一五八四）年六月二十八日の夜の「涼見殿より明神御くわんきよの神事」である。それ以前に関してはここでも佐草自清に学びながらその課題に接近し論を締めたいと思う。

『出雲水清随筆』涼殿の本文の上に頭書として佐草自清自身の書き込みがある。


水清云、路次に茅草を敷う、葉薦と云、延喜式曰く、斎服を御し、大嘗宮に入る、その道は大蔵省預じめ二幅布單を鋪く、掃部寮は葉薦を設け、御歩に隨て、布單の上に敷く、前に敷き後を巻く。

この大嘗宮への天皇の歩む道には大蔵省が「布單」を鋪き、掃部寮が歩行に従い「布單」の上に「葉薦」を敷くとみえる。建物内、大地という相違、また、布單・砂の相違はあるが本質、形式的にも同質の儀式であり、涼殿神事は古代の儀式と深層的に共通する面を内包しているようである。

また佐草自清は「堀川百首源仲実の歌に、千早振る出雲の森に瀰和《みわ》居へて禰宜ぞ懸つる　紅葉散らすな」という「出雲の森」を詠みこんだ源仲實の歌を紹介している。実は『堀河百首』に源仲実のその歌はみえず、同歌は同じ仲実でも藤原仲実であり、平安後期、永久四（一一一六）年に鳥羽天皇の勅命で藤原仲実らが編集した『永久百首』の中に採収されているのを確認したところである。平安時代後期、都に「出雲の森」の存在が知られていたことは注目すべきであろう。自身は出雲には赴任しておらず、歌仲間であった前出雲守源経仲（永保二年の歌合で同席）からの情報であろうか。

出雲国造の大庭から杵築への移転に関しては諸々の問題があるが、かつての本拠地が大庭であることは間違いない。享保二（一七一七）年の黒澤長尚の『雲陽誌』意宇郡大庭の条の「大庭社」、現在の神魂神社の項をみると、「涼殿　明神降臨の松をいふ、本社の東にあり」とする。涼殿神事の古さを示す一例であろう。

第八十二代出雲国造の千家尊統氏の著『出雲大社』（昭和四十三年）を手にとると表紙は拝殿の「大きな注連」の写真が配されているが、裏表紙は一面「真菰の神事」で飾られている。出雲大社の祭祀の中での涼殿神事の重要性を物語っているのだろう。

（「すずみ殿」に関しては「冷殿」「涼殿」「涼殿」の表記があるが、本論では佐草自清、千家尊統氏に倣い、また出雲大社ホームページにもより「涼殿」を基本とした。）

第3章

出雲の民間信仰
（第４回講座）

出雲地方の祭祀伝承

浅沼政誌

日本における祭祀習俗は、地域によって実に多様である。この出雲地方においても例外ではなく、様々な祭祀習俗が見られる。本稿では、出雲地方に見られる祭祀習俗を、その特徴により類型別に紹介するとともに、出雲大社周辺地域で見られる神幸を伴う祭祀習俗について取りあげ、若干の考察を行う。

あさぬま・まさし
島根県教育庁文化財課企画幹。昭和三十五（一九六〇）年、島根県に生まれる。島根大学大学院教育学研究科修了。島根県古代文化センター、島根県立博物館、島根県立古代出雲歴史博物館交流普及グループ課長を経て現職。専門は日本民俗学、韓国民俗学。
【編著書・論文等】
『金屋子神信仰の基礎的研究』（共著、岩田書院）、『出雲藍板締めの復元的研究』（共著、島根県古代文化センター）、「島根県の神楽衣裳」『民俗文化第二三号』（近畿大学民俗学研究所）

はじめに

出雲地方の祭祀習俗を紹介する前に、まず日本の祭に共通して見られる特色のいくつかについて、触れておきたい。

（一）祭を行うための仕組み

仕組みの一つに、祠や社など、祭を行うための特別の祭場が設置されていることがある。また、二つめには、祭の実施にあたっては、「祭日」という特定の期日・時間が設けられていることである。これにより、我々は祭を、日常生活とは異なる特別な存在であることを意識している。

そして、祭で行われる儀礼の構成として、①祭場に神霊を来臨させる、②神霊に捧げる供物が供えられる、③再び神霊を送り出す、④「直会《なおらい》」と呼ぶ参加者一同が供物を分けて食べる、という構成になっている。つまり、食物を通じて神霊と人が接触するということが重視される仕組みになっている。

(二) 祭の非日常性

祭が日常生活とは異なる存在であることは、それを表示するための行為や仕掛けが必要である。その具体的な例として、次のようなものがあげられる。

①餅や赤飯を炊く
②華美な着物や礼服を着る
③しめ縄を張る
④参道に幟や旗をたてる
⑤床の間を飾る

こうした行為や仕掛けは、日常生活の空間を、異なった空間に演出するものであり、我々は、日常生活とは異なる改まった雰囲気を体験することになる。

また、祭に直接奉仕する者には、日常生活とは異なる行動が要求される。その例には、次のようなものがあげられる。

①潮垢り
②服喪期間中の祭への不参加
③葬儀への不参加
④血を忌む
⑤肉食を慎む
⑥別火（家族との食事を別にする）

これらは主に、我々が不浄と考えるものを避けようとする行動であり、祭を対極に位置づけていることを示す。

(三) 祭の機能

我々は、祭を日常生活とは異なる演出にすることで、神霊との接触を図ろうとしている。この演出を通して、祭は次のような機能を果たしていると考えられる。

一つは、信仰意識の確認の場としての存在、二つには、非日常的空間や時間を体験することによる面白さや緊張感などが、思い出として記憶されることなどがあげられる。また、祭は特定の集団によって行われることから、祭を遂行するための共同体の結束を確認する場であったり、儀礼を通して社会生活の規範を今一度確認する場であったりする。

（四）「祭」から「祭礼」への移行

前述した祭の特色は、祭に直接関わる者の視点から述べたものであったが、祭には信仰をともにしない見物人も存在する。特に現代の祭においては、情報網の発達に伴う祭の情報流布や、観光産業に祭が利用されたりしているため、祭とは関係のない見物人が非常に多い。こうした祭の様相を、日本民俗学の創始者である柳田國男は、「『祭』から『祭礼』へ」と表現した。日本の祭は「見られることを意識した祭」への移行、具体的には見物人から見て、華やかで楽しみの多い、例えば山車や神輿、屋台、鉾などの造りものや演出が、年々目先を変えて意匠を競い合うことを行う、こうしたものが存在するために、「祭」は「祭礼」へと移行したと指摘した（柳田國男「日本の祭」『柳田國男全集第十三巻』筑摩書房、一九九八年）。

一　出雲地方の祭祀習俗

出雲地方に見られる祭は、地域ごとに、また祭祀を行う集団により多様であり、個別に取りあげれば、それぞれに興味深いが、ここでは『山陰の祭祀伝承』（石塚尊俊編、山陰民俗学会、一九九七年）により、祭を象徴する儀礼や特色による分類にしたがって、大要を紹介しておく。

（一）祓《はら》い清めの神事

祓い清めは、心身についた罪や災厄、疾病などを除去し、清めることであるが、我々にとって最も身近な神事の事例として、六月晦日《みそか》（末日）の大祓《おおはらえ》神事がある。出雲地方の諸社で行われており、茅萱《ちがや》で作った大きな輪（茅の輪）を参拝者がくぐることで祓い清めを行う。『備

写真１　茅の輪

後国風土記』逸文にある蘇民将来の故事によるものである。また、神社から事前に人型が配られ、それで体をなでて罪や災厄を移して神社に納めたりする。

(二) 忌籠《いみごも》りの神事

祭にあたっては、事前に心身を清浄に保つため、一定期間潔斎を行った。これを忌籠りと呼んだが、現在では、これ自体が神事となっているものがあり、お忌祭とか忌籠り神事などと呼ばれる。こうした神事で最もよく知られているのが神在祭である。全国の神様が集まられるという伝承の普及により、現在では「神迎え祭」「神在祭」「神送り祭」と祭が区分され、神迎え・神送りの神事であるように見えるが、この祭は元来、地元では「お忌さん」と呼び、荒れた天候にもなるため、これを「お忌荒れ」と呼んできた。新嘗祭《にいなめさい》に先立つ忌籠もりであったと考えられている。

(三) 神迎え・神おろしの神事

神迎えや神送りは、一般的に祭の儀式において見られるものであるが、独立した神事として行っている神社もある。

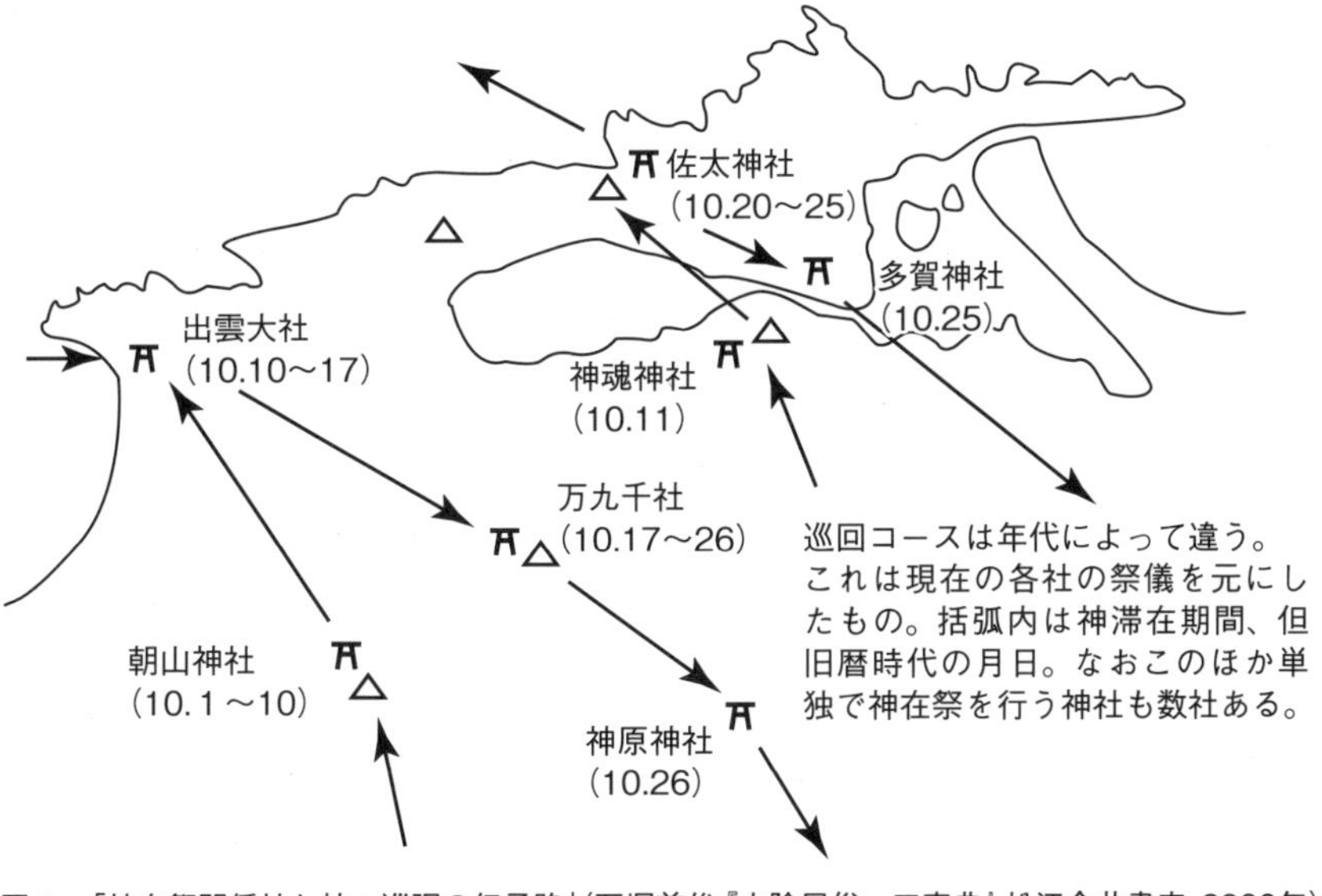

図1　「神在祭関係社と神々巡廻の伝承路」（石塚尊俊『山陰民俗一口事典』松江今井書店、2000年）

松江市の八重垣神社では、「身隠し神事」が五月三日と十二月十五日に行われる。祭神の稲田姫が、八岐大蛇の難を避けるため、奥の院（佐草目の森）へ身を隠されるとされる神事で、五月三日に本社から奥の院へ神幸が行われる。そして、十二月十五日に今度は逆に、奥の院から本社へ還幸が行われる。

また、同じく松江市の鷹日神社では、大晦日の十二月三十一日に貧乏神送りの神事を行い、翌一月一日に福神迎えの神事を行う。

神おろしの神事は、我々になじみの深い神楽の中に見られる。特に、神おろしをして神がかりになり、託宣を行うところは、出雲地方では、雲南市の旧大原郡の神職で伝承される大原神職神楽のみに見られる。

この神事は、松江市忌部町大川端の荒神祠の式年祭において、三十三年に一度行われ、俵に神職が座り、頭の冠に小さい榊を挿して神がかり状態となり、託宣を下す。

（四）神饌・調度品に特色がある神事

神に供える飲食を総称して神饌と呼ぶ。また、調度品は、祭祀に使用する道具類などを指す。こうした神饌や

写真２　大原神職神楽の託宣

調度品に特色を持つ神事が、出雲地方にはかなり見られる。

松江市美保関町の片結《かたえ》神社では、十二月二十八日に「膝餅神事」が行われる。うるち米四升、小豆三升を蒸して、茣蓙の上に置き、二つに折って、その上から子どもたちが膝で搗いていく。できあがった餅は、本殿に供えられる。

松江市鹿島町の佐太神社では、九月二十四日に「御座替え神事」が行われる。文字どおり神座の御座を取り替えるもので、本殿をはじめ、末社、境外社の御座が敷替えられる。この神事に併せて行われるのが、国の重要無形民俗文化財であり、ユネスコの世界無形文化遺産リストに登載された佐陀神能である。佐陀神能では、七座の神事が舞われ、この中で御座を清める「御座舞」が舞われる。この舞で清められた御座が使用される。

松江市八雲町の熊野大社では、十月十五日に「鑽火《さんか》祭《さい》」が行われる。出雲大社で使用される発火具の火鑽臼《ひきりうす》と火鑽杵《ひきりぎね》を渡す儀礼で、亀太夫《かめだゆう》神事とも呼ばれる。火鑽臼と火鑽杵を調製して、当日神事に対応する者を亀太夫と呼ぶが、この亀太夫が出雲大社の使者に対して、献上された餅のできばえに難癖をつけるという神事である。

写真３　膝餅神事

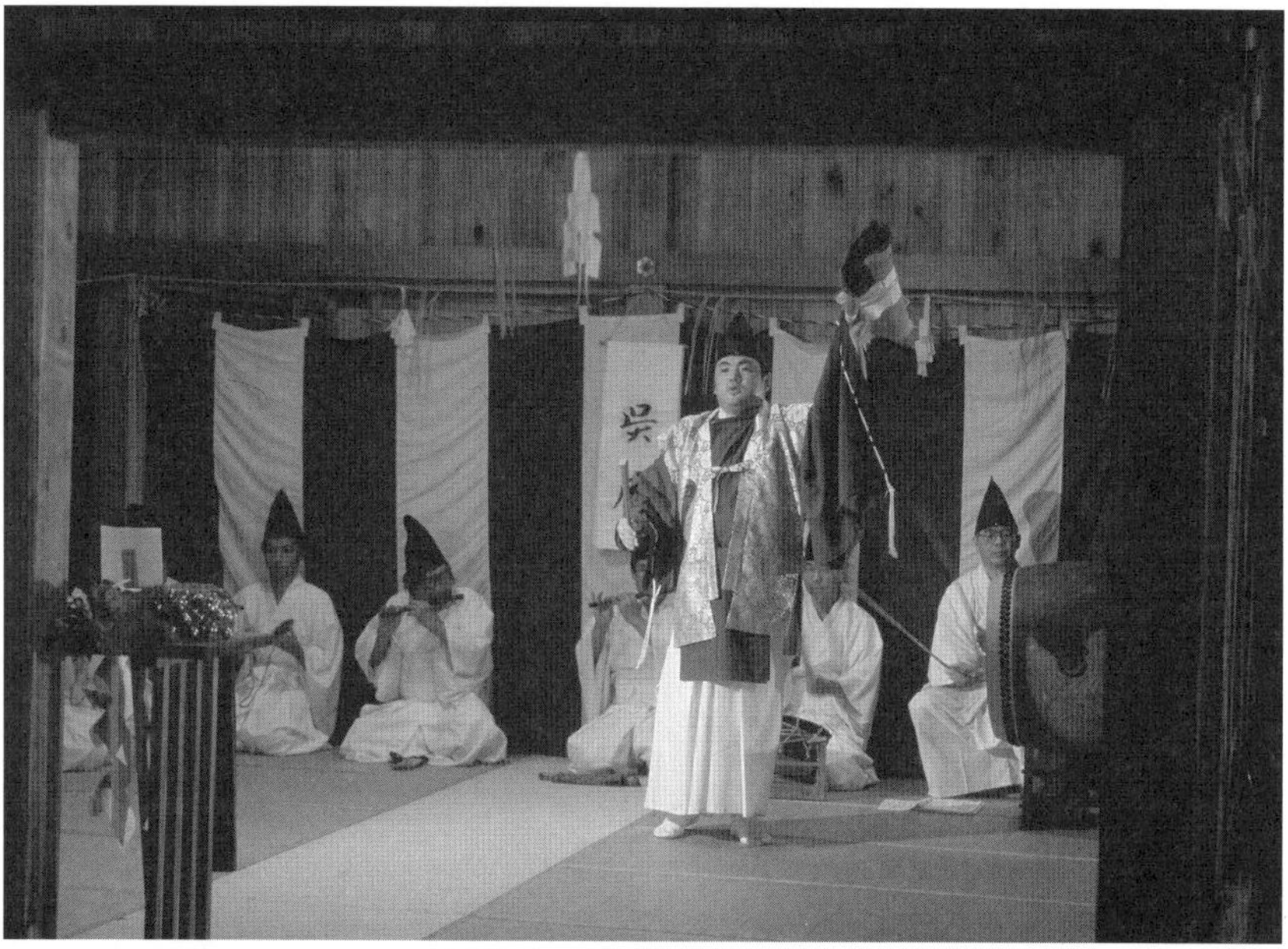

写真４　佐陀神能「御座舞」

（五）神占神事

一年の豊作・凶作を占う神事には、粥・酒・米などの食材を使用する神事のほか、弓引き・綱引き・相撲など競技形式のものがある。

安来市飯生《いなり》町の意多伎《おたき》神社や松江市鹿島町佐太神社などでは、粥占神事が二月に行われる。「管粥《くだがゆ》神事」と呼ばれ、粥を煮る鍋の中に竹管を入れ、その管の中に入る粥の量で、その年の作物の出来を占う。

弓引きする神事には、歩射《ぶしゃ》と騎射《きしゃ》（流鏑馬《やぶさめ》）の二種類がある。

歩射の例としては、松江市美保関町の伊奈頭美《いなずみ》神社で、一月六日に行われる「お的神事」がある。神社脇の浜辺に椎の木を森のように立てて、そこにカラスの絵を描いた紙の的を取りつける。この的を、宮司・当屋・区長によって弓矢で的を射る。

騎射の例としては、同じ松江市美保関町の爾佐《にさ》神社で、四月三日に行われる「流鏑馬神事」がある。的は松板二枚を葛で結び、これを竹で結んだものを使用する。騎乗した的射役の者が、まず、天・地・海に向かって矢を射ると、次に的に向かって射る。そして、最後に弓を

写真５　お的神事「伊奈頭美神社」

写真６　流鏑馬神事「爾佐神社」

射る所作を行う。

（六）予祝・模擬神事

豊穣を祈ってあらかじめ農耕の模擬行為を行う神事は、出雲地方には多い。特に田植えまでの模擬行為を行う神事は、各所で行われている。

出雲市湖陵町の安子《あこ》神社では、四月八日に「御田植安産神事」が行われる。八人の宮座と呼ばれる神社の祭祀に関わる者が、荒起こし、代掻き、田植えを行う。この神事で珍しいのは、途中で出産の模擬行為が行われることである。妊婦役の者が、赤子に見たてた人形を産み落とし、これを参拝者に披露する。安産祈願のために訪れる参拝者が多い。

島根半島の漁村には、農耕と漁撈の豊穣祈願が組み合わさった神事が見られる。松江市美保関町の横田神社では、十一月中の日曜日に「ハンボカベリ」が行われる。ハンボは、ご飯を入れる飯櫃《めしびつ》のことで、カベリは被るという意味である。蒸し米をハンボに盛って、そのハンボを当屋の妻の頭上にかざす。妻は、ハンボの下で体を左・右・左と回すのである。また、神職によって、釣り竿で鯛を釣る行為が行われる。

写真７　御田植安産神事「安子神社」

写真８　産まれた赤子（人形）

（七）神幸・風流道中

神霊が神殿や御旅所などに渡御したり、集落を一巡する神事は、島根県内でも非常に多く、百九十箇所余りになる。その形態は、主に次の六つに分類されている。

①幣帛《へいはく》の神幸
②一つ物（童子）が中心の神幸
③神輿《みこし》中心の神幸
④山、鉾、屋台などがつく神幸
⑤水上渡御
⑥武者・奴道中がつく神幸

このうち、⑥武者・奴道中がつく神幸は、石見西部と鳥取県に見られるもので、出雲地方には見られないものなので、本稿では省略する。

①幣帛の神幸

最も代表的な神事は、出雲大社で六月一日に行われる「涼殿祭《すずみどののまつり》」である。真菰《まこも》の神事とも呼ばれ、出雲の森から御手洗井《みたらしのい》まで、神霊の依り代である幣帛を保持した宮司が、真菰と砂が敷かれた道中を歩き、参拝者が真菰を競って持ち帰ることで知られている。

②一つ物（童子）が中心の神幸

神霊は無心なものに憑りつくという信仰から、童子をその代表として一つ物と呼び、神幸行列の中心に据えた。前述した松江市美保関町の爾佐神社では、流鏑馬神事に先立ち、童男・童女がそれぞれに馬に乗って本殿の周りを一周する。

③神輿中心の神幸

奥出雲町の下阿井八幡宮で十月一日に行われる「例祭」は、押し輿《おこう》神事とも呼ばれる。神輿を石段の上から転げ落とし、下で待ち受けている上下の地区に分かれた者たちが神輿を押し合って勝負を決めるという荒々しい神事である。この後、御旅所まで、この神輿と神霊を奉安した神輿を神幸する。

④山、鉾、屋台などがつく神幸

屋台を出す神幸としては、安来市の月ノ輪神事、松江市揖夜神社の穂掛け祭りなどがある。また、鉾を出す神幸としては、祭花あるいは神事花（華）と呼ばれ、長い竹竿の先端から垂らした多くの竹ひごに、色紙で作った造花を取りつけて神幸するものが出雲西部一円にみられる。これは神霊の依り代である鉾の一種と考えられる。

⑤水上渡御

最も知られているのが、松江市城山稲荷神社の式年祭

写真９　押し輿神事（下阿井八幡宮）

写真10　ホーランエンヤ

で、通称「ホーランエンヤ」である。原則、十二年ごとに行われる神事で、城山稲荷神社と松江市東出雲町の阿《あ》太加夜《たかや》神社を、船で神幸・還幸を行うものである。神輿船を曳く櫂伝馬《かいでんま》船と、櫂伝馬踊りで知られる。

（八）様々な要素が混合した祭

これまでの分類で紹介した祭は、祭の中の特徴的なものに注目した分類であり、一つの祭を取っても、他にも様々な要素を併せ持っている。こうした多くの要素があまりにも多く、分類が難しい祭もある。

松江市美保関町の美保神社では、四月七日に「青柴垣神事」、十二月三日には「諸手船神事」が行われる。この二つの神事は、非常に複雑な当屋組織により行われ、また、多種にわたる神饌物が作られるとともに、神幸や神がかりがあることなど、様々な要素が混合しており、他に類例のない祭となっている。

（九）その他の祭

神社の神霊ではなく、集落内のある場所に祀られている祠や神木などの祭がある。

例として、蛇を模した藁蛇を作り、神霊の依り代とし

写真11　青柴垣神事（美保神社）

写真12　荒神祭（藁蛇）

て祀る「荒神祭」、漁村の港などに祠や石碑などで「リュウゴンさん」あるいは「リュウゴンさん」などと呼んで祀る「龍神祭」、正月の神として神輿を祠として祀る「歳神祭」などがある。

二　出雲大社周辺地域に見られる神幸を伴う祭

前述したとおり、柳田國男は、日本の祭は「見られることを意識した祭」への変化、つまり「祭」から「祭礼」へ移行したと指摘しているが、その代表的なものとして、神幸に伴う山や鉾、山車、屋台を例に示している。こうした神幸を伴う祭は、出雲大社周辺地域に広く分布している。その代表的なものが、祭り花・神事花（華）がつく神幸である。

図2は、島根県内の祭り花・神事花が奉納される神社を地図に示したものであるが、出雲地方西部から石見地方の浜田市あたりにかけて見られるものであることがわかる。両端の出雲地方東部と石見地方西部では、ほぼ見られない結果となっている。この中でも、出雲地方に絞ってまとめてみたものが表1である。

出雲地方の祭り花・神事花が奉納される神社は、五十三カ所確認されているが、そのうち実に七割の三十八カ所が出雲市に集中している。名称も、ほぼ共通して神事花と呼んでおり、隣接する雲南市、飯南町と明確に名称が区分されるのは興味深い。

現在では、造花できれいに飾られた祭り花・神事花だけが目立ち、神幸とは離れた風流道中のように行われているが、よく見ると、かつての神幸の痕跡をとどめているものがある。それが「ヤカタ」と呼ばれる神輿の屋根を模した形状の作り物である。この「ヤカタ」は、現在は、道中では独立して先導物として移動し、神社に到着すると祭り花・神事花の頂部に取りつけられる。しかし、元々は祭り花・神事花に取りつけたまま移動するのが本来の姿であったと考えられ、祭り花・神事花が神霊の依り代であることを示したものとみられる。

またもう一つ、神幸の痕跡を示すものに獅子舞がある。表1には、祭り花・神事花に併せて獅子舞を行う神社がいくつか見られるが、この獅子舞も、出雲地方西部にのみ伝承される特徴を持つ。

伝承される獅子舞には、二つの系統があり、一つは、神幸の先払いとして行列を先導したり、舞台を清めたりする伎楽・舞楽系の流れをくむものであり、「投げ獅子」

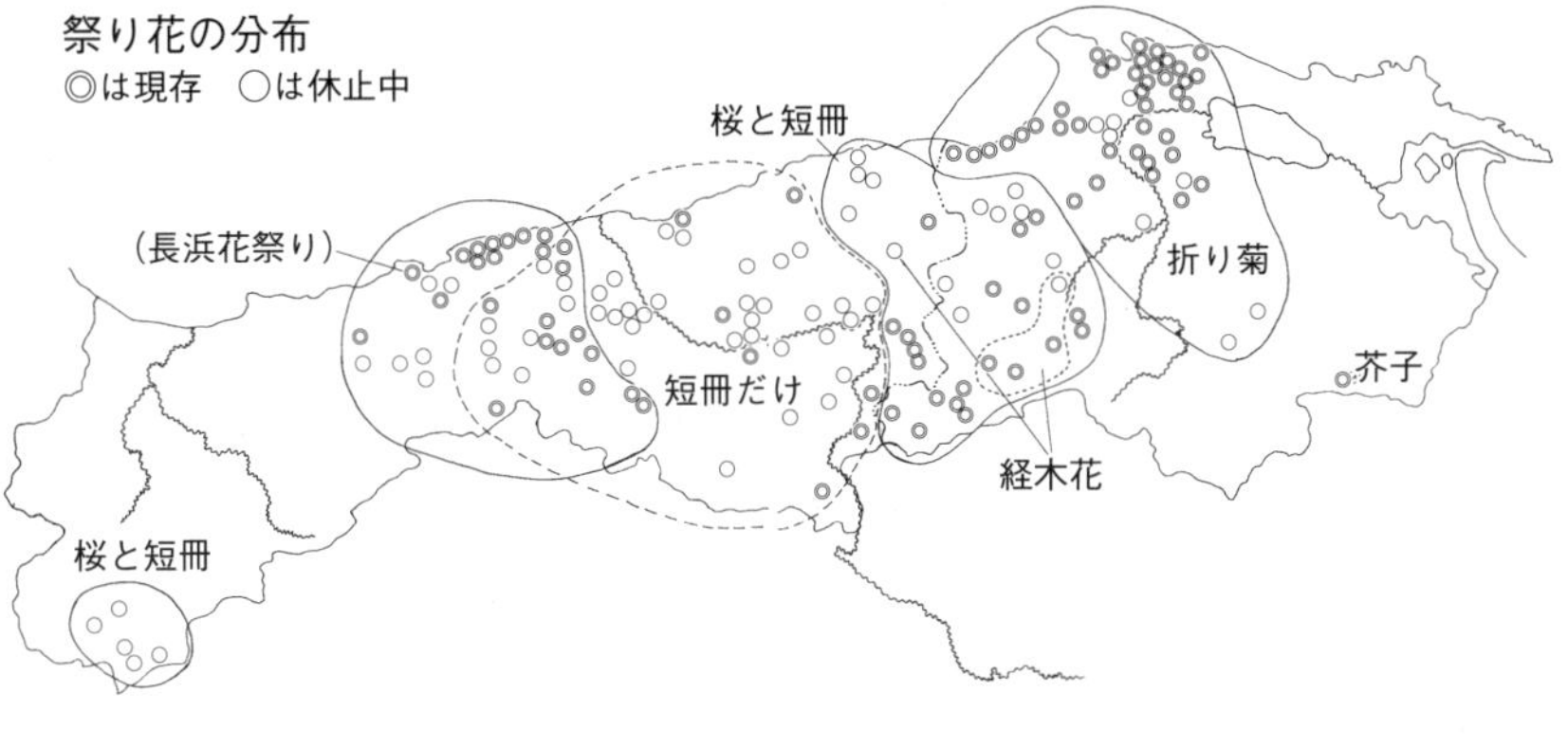

図2　島根県内の祭り花・神事花の分布
（山口　覚「出雲・石見の祭り花について」『山陰民俗』第31号、1978年）

表１　出雲地方の祭り花・神事花を奉納する神社

	市町村名	町名	神社名	祭　日	名称	備考
1	出雲市	大津町	三谷神社	11月３日	神事花	獅子舞
2	〃	松寄下町	朝山八幡宮	４月20日	神事花	
3	〃	荒茅町	荒神社	10月17日	神事花	
4	〃	浜町	若宮神社	11月９日	神事花	
5	〃	稗原町	市森神社	７月20日	神事花	
6	〃	見々久町	御崎神社	10月25日	神事花	獅子舞
7	〃	岡田町	宇土井神社	10月30日	神事花	
8	〃	多久町	多久神社	10月28日	神事花	
9	〃	野石谷町	能呂志神社	11月１日	神事花	
10	〃	久多見町	玖潭神社	４月３日	神事花	獅子舞
11	〃	東福町	久多美神社	10月10日	神事花	
12	〃	十六島町	許豆神社	旧２月初午	神事花	
13	〃	〃	若宮神社	10月21日	神事花	
14	〃	小津町	相代許豆神社	10月19日	神事花	
15	〃	〃	北許豆神社	10月19日	神事花	
16	〃	奥宇賀町	奥宇賀神社	10月10日	祭り花	獅子舞
17	〃	口宇賀町	宇賀神社	10月19日	神事花	獅子舞
18	〃	万田町	熊野神社	10月29日	神事花	
19	〃	〃	峴神社	10月10日	神事花	獅子舞
20	〃	河下町	意保美神社	10月15日	神事花	
21	〃	〃	垂水神社	10月15日	神事花	
22	〃	唐川町	韓竈神社	11月３日	神事花	
23	〃	美談町	美談神社	10月15日	神事花	
24	〃	西代町	若宮神社	10月29日	神事花	獅子舞
25	〃	多伎町	多伎芸神社	10月19日	花馬	獅子舞
26	〃	〃	国村神社	10月20日	神事花	
27	〃	〃	小田神社	10月15日	神事花	
28	〃	湖陵町	佐志武神社	10月18日・19日	神事花	獅子舞
29	〃	〃	荒神社	10月18日・19日	神事花	
30	〃	〃	弥久賀神社	10月17日・18日	神事花	
31	〃	佐田町	須佐神社	８月15日	祭り花	念仏踊り
32	〃	〃	剣神社	11月５日	祭り花	
33	〃	斐川町	曽枳能夜神社	10月19日	神事花	
34	〃	〃	加毛利神社	10月19日	神事花	
35	〃	〃	都牟自神社	10月15日	神事花	
36	〃	〃	阿吾神社	11月７日	神事花	
37	〃	〃	佐支多神社	10月18日	神事花	
38	〃	〃	井上八幡宮	11月６日	神事花	
39	雲南市	加茂町	神原神社	11月９日	祭り花	獅子舞
40	〃	〃	八幡宮	11月３日	祭り花	獅子舞
41	〃	掛合町	波多神社	11月15日	祭り花	
42	〃	〃	天満宮	10月25日	祭り花	
43	〃	吉田町	王子神社	10月12日・13日	祭り花	
44	〃	〃	兎比神社	10月15日・16日	祭り花	
45	〃	〃	金屋子神社	10月10日・11日	祭り花	
46	飯南町	赤名	赤穴八幡宮	11月１日	祭り花	
47	〃	上来島	金屋子神社	11月17日	祭り花	
48	〃	野萱	塚原八幡宮	11月20日	祭り花	
49	〃	小田	和田八幡宮	11月11日	祭り花	
50	〃	井戸谷	谷八幡宮	10月18日	祭り花	
51	〃	頓原	由木八幡宮	11月７日・８日・９日	祭り花	
52	〃	花栗	武内神社	11月11日・12日	祭り花	
53	安来市	広瀬町	縄久利神社	４月24日	花傘	

山口　覚「出雲・石見の祭り花について」『山陰民俗』第31号、1978年より抜粋・加筆

写真13　神事花（華）（出雲市湖陵町佐志武神社）

写真14　神事花（華）に取りつけられたヤカタ

写真15　三谷神社投げ獅子舞（三谷神社獅子舞保存会提供）

と称するものはこれに属するとされる。また、もう一つは、伊勢神宮の信仰流布の手段として、獅子の祓いの舞や曲芸を演じて諸国を巡った伊勢太神楽の流れをくむものがある。出雲地方には、文政年間（一八一八～一八三〇年）以降に普及したとみられている。現在、出雲地方西部に伝承される獅子舞は、ほぼ伊勢太神楽の流れをくむものとなっているが、出雲市大津町の三谷神社の投げ獅子舞のみが、前者の流れを伝承する。

表2は、江戸時代の享保二（一七一七）年に、松江藩の地誌である『雲陽誌』に見られる獅子舞の記事をまとめたものである。二十二カ所で行われていることが確認でき、そのうち十四カ所が、現在の出雲市内であることがわかる。おそらく、これらの獅子舞は、伊勢太神楽の影響を受ける以前の「投げ獅子」であったと考えられ、神幸に伴うものであったとみられる。ちなみに「投げ獅子」は、大社系（出雲大社）であるという伝承が伝わっている。

また、伊勢太神楽の影響を受けて改変した以後も、神幸の名残をとどめていると思われるものがある。表3は、現存する獅子舞をまとめたものである。現在では、獅子舞のみの道中であったりしているが、その構成は獅

表2　『雲陽誌』（享保2〈1717〉年）に見られる「獅子舞」の記事

	郡名	郷名	現在の市町村名	神社名	祭　日	内容	備　考
1	楯縫郡	園	出雲市	正八幡宮	9月15日	獅子頭の舞	
2	神門郡	大津	〃	八幡宮	8月15日・10月15日	獅子舞	
3	〃	宇那手	〃	熊野権現	9月29日	獅子舞	
4	〃	塩冶	〃	八幡宮	8月15日・10月10日	獅子舞	「御幸神楽…」
5	〃	高岡	〃	八幡宮	8月15日	獅子舞	
6	〃	杵築	〃	大社	3月1日～3日	獅子舞	
7	〃	西園	〃	妙見社	9月8日～9日	獅子舞	
8	〃	東神在	〃	八幡宮	8月15日	獅子舞	
9	〃	知井宮本郷	〃	知井大明神	9月19日	獅子舞	「花馬」
10	〃	上古志	〃	久留須権現	9月18日～19日	獅子舞	
11	〃	大池	〃	弥久賀神社	9月19日	獅子舞	
12	〃	山口	〃	八幡宮	9月19日	獅子舞	
13	出雲郡	上庄原	〃	諏訪明神	7月27日・9月9日	獅子舞	
14	〃	上直江	〃	八幡宮	10月15日	獅子舞	
15	飯石郡	多久和	雲南市	飯石社	9月15日	獅子舞	「獅子舞御幸…」
16	〃	掛合	〃	勝手明神	9月19日	獅子舞	「御幸獅子舞…」
17	大原郡	來次	〃	八幡宮	8月15日	獅子舞	「神輿を本社へ入りたてまつり…」
18	〃	賀茂	〃	賀茂社	9月9日	獅子舞	
19	〃	岡村	〃	八幡	8月25日	獅子舞	「花馬三疋…、獅子舞御幸…」
20	仁多郡	矢谷	奥出雲町	八幡宮	8月15日・9月13日	獅子舞	「御幸獅子舞あり」
21	能義郡	富田	安来市	八幡宮	8月15日	獅子舞	
22	島根郡	西尾	松江市	三社明神	9月9日	獅子舞	

『大日本地誌大系（42）雲陽誌』雄山閣、1971年

子のほかに、鬼（番内）、鼻高といった構成となっている。これは、神幸行列の先払いに見られる一般的な構成であり、獅子舞のみが中心の道中ではなかったと考えられる。

出雲地方西部に特色的な祭り花・神事花と、獅子舞を紹介したが、一部の神社を除き、現在ではそれぞれが独立したもののように行われている。

しかし、両者とも本来は、神幸の一連のものとしてセットであったと考えられ、時代を経るとともに、柳田國男が示した「見られることを意識した祭」のために、内容を取捨選択していったのだと考える。

表３　現存する獅子舞

	市町村名	町名	神社名	祭　日	内　容	備　考
1	出雲市	大津町	三谷神社	11月３日	投獅子舞、獅子３人立・鼻高・鬼（番内）・茶立婆	雲陽誌に八幡宮の獅子舞記述
2	〃	野尻町	大歳神社	４月第３日曜日	獅子２頭３人立・鬼（番内）・茶立婆	
3	〃	宇那手町	火守神社	10月30日	獅子３人立（１人立）・鼻高	
4	〃	見々久町	御崎神社	10月25日	獅子３人立・鼻高・鬼（番内）	
5	〃	園町	埼田神社	10月15日	獅子３人立・鬼（番内）・千歳・三番叟	雲陽誌に記載
6	〃	口宇賀町	宇賀神社	10月19日	獅子３人立・鬼（番内）・くそ番内・茶立婆	
7	〃	久多見町	久潭神社	４月３日	獅子３人立・鬼（番内）・鼻高	
8	〃	万田町	峴神社	10月10日	獅子３人立（１人立）・鼻高・茶立婆	
9	〃	奥宇賀町	奥宇賀神社	10月10日	獅子３人立・鼻高	
10	〃	西郷町	葦原神社	10月10日	獅子３人立・鬼（番内）	
11	〃	西代町	若宮神社	10月29日	獅子３人立・鼻高	
12	〃	多伎町	多伎芸神社	10月19日	獅子10人立以上・鼻高	
13	〃	多伎町	河内神社	10月10日	獅子２頭３人立・鬼（番内）	
14	〃	湖陵町	佐志武神社	10月18日・19日	獅子１人立・経津主命・武御雷命	
15	雲南市	加茂町	神原神社	11月９日	獅子２人立・鼻高・三番叟・千歳	
16	〃	加茂町	八幡宮	11月３日	獅子２人立・鼻高・三番叟	

島根県教育委員会『島根の民俗芸能』1989年より（一部加筆）

大国さまと縁結び信仰

岡　宏三

「出雲大社は縁結びの神」という認識が、神在月に大国さまのもとで縁結びが議られるという信仰へと変容してゆく過程を、スサノヲからオオナモチ（大国主）への祭神の転換を軸に、『御縁起』『大社幽冥誌』にみる大社側の解釈、謡曲、狂言、浮世草子等にみる世間の解釈の双方向からの視点により辿ってゆく。

おか・こうぞう
昭和四十一（一九六六）年、島根県生まれ。青山学院大学大学院修士課程修了。島根県立古代出雲歴史博物館専門学芸員。近世社会文化史専攻。支配・文化・環境等多様な視点から社会構造の変化を探っている。
【編著書・論文等】
『近世日本の海外情報』（岩田書院・一九九七）、『出雲大社の御師と神徳弘布』（島根県古代文化センター・二〇〇五）、『日本の神々と祭り―神社とは何か―』（国立歴史民俗博物館図録・二〇〇六）、『平成の大遷宮、出雲大社』（古代出雲歴史博物館図録・二〇一三）など。

一　出雲大社と縁結び

もと越後長岡藩家老・稲垣氏の娘、鉞子《えつこ》（一八七三～一九五〇）は、貿易商・杉本松雄に嫁して明治三十一（一八九八）年に渡米。一時期帰国したものの再びアメリカに渡り、大正十四（一九二五）年に、自伝的エッセイ『A Daughter of the Samurai（武士の娘）』を出版。その後七ヶ国語に翻訳されるほど好評を得た。同書には、姉の縁組みに関連して、次のような話を載せている。

すなわち、「十月は神なし月で、神々が各地の御社から出雲の大社に神つどいに集われて、縁組みする男女の名前をおきめになられる定め」という伝承により、「神無月の結婚はさけますので、十一月はじめの吉日が婚礼の日と定ま」った。これについて「祖母や乳母たちがよう、女の子にきかせるお話」がある。

「二十歳をすぎても、独り身」でいる「両親も兄弟もない不幸な若者」が、十月のある日、出雲大社に参拝して、自分も縁が結ばれるのか知りたいと思い立ち参詣に出かけた。神社の縁の下でお籠もりをしていると、神々の声が「あの男」「この娘」と呼び合わされるのが聞こえた。次々と男女の名は組合わされてゆくのに、自分の名前は、いつまでたっても出てこない。

　これで縁組みも終了という時に、ある神が、今年もまた若者の縁が漏れたと指摘し、諸神思案の末、栗の木村の名主の家に近頃生まれた女の子とめあわすことにした。一部始終を聞いた若者は、赤ん坊と結ばれたと聞いて、怒り、失望した。若者は後年、若くて美しい、非の打ちどころのない娘との良縁を得た。その娘こそ神々が結びつけた、あの赤ん坊であったという。

　杉本は、下女の言葉を借りてこの話を締めくくる。

「ですからね、神様のおさだめなされたことはおうけするものでございますよ」[1]。

　明治の頃の越後には、十月、神々は出雲へ男女の縁組みを議《はか》るため出雲大社に赴く伝承があり、神無月ゆえにこの月には結婚を避ける風があった。と同時にこの伝承は杉本のエッセイを通じて世界に紹介されたのである。

　では、このような伝承がいつ頃から越後長岡で伝えられるようになったのだろうか。

　幕府右筆で考証学で知られた屋代弘賢《やしろひろかた》が、各地に伝来する風俗習慣等について諸国に送った質問（問状《といじょう》）に対する返答書（問状答《こたえ》）のうち、文化十四（一八一七）年に長岡藩儒・秋山朋信《とものぶ》が領内に諮問してまとめた『越後国長岡領風俗問状答』には、「八四、此月神送りといふ事候哉《や》」の項目に対して、

　十月は神々、出雲の大社につどひ給ひて、男女の縁を結び給ふとて、女子持ちたるものは他に送るの縁にや、神送りを祝ひ、婦を迎ふべき男子持ちたるものは、十月の神迎ひを祝ふ、神棚に神酒《みき》、燈明を捧げ、団子・牡丹餅《ぼたもち》の類、調して祭る[2]

とある。すなわち江戸後期にはすでに八百万神出雲大社参集伝承が定着していただけでなく、未婚の男子・女子を持つ家では、御神酒・燈明を神棚に捧げ、団子・ぼたもちの類を供えて、神送り、神迎えをして縁を祈る風習まで存在したのである。

　ちなみに嘉永四（一八五一）年に出た歌川豊国《とよくに》（三代）の「大社縁結図」をはじめとして、同「出雲国八百

万神達縁結給《たまう》図」（刊年不詳）、歌川貞秀《さだひで》「出雲国大社集神」（安政三〈一八五六〉年）、歌川国久《くにひさ》「出雲国大社之図」（文久二〈一八六二〉年）、月岡芳年《よしとし》「大社ゑんむすび」（慶応四〈一八六八〉年）、菊水茂広《しげひろ》「出雲の国大社八百万神どふけ遊」（明治初期）など、八百万神の出雲大社参集と縁結びの神議りを題材とした錦絵が、幕末から明治にかけて出版されている。

また安政二（一八五五）年の安政江戸大地震の直後には、地震と世相を風刺した「なまず絵」が相次いで出版されたが、そのなかには、地震の発生したのが神無月（十月二日）であったことから、神々が出雲に赴き江戸が留守になったところを狙ってなまずが地震を起こしたと解説するものがあった。幕末の江戸においても、かの伝承は広く浸透していたことが窺われる[3]。

二　出雲大社と「ダイコク」

十月に出雲へ神々が参集する伝承はすでに平安末期、藤原清輔《きよすけ》の『奥義抄《おうぎしょう》』にみえるが、それが縁結びの議《はか》りごとを目的すると記す文献は中世を通じて見当たらない。また『古事記』『日本書紀』『出雲国風土記』に明記されているように、出雲大社の祭神はオオナムチ（大己貴神＝大国主神）なのだが、中世には後述するようにスサノヲとされていた。となると、いつから出雲大社はダイコクさん、そのもとで神々が縁結びの議りごとをなされる、という説話が起こったのだろうか。

まず、出雲大社において祭神がスサノヲからオオナムチへ復古を遂げたのは一六六〇年代、寛文の大造営に伴う幕府（特に山崎闇斎《あんさい》の門人である寺社奉行・井上正利《まさとし》）との交渉においてであった。この交渉で祭神はオオナムチであることが大社側と幕府との間において共通理解され、かつ幕府側からは「大社の儀は、伊勢に続き（公儀が）御造営なされず候ては叶わざる社に候。其《そ》の故《ゆえ》は日本の主《あるじ》にて候。六十余州の一宮《いちのみや》は皆大己貴なり」、すなわち伊勢の次位であるという位置づけが示された[4]。

出雲大社から、「オオナムチ＝ダイコクさん」、という見解がひろく世に示されたのは、それから更に約半世紀後、享保十（一七二五）年、「万民の家々に仰き奉る大こく神と申て福神と尊《とうとぶ》も、此《この》神（大己貴命）の御事なり」とある『御縁起《ごえんぎ》』からである[5]。

「オオナモチ＝ダイコクさん」は、その後大社の御師により広められてゆく。若狭小浜藩の町人・木崎惕窓《てきそう》が、宝暦七（一七五七）年から七年をかけて編纂した『拾遺《しゅうい》雑話』には、次のような記事がある。

> 寛保三（一七四三）年、出雲の国大社の社家・北川三儀太夫《みきだゆう》（北島国造附きの御師）始《はじめ》て小浜に来り、殿様へ御玉串差上《さしあげ》、町・在共心持《こころもち》次第玉串受納いたす、夫《それ》に付亦《また》今より三代以前、国造北島殿の自筆大己貴命の画像拝見いたさせ、世にある大黒の像なり、大己貴《だいこき》・大こく同音なり、別に今いふ大こくハあやまりといふ[6]

『御縁起』とはなにか。延享元（一七四四）年の造営遷宮に先立ち、その費用捻出のため、享保十年、幕府は全国に勧化《かんげ》（募財）する権利（これを「日本勧化」という）を認可した。これに伴って、出雲大社の由緒、オオナムチの神徳のあらましと勧化の趣意を世の人々に示すために本書が作成された。またこれには「国々を巡行して諸人にふれ聞《きか》すべし」という文言を持つ寺社奉行・小出英貞《ひでさだ》の「勧化之状」を付している。従って出雲大社の祭神・神徳等についての公式見解というべき『御縁起』は全国津々浦々にもたらされ、人々に読み聞かされて、その内容は全国に浸透したのである。

『御縁起』では、オオナムチとは、大国主神をはじめとして様々な異名があるように、あらゆる神徳を備えた神であり、その神徳によって「日本国中一統に大平の化を成就」した神ゆえに、アマテラスから「御馳走（もてなし）」として天日隅宮《あめのひすみのみや》の提供を受け、祭祀の司《つかさ》として第二の御子であるアメノホヒを遣わされ、「日本の守護」となった神である、と説く。次いで、年中七十余度ある祭祀のなかでも神在祭を特記し、「日本の八百万神、出雲の国日隅の社に神集ひしたまひ、神徳の光りを現し、豊葦原《とよあしはら》の万民を恵養《めぐみやしな》ひ給ふ」ので、「天下安穏・国土長久の御祈祷なし奉る」のだ、という。従って、「此《この》国の生《いき》としいけるもの、此神の御神徳をいただかさるものな」く、「国々所々の神の恵を蒙《かうむ》らんこと疑いなし」。ゆえに全国の人々は勧化に応じてほしい、という訳である。

ここで注目すべきは、神在祭とは、神々が人々を「恵養」うために出雲大社に参集し、神徳を発揚するのに対して「天下安穏・国土長久」を祈願するもの、と説かれている点である。「恵養」にはあらゆる幸《さち》が含まれているが、縁結びを特記している訳ではなかったのである。

なお出雲大社における祭祀のなかで、最も盛大を極めたものは三月会《さんがつえ》であったのにもかかわらず『御縁起』では言及されず、神在祭が特記されているのは、前者は「山陰無双之節会《せちえ》」と称されたとはいえ、あくまでも出雲国内に関わる神事であるのに対して、神在祭は八百万神が参集する神事、すなわち日本全国の人々の幸に関わる神事であったからであろう。

三　スサノヲとオオナモチ

ところがまた一方で、『御縁起』は次のようにも説く。

夫《それ》出雲の国大社は、大己貴命の御鎮座なり、此神の御父は、天照大神の御弟・素盞嗚尊と申《もうし》奉る、初《はじめ》素盞嗚尊、簸《ひの》川上に至り、八岐の大蛇《おろち》をきり給ひ、稲田姫を娶《めとり》、御夫婦とならせ、御心すがすがしと宣《のたま》ひしより、此所《ここ》をさして、すがの里と申《もうす》なり、八雲立の神詠も此所にて詠《よま》せ給ふによりて、和歌の祖神とも申、亦は夫婦えんむすひの神と祝ひ奉るなり

この記述は、『日本書紀』神代上〔第八段〕の本文、

然して後に、行き婚《みあはし》せむ処を覓《もと》め、遂に出雲の清地《すが》に到りたまふ〔清地、此には素鵝《すが》と云《い》ふ〕、乃《すなは》ち言《ことあげ》して曰はく、吾が清清《すがすが》し、とのたまふ。〔此《これ》、今し此の地を呼びて清と曰ふなり〕、彼処《そこ》に宮を建てたまふ。〔或《ある》に云《い》はく、時に武《たけ》素戔嗚尊、歌《うたよみ》して曰はく、や雲たつ　出雲八重垣　妻ごめに　八重垣作る　その八重垣ゑ　とのたまふといふ〕乃ち相与《とも》に遘合《みとのまぐはひ》して、児《みこ》・大己貴神を生みたまふ。因《よ》りて勅《みことのり》して曰はく、吾が児《こ》の宮の首《つかさ》は、脚摩乳《あしなづち》・手摩乳《てなづち》なり、とのたまふ。故《かれ》、号《な》を二《ふたはしらの》　神に賜ひて、稲田《いなたの》宮　主神《みやのぬしのかみ》と曰ふ。すでにして素戔嗚尊、遂に根国《ねのくに》に就《い》でましぬ。[7]

を踏まえている。すなわち本来出雲大社において「夫婦えんむすひの神」とは、オオナモチではなく、スサノヲだった。出雲大社の境内は、この神が八岐の大蛇を退治した後、「御心すがすがし」と言われ、「八雲立つ…」の和歌を詠まれた土地、宮（稲田宮）を建てた場所であり、「すがの里」というのだ、という。

実は、出雲大社の境内こそ、スサノヲが宮を建てた地、「すがの里」にほかならない、という説は古くさかのぼる。大永三（一五二三）年、河内国光通寺の禅僧・李庵寿璚《りあんじゅきつ》が、出雲の仁多の温泉（現在の雲南市・湯村温泉）に遊んだ際、地元の古老から聞いた伝承を参考に著した「天淵八叉大蛇記《あまのふちやつまたをろちのき》」に、

其ノ後素尊杵縄《キ子ツナ》シ、浮浪山ノ島根《シマ子》十八里ヲ繋《ツナ》キ、宮

居ヲ杵築ノ浜、素我《ソガ》ノ里《サト》ニ定ム、素尊ハ乃チ大社杵築大明神、是《コレ》也[8]

また大蔵虎明《とらあきら》が寛永十九（一六四二）年に書写した、最古のまとまった狂言本（大蔵虎明本）に収録する狂言『のつとうかぐら』にも、

夫《それ》神代の御時は、そさのおの尊と現じ、天土開《あめつちひらけ》はじまりしより此《この》かた、当所出雲の大社を宮居《みやゐ》し[9]

とある。中世出雲大社の祭神はスサノヲであったから、このような伝承がすでに一六世紀の段階で成立していても別に不思議ではないが、オオナモチに祭神が転換した近世においても、「出雲大社＝縁結び」の論理が成り立ち得たのは、スサノヲが宮を建て、「八雲立つ……」を詠んだ霊地である、という認識が広く出雲国内外に知られていたからであり、かつスサノヲを祀る境内社・素鵞社が鎮座することも説得力を深めたものと考えられる。

またスサノヲとオオナモチの関係について、『日本書紀』本文に基づき、オオナモチがスサノヲの子とされている事にも注目したい。この認識は、『御縁起』から約五〇年後の安永二（一七七三）年、千家国造附きの御師で豊後・筑後を檀所《だんしょ》とする佐々誠正《さっさなりまさ》が著した『大社幽冥誌』においては、いっそう強調されている。

又杵築といふ号《ガウ》ハ、勅《ミコトノリ》を以天ノ日隅宮を建《タテ》玉ふ時、八百万《ヤヲヨロヅ》の神集《ツド》ひ、杵《キ子》にて土《ツチ》を築《ツキ》かためしより寸付《キヅキ》と有しを、神亀《シンキ》三年に杵築の字《ヂ》に改《アラタ》む。茲《コヽ》に因《ヨツ》て杵とも築の宮の号となれり、又清地《スカチ》の号ハ、吾 心《コヽロ》清々之《スガスガシ》と素尊《ソソン》の御辞《コトバ》より出たる事ながら、大己貴大神、此清地《スガノサト》にて御誕生在坐《タンぜウアレマス》の時、御名三ツ有、三ツ共《トモ》に頭《カシラ》に清《スガ》の字を附与《フヨ》し玉ふハ、則《スナハ》ち清地《スガノサト》を譲《ユヅ》り玉ひ、宮首《ミヤツカサ》の神まで定め、事成就《コトジヤウヂユ》して、永《ナガ》く神宮《カンノミヤ》（大社の西、神宮）に鎮りまし〳〵ぬ（略）清々之《スガスガシ》の御心より土金合体して生《アレマ》す、御児清之湯山《スカノユヤマ》主《ヌシ》三名狭漏彦《ミナサロヒコ》八嶋篠《シノヽ》命といふ、是大己貴大神生す時の御名也、此故今以杵築を清地と申すハ此訳也

（略）

往古《ムカシ》素戔嗚尊、出雲ノ清地《スガノサト》ニ到《イタ》リマシテ、興言《コトアゲ》シテ曰《ノタマハ》ク、吾《ア》ガ心清々之《ココロスガスガシ》、との玉ひし、時に御児《ミコ》 生《ヲアレマ》す、大己貴大神と申、其清々之といふハ、土金合体の土地之味《ツヽシミ》より明理本源の神聖《カミ》と成て生《アレマ》す児《ミコ》に、大悪無道の朝敵の神を生じ玉ふべきやうなし、然れハ初より国家大功の神といへるハ可なり（略）[10]

オオナモチが「御誕生在坐の時、御名三ツ有、三ツ共に頭に清の字を附与し玉ふ」とあるのは、『先代旧事本《せんだいくじほん》

紀《ぎ》』に「素戔嗚の子、大己貴神、一名清之湯山主三名狭《すがのゆやまぬしみなさ》漏彦八嶋篠《るひこやしましの》、又清之繋名坂軽彦八嶋手命《すがのゆひなさかかるひこやしまでのみこと》と名《なづ》く、又清之《すがの》湯山主三名八嶋野《ゆやまぬしみなやしまぬ》と名く」[11]とあるのに基づく。『古事記』では、オオナモチは六世の孫とされ、根の国においてスサノヲから試練を受け、その娘・スセリビメを娶り、生《いく》大刀《たち》・生弓矢《いくゆみや》・天詔琴《あめのぬこと》を得ることによって、はじめてスサノヲから後継者として認められることになっているが、前述のように『日本書紀』本文では、スサノヲが建てた稲田宮は「吾が児の宮」であって、アシナヅチ・テナヅチを宮の首《つかさ》として両神に稲田主神の名を授け、自らは根の国（『大社幽冥誌』では大社の西の神宮）に遷っており、数あるスサノオの御子神のなかで、生まれながらにして後継者に指定されているのである。当時『日本書紀』は正史であり、神書ともみなされていたから『御縁起』が同書に基づくのも当然のことながら、『古事記』と比較した場合、スサノヲの後継者としての正当性・絶対性を示すもの、神徳の系譜をひくことをより強調するものであるといえよう。

　中世出雲大社の祭神＝スサノヲから、近世におけるオオナモチへの転換は、単なる祭神の復古から、垂加神道的解釈によって大きく思想的深化を遂げた。出雲大社の鎮座地＝「すがの里（素鵝・清地）」の説に従えば、オオナモチに与えられた稲田宮の所在地に、国譲りの後、改めて天日隅宮が建造されたことになる。つまりは、出雲大社の鎮座する杵築の地は、スサノヲ・オオナモチ二代にわたって、他の地では代えがたい、最もゆかりある霊地と位置づけられるに至ったのである。

四　オオナモチと縁結び

さてまた『大社幽冥誌』では、天日隅宮の創建について『出雲国風土記』を引用しているが、よくみると、本来「諸皇神等《もろもろのすめがみら》、宮処《みやどころ》に参り集ひたまひて」とある部分を「八百万の神集ひ」と言い替えている。「諸皇神等」は、もろもろの神々の意味だが、「八百万の神集ひ」と表現をことさら替えたのは、これこそ神在月に諸神が出雲大社に参集する由縁とみなす意識が働いたからだろう。では、『大社幽冥誌』は神在祭についてどのように説いているのだろうか。

　十月ハ亥の月にて陰、十一月ハ子ノ月にて陽、是両月をもしろしめすを以、陰陽和合して夫婦の縁《エン》を結び玉ふ大神也、則十月、神集《カンツドヒ》に縁を結び玉ふこと、

大成経（先代旧事本紀大成経《せんだいくじほんぎたいせいきょう》）及び釈浄蔵《シヤクノジヤウザウ》記、其外近古の書にも古書を引てみへたり

また大己貴神の異名・大物主神の神徳として、

葦原中津国の顕露《アラハニ》を執《トツ》て国土を主《ツカサド》り給ふ、其政務《マツリゴト》は皇孫尊《スメミマノミコト》に授《サヅ》け玉ひしかども、年毎《トシゴト》の神在月に領《ヒキイ》給ふ八百万の神を集《アツ》め、其国々におゐて規矩《ノリ》をたて、かくれのことの制禁《セイキン》をとるの示《シメ》しあり、または男女《ナンニヨ》の縁《エン》を結びて永《ナガ》く子孫《シソン》につたへ、とこしなへに祭祀《マツリ》の主《ツカサ》、公民《オホンタカラ》の職《ツカサ》々をそなへ、宝財宝器《ホウザイホウキ》に至るまで万物の主《ヌシ》となり給へハ、大物主神と申奉

十・十一月両月を大己貴神は治める故に陰陽和合して夫婦の縁を結ぶ。具体的には十月の神集いにおいて縁結びを行うという。また「顕露（目にみえる世界）」の政務は皇孫尊に譲渡されたけれども、その代わりとして統治することになった「かくれのこと」（幽事・神事。目に見えない神々の世界）については、毎年の神在月に八百万の神々を招集し、国ごとに規矩をたて、冥界の政務をとるともいう。またこの神の神徳として、男女の良縁を結んで子孫を永続させ、ひいては祭祀者、様々な家職が絶えぬようにする働きと、財宝にいたるまであらゆる物を備える主としての働きを持つ、という。すなわちこの『大社幽冥誌』においてはじめてオオナモチは「陰陽和合して夫婦の縁を結び玉ふ大神」、「男女の縁を結びて永く子孫につたへ」る神とされ、「神集に縁を結び玉ふ」と説かれている。またオオナモチひとりで縁結びを決めるのではなしに、オオナモチが神々を招集して議り決めるとするのは、『日本書紀』第九段一書第二「汝（オオナモチ）が治《しら》す顕露《あらは》の事は、これ吾孫《すめみま》（皇孫）治《しら》すべし、汝は則ち以て神事《かみのこと》を治すべし」、「吾が治す顕露の事は皇孫当《まさ》に治すべし、吾は退《さ》りて幽 事《かくれたること》を治めん」とあるのに基づく。ここにおいて神在月における諸神参集と神議りは、単に神々が杵築大社を造営した故事のみによって集うのではなく、「神事（幽事）」を主宰するオオナモチの具体的政務として招集されるものと規定され、神議りの内容の具体的事例として「縁を結」ぶことが挙げられているのである。

なお『大社幽冥誌』は、このほかにも次のような興味深い当時の風習を伝えている。

出雲浦ニ大 蛤《ハマグリ》有、此浦に限リテ此類なし、世に此を縁貝《エンカイ》ともいふ、縁結びの貝ともいふ心にや、貝には、銚子《チヤウシ》を包む女蝶《メテウ》のごとき陰の具《ソナ》へ有、又男蝶のごとき陽の具へ有、爰を以合せざれハ、いくほどの

貝といへども合がたし、神の結玉ふ縁不縁ハ、杵築浦の蛤にひとしき物也、遍《アマネ》く貝合を以熟縁を祈るゆへ、婚姻の貝桶を目出度事の第一とす、此ゆへにや、杵築浦の蛤貝を娘たくはへ持、神に祈をかけて相縁をねがへハ、必しも子孫さかへて熟縁なり

出雲浦（稲佐の浜）では大蛤が採れる、大蛤はこの浦のみで他の浦には生息しない、これを「縁貝」といい、貝殻は一方が凹、一方が凸になっている部分があるので、凹凸が合うものでないと一つにならない。だから娘が出雲浦で蛤貝を拾って神に良縁を祈願すれば必ず願いが叶うのだ、と。また神在祭の期間中を「お忌みさん」というが、この期間の風習として、

十一日より十七日までハ、宮庭をはらハず、土を動さず、家宅を営《エイ》せず、縄結せず、春音《ウスツク》をせず、機《ハタ》をまかず、市中ハ寺院鐘《カネ》を撞《ツカ》せず、街《チマタ》にうたうたハず、音楽歌舞《カブ》を止《ヤメ》て、人皆深く慎みをなし、稲佐浦より潮《シホ》を汲、大社に備奉人大多数《オヒタヾシ》、是、諸神達集合《アツマリ》玉ふが故なるべし

とある。神在祭の間はかつて一切の音を立てないよう謹慎するだけでなく、汐汲みして神前に捧げる風習があった。自然や社会環境の変化により今は多くが失われているが、慎みの気持ちは改めて再評価されたいものである。

前述の木崎惕窓の『拾遺雑話』にあるように、出雲大社の御師は、江戸中期頃にはオオナモチの画像を檀場に持参して神徳を説き、また檀場の主なる人に授けることがなされた。数あるオオナモチの尊像のなかでも、両掌《りょうて》に珠《たま》を抱く図様のものは「玉持大国《たまもちだいこく》」と呼ばれ、その上には①御神号のみを記すもの、②「躬被瑞之八坂瓊而長隠矣（躬《み》に瑞《みつ》の八坂瓊《やさかのに》を被《おひて》而、長《とこしへ》に隠《かく》れましき）」と記すもの、あるいは③大社の縁起、オオナモチの神徳等を摺りだしたものなどがあった。この内②は、『日本書紀』神代下［第九段］一書第二にみえる、幽顕分政の合議が成った後、身に大いなる瓊《たま》（珠）を帯びて隠れ鎮まった故事を示す。③は『御縁起』や『大社幽冥誌』を要約した内容で、「御名七名ましますか中にも、大国主の御名をもて、人の家作にも大国柱と備ひたて、大国福神と祭り奉るも、この御恩徳をかゝふり奉らむかためなり」と説き、国譲りの後、神事を掌ることとなり、「八阪の曲玉」をもって大社に鎮座したこと、神在月の神集いについては「天下の青人草を恵ミ、男女の縁結の事をも御定ありといひ伝ふ也」[12]と述べる。今に知られるオオナモチ

＝大国主＝ダイコクさん＝福神、神在月の神集いは縁結び、という信仰は、御師を介して諸国に広められていったのである。

五　庶民が思い描いた出雲大社

このように、出雲大社において、世に「ダイコクさん」と呼び慕われる神は大己貴神と説くようになったのは江戸中期、一八世紀前半の頃からであり、この神が縁結びの神、神在月に八百万神が参集した時に縁組みの議りごとをされる、と説くようになったのは、さらに後れて江戸中期、一八世紀半ば以降のことだった。

しかしながら人々は、それよりも以前から、出雲の大社は福の神、縁結びの神、神在月に良縁を結ばれる、と認識していた。

例えば狂言『福の神』（大蔵虎明本）には、

今日は節分でござる、毎年出雲の大社へ、としを取にまいる、いつも同道いたす人が御ざる、さそひにまいらふ、大やしろで年をとつてから、一段仕合《しあわせ》がようござる[13]

とある。出雲大社に年籠もりに出かけることは毎年恒例の行事で、「一段仕合がようござる」、格別に運の巡り合わせが良い、という。この演目では、もう一人誘い合わせて出雲大社に至り、社頭で豆まきをする。そこへ「ふくの神」が現れ「汝等が、毎年とし籠《ごもり》して、うとく（有徳＝富貴）にしてくれよといのる程に、たのしう（＝幸せに）なさうと思ふて、是《これ》へ出て有《ある》よ」と述べて、その極意を語って聞かせる。

元禄五（一六九二）年に刊行された井原西鶴の『世間胸算用』巻三「神さへ御目違ひ」では、

諸国《しよこく》の神々、毎年《まいねん》十月出雲《いづも》の大社《やしろ》に集《あつま》り給ひて、氏安全《たみあんぜん》の相談《さうだん》あそばし、国《くに》々への年徳《としとく》の神極《きは》め、春の事どもを取いそぎ給ふに、京・江戸・大坂三ヶ《が》の津《つ》へのとし神は、中にも徳のそなはりしをゑらみ出し、奈良《なら》・堺《さかい》へも老功《ろうこう》の神達《かみたち》、又長崎《ながさき》・大津・伏見、それく神役《じんやく》わけて、さて一国一城《じやう》の所、あるひは船着《ふなつき》・山市《さんし》、はんじやうの里々を見たて、其外都にはるかに嶋住《しまずみ》・ひさしのひとつ屋までも、餅《もち》つきて松たつる門《かど》に、春のいたらんといふ事なし[14]

参集した神々が、氏子の安全を議り、国々所々の年徳の神を選出するという認識があったことを窺わせる。

また十月の出雲は神有月、大社は縁結びとする認識に

ついては、神在月の謂われを題材とした観世弥次郎長俊《ながとし》（一四八八～一五四一）作の謡曲『大社《おおやしろ》』の、間《あい》狂言に、神主が、

> 日本六十六箇国の神々当月はこの大社へ参り給ふ、その故は、天下安全の御守りなさるべしと懇《ねんごろ》に仰《おお》せ合《あわ》され、又男女夫婦の縁をも御定めなさる御事にて候、さるによつて余の国は神無月、当月は神々の集まり給ふにより神有月と申し候[15]

と述べる件がある。ただし観世宗節《そうせつ》（一五〇九～一五八三）本には間狂言はなく、貞享四（一六八七）年本にはじめてみえている。

これに対して貞享三（一六八六）年に刊行された西鶴の『好色五人女』巻一「状箱は宿に置て来た男」には、

> 此《この》参りの中に只壱人信心《しんじん》の者あり、高砂《たかさご》の炭《すみ》屋の下女、何心もなく、足手《あして》そくさいにて又まいりましよ、と（室《むろ》の明神に）拝《おがみ》て立しが、こもどりして、私もよき男を持してくださりませい、と申、それは出雲《いづも》の大社《あふやしろ》を頼《たの》め、こちはしらぬ事、といふたれども、ゐきかずに下向《げかう》しけり[16]

また『世間胸算用』巻一「伊勢海老は春の栬《もみぢ》」に、

> 多賀《たが》は命神《いのちがみ》、住よしの船玉《ふなだま》、出雲《いづも》は仲人《なかふど》の神、鏡《かゞみ》の宮（内宮末社）は娘《むすめ》の顔《かほ》をうつくしうなさる、神、山王《さんわう》は二十一人下々をつかはさしやる神、いなり殿は身躰《しんだい》の尾が見えぬやうに守らしやる神と、宮《みや》すゞめ声《こゑ》々に商《あきな》ひ口をたゝく

とある。すなわち一七世紀初頭までには「出雲大社＝福の神」の認識が、それにやや遅れて「出雲大社＝縁結びの社」という認識は、一七世紀後半には巷間に流布していたことが知られるのである。

六　まとめ

前述のように、出雲大社においてオオナムチが祭神として復古を遂げたのは一七世紀なかばの寛文造営期、また世にいうダイコクさんが出雲大社のオオナモチであるという見解が全国に知らしめられたのは、一八世紀前半、享保一〇（一七二五）年に広められた『御縁起』からのことだった。通信手段が高度に発達した現代にあっては、情報は即時的に伝達され、浸透するが、電信すらなかった近世においては、出雲大社の祭神が転換し、神仏分離を果たした情報は容易に広まるものではなかった。

元禄元（一六八八）年以降の成立と考えられる『出雲

国巡礼記』は、杵築にほど近い里に住む老夫婦が国内の由緒ある寺社を巡る、参詣記の体裁をとる物語だが、近世においてなお伝えられてきた中世神話を豊かに伝える特異な資料でもある。例えば大社において大父《おおじ》（翁）は、

素盞烏の尊は姿すさまじく、御心猛く悪逆深きとて御譲りもなく配流の御身となりて此社に引篭り御座します、神代の御社は、高サ三十二丈、宮柱もたくましく、唯今も神代の例を御まねび玉ふ御社也と承る、九本の御柱の立事は、九品《くほん》の浄土を像《かたど》り玉ふと承る、され共悪逆いやまさりて、御姉天照大神と不和にして、鹿島・香取の両社を御使として、よもづひら坂へ御追放有りければ、浮浪山鰐成《わになり》か嶽に御隠れ、鎮守の神と成り玉ふ、神は一躰分身にして、北谷にては摩多羅神《またらじん》、南西の山の腰に下りては牛頭天《ごずてん》皇《のう》（略）当社には御子の神・大国主の尊御座、天照大神と素盞烏の尊御兄弟なれども、いんゑんの御心さしにて五男三女出生有る、国造と申は穂日の尊、天照大神の御子、当社大明神とは御兄弟なれども、御譲りなくして家臣となり給へ、御祭の役を勉め給ふ也、左の社はみむかひの社（御向社）、東の社は稲田姫・脚摩乳《あしなづち》・手摩乳《てなづち》御殿に御座す、右の社は筑紫の神社（略）当社の御神体垂跡《すいぜき》を色々様々に申なし候、本地《ほんじ》阿弥陀如来抔《など》と言《いう》はいかに

と、「齢《よわい》三十の内の男、烏帽子《えぼし》装束由々《ゆゆ》しく着、笏《しゃく》を持つ」社人に尋ねたところ、

扠《さて》も麁忽《そこつ》の道者哉《どうじゃかな》、日本大社の大神なるを、仏とは何事ぞ、惣して神道の家よりは仏道と云事をば沙汰にもせず、麁相成《そそうなる》人の言《いう》事也と、四角の目を八角に見出し、あいそなけに叱られける[17]

神を仏と同体に語るとは何事かと叱られた。ところが大父はこれにひるむことなく、延々と反論を述べたので、社人は「かゝる六ヶ敷《むつかしき》巡礼哉」、辟易して過ぎ去っていったという。祭神がオオナモチに復古したことは理解しても、神仏分離が果たされて三〇年余を経た時点でなお、それを理解・受容し得ない高齢者が出雲国内にいたのである。他国に住む人々であればなおさらだったろう。

また前述した狂言、謡曲、西鶴の浮世草子にみるように、『のつとうかぐら』に『そさのおの尊』とある以外は、いずれも出雲の大社とあって祭神名は出てこない。しかし出雲大社は福の神、ついで夫婦男女の縁結びの神という認識は、『御縁起』や『大社幽冥誌』が出るよりも前に世に広く知られていたことを示唆する。

出雲といえば夫婦男女の縁結びの神、という認識は、中世において祭神がスサノヲであり、古く一六世紀には大蛇を退治した後、宮居を建てた「すがの里」（清地・素鵞）が出雲大社の地に他ならないとされたことが大きく起因していると考えるのが自然であろう。これを踏まえて『御縁起』もスサノヲを「和歌の祖神とも申、亦は夫婦えんむすひの神」として、祭神・オオナモチをその御子神として位置づけていた。

　これが垂加等の影響を受けて神学が深められるにつれて、オオナモチはスサノヲの単なる御子神ではなく、その正当なる後継者として、「明理本源の神聖」「初より国家大功の神」として、多岐にわたる神徳を発揮し、ついに葦原中津国経営の大業をなし遂げた神と位置づけられた。また国譲りによって顕露の政務は皇孫尊に譲られた代わりに、幽事の政務を主宰することになったことについても、『御縁起』は、

　天照太神の御孫へ大己貴命より顕露の事を御譲りましましより、日本国中一統に大平の化を成就ましましける

とあるばかりで、幽事については触れていないが、『大社幽冥誌』が著された段階では、神在月において八百万神を参集せしめ、「其国々におゐて規矩をたて、かくれのことの制禁をとる」とともに、「縁を結び玉ふ」ことがオオナムチの幽事における具体的政務として挙げていた。出雲大社において夫婦縁結びを司る役割は、スサノヲからオオクニヌシへと継承されたのである。

　ところが一方で、庶民の間では、こうした出雲大社における教義の深化とは無関係に、遅くとも江戸初期には福の神、ついで縁結びの神と慕い仰ぐようになっていた。それは中世における祭神がスサノヲであることが関わっていると考えられることは前も述べた通りだが、ではなぜ「御心猛く悪逆深き」神ともされたこの神が福徳の神と認識されるようになったのだろうか。

　観世宗節本の「大ヤシロ（大社）」[18]には、

　四カイアンセンニ　クニヲサマリ　〳〵ツテ　ゴ、クシヤウシユ　フクシユ　エンマンニ　イヨ〳〵キミヲ　マモルヘシ（四海安全に、国治り、治って、五穀成就、福寿円満に、いよいよ君を護るべし）

とあって、一六世紀初頭には、諸神参集の目的は、四海安全・五穀成就・福寿円満・皇室守護であるとうたわれていた。すなわちこれによって出雲大社の祭神＝福の神という認識が世に定着する基盤となったのだろう。

このように、出雲大社の祭神は、中世から近世にかけてスサノヲからオオクニヌシへ転換を遂げたものの、一貫して福徳の神、縁結びの神として神徳を垂れ、また人々からも篤い信仰を集めてきたのである。

【注】

1　杉本鉞子著・大岩美代訳『武士の娘』（筑摩書房、一九六七年）

2　島根県古代文化センター調査研究報告書六『出雲大社の祭礼行事―神在祭・古伝新嘗祭・涼殿祭―』（島根県古代文化センター、一九九九年）所収

3　島根県古代文化センター『しまねの古代文化』第一四号（二〇〇七年）

4　佐草自清「御造営日記」寛文二年四月五日条。西岡和彦『近世出雲大社の基礎的研究』（大明堂、二〇〇二年）参照

5　島根県古代文化センター調査研究報告書三〇『出雲大社の御師と神徳弘布』（島根県古代文化センター、二〇〇五年）

6　京都大学文学部所蔵。石塚尊俊編『出雲信仰』（雄山閣、一九八六年）参照

7　『日本書紀　上』（日本古典文学大系六七、岩波書店、一九七六年）

8　内神社所蔵。島根県古代文化センター『神々のすがた・かたちをめぐる多面的研究』（島根県古代文化センター、二〇一一年）所収

9　池田広司・北原保雄『大蔵虎明本狂言集の研究』本文編・上、（一九七二年、表現社）所収

10　前掲５所収

11　鎌田純一『先代旧事本紀の研究』上巻・校本の部（國學院大學日本文化研究所、一九六〇年）所収

12　島根県立古代出雲歴史博物館所蔵

13　前掲９所収

14　『西鶴集　下』（日本古典文学大系四八、岩波書店、一九六四年）所収

15　『大社町史　史料編　古代・中世』下巻（大社町史編集委員会、一九九七年）所収

16　『西鶴集　上』（日本古典文学大系四七、岩波書店、一九六三年）所収

17　島根県立図書館所蔵

18　『観世文庫所蔵室町時代謡本集』翻印篇（財団法人観世文庫、一九九七年）所収

第4章

出雲神楽と石見神楽（第5回講座）

大土地《おおどち》神楽に見る「素人神楽」の歴史と地域社会……錦織稔之

大土地神楽の歴史は少なくとも江戸中期の宝暦年間にまでさかのぼる。当時、神楽は神職の務めであり、原則神職にしか許されていない神事芸能だった。そんな中、大土地神楽は神職ではない素人による神楽として芽生え、度重なる差し止めの危機をも切り抜ける。なぜそれが可能だったのか。この謎を探るとともに、今に受け継がれる独特な伝承スタイルにもスポットを当てる。

にしこおり・としゆき
島根県教育庁文化財課古代文化センター専門研究員。昭和四十六（一九七一）年、島根県に生まれる。明治大学文学部史学地理学科卒業。島根県内の公立学校教諭、島根県立古代出雲歴史博物館専門学芸員を経て現職。専門は民俗芸能、近世の芸能史。
【編著書・論文等】
『中国地方各地の神楽比較研究』（古代文化センター／共著）、『石見神楽の創造性に関する研究』（同センター／共著）、「石見銀山領邇摩郡における出雲神楽の広がり」（『古代文化研究』第二十三号、同センター）ほか

はじめに

大土地神楽は、出雲市大社町杵築西の大土地荒神社《こうじんじゃ》に伝えられてきた神楽である。同社は、旧杵築六か村の内、旧大土地村に鎮座していることからこの名が付いているが、同村だけでなく旧中村《なかむら》をも氏子域としてきた。そのため、古くは「両村《りょうむら》神楽」と呼ばれることが多かった。大土地・中村地区は、現在では大社町旧市街域の西外れのような印象を受けるが、少なくとも中世以降、近代に至るまでは、杵築の町場の一画を占めた地区である。中世以来の大社参詣道の一つが、両地区の中央を南北に貫き、多くの商家が軒を連ねていた。また、海浜にも面することから、廻船業や漁業に従事する者も多くあ

り、旧家の屋敷や古い史料を垣間見ると、往事の活況振りが窺える。経済的な繁栄は文化的水準の向上にも寄与する。詳しくは後述していくが、国の重要無形民俗文化財となる神楽が伝承されるにふさわしい土地柄と言えるのが、この杵築の両地区である。

一　現在の大土地神楽

大土地神楽の維持・継承に努めているのは「大土地神楽保存会」である。「保存会」を称する団体の多くは、実際に芸能を保持する一団を指すことが多いが、この「大土地神楽保存会」は「大土地荒神社氏子会」とイコールで結ばれる。つまり実際に神楽を舞うわけではない氏子をも含めた組織である。そのため、実質的な神楽保持者は「大土地神楽保存会神楽方」であり、文化財保持者として認定されている団体もこちらとなる。

なぜ、大土地荒神社の氏子全体を「大土地神楽保存会」としているのか。この点が大土地神楽の特色の一つでもある。

（一）氏子全体で支える大土地神楽

「大土地神楽保存会」こと「大土地荒神社氏子会」は、大土地・中村地区の六町内の氏子で構成される。「下《した》大土地」「上《うえ》大土地」「永徳寺坂《えいとくじざか》」「西立小路《たてこうじ》」「中村町」「上《うえ》中村」である。各町内の代表者が年番で「祷家《とうや》」（頭屋）を務め、その町内全体で荒神社の祭礼と神楽を支える体制が採られている。祷家とその町内が担う主な役割は以下の通り。

①一年間荒神社の御霊代《みたましろ》を祷家が奉斎
②例大祭の諸準備
③神楽方に酒肴料の一部を出す
④神楽には祷家町内から子どもの舞子を出す

ここでとりわけ注目したいのは④である。大土地神楽には、子どもが舞うべきものとする舞や演目がいくつかあり、それらを祷家町内の子どもたちが務める。祷家は年番で回ってくるので、六年で全町内を一巡する。よって氏子の子どもたちは幼少期に一度ないし二度、神楽を舞う機会を得る。これが他所にはない大土地神楽の特色でもあり、「大土地神楽保存会」が全氏子で構成される所以でもある。

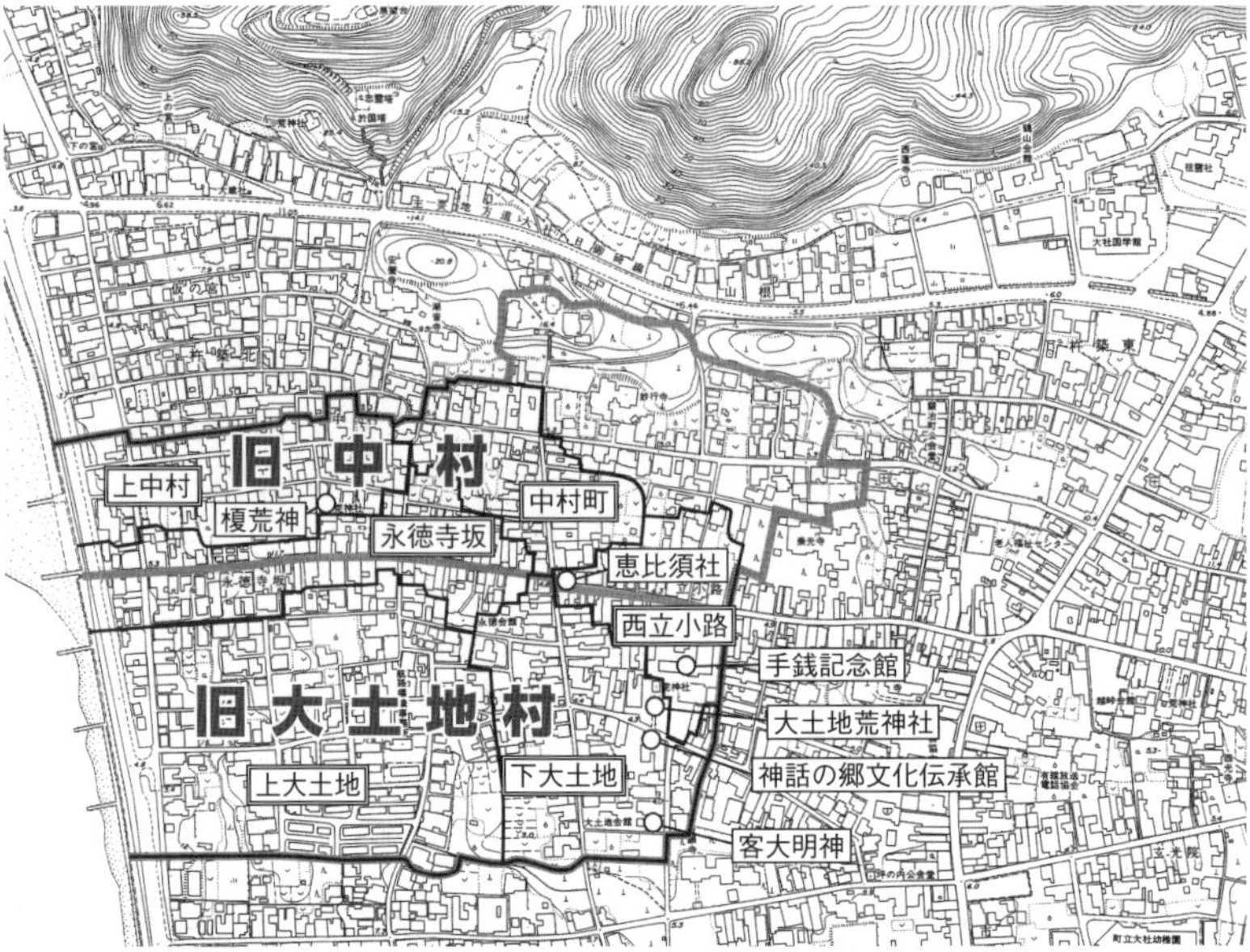

図1　大土地・中村地区とその周辺
『大土地神楽』（島根県古代文化センター、2003年）から転載。

（二）大土地荒神社例大祭での神楽奉納

大土地荒神社の例大祭は十月二十五日に近い土曜日。平成十三年までは十月二十五日だったが、社会状況と生活環境の変化もあり、翌平成十四年以降は「十月二十五日に近い土曜日」に変わった。

祭りの数日前に、境内には特設舞台が組まれる。これを「舞座」と呼ぶ。そして常設の道具保管庫兼稽古場である「宝蔵庫」（神話の郷文化伝承館）の二階から「舞座」へ橋が渡される。これを「浮橋」と呼ぶ。「宝蔵庫」を楽屋とし、そこから「浮橋」を経て「舞座」に渡る仕掛けとなっている。言うなれば、能舞台の「橋がかり」のような舞台構造である。

さて、前日の金曜日の夜が「前夜祭」。二十時より社殿内で祭典が執り行われるが、併せて「舞座」で神楽も行われる。概ね十八時から深夜三時頃まで。ただ、これは正式な奉納ではなく、仕上げ稽古とも言うべき「本ならし」。本番と同じ番組で、本番さながらに演じられる。

翌土曜日が「例大祭」。まずは九時から境内広前で「的射《まとい》祭」が行われる。大きな的に目掛けて宮司が矢を射る。これは出雲大社の大祭礼でも行われる魔除けの儀。重要な祭典に先立って場が祓われる。次いで宮司をはじめ責任役員や関係者は祷家宅へ向かう。祷家宅には御祭神の御霊代が預けられている。そして祭壇の御霊代を前に、「今《こん》祷家祭」が執り行われる。一年に亘った祷家宅での奉斎がこれで終わる。御霊代の遷座にあたっては行列が組まれる。番内《ばんない》が先導し、祷家は御霊代を捧持。神楽方も行列に加わり、道中で楽を奏でる。荒神社に着くと、「例祭」が執り行われる。一年で最も重要な大祭式の祭典である。そして祭典終了後、祷家（今祷家）と来《らい》祷家が御霊代の前に並び、宮司の仲立ちにより「祷渡しの儀」が行われる。これにて御霊代は来祷家に託され、今度は来祷家宅へ向けて行列が出発する。一行が来祷家宅に至ると、御霊代は祭壇に据え置かれ、「来祷家祭」が執り行われる。こうして以後一年間、来祷家が御霊代を奉斎するのである。ここまでの諸神事は概ね午前中で終わる。そしてその夜、十八時から「舞座」において神楽の本奉納が行われる。約二十もの演目が延々舞い続けられ、成就するのはおよそ深夜三時頃。この夜こそ、神楽方にとっては何より重要な氏神への奉納の機会。また、十月初日より稽古を重ねてきた祷家町内の子どもたちにとっても、この夜がハイライトとなる奉納かつお披露目の機会になる。

写真１　大土地荒神社

（三）神楽の構成と保持演目

出雲神楽であるので、その構成は、前半に神事性の強い儀式的な採物舞《とりものまい》を連続させる「七座《しちざ》」と、後半に法楽と余興を兼ねた神楽能を演じる「神能《しんのう》」からなる。ただ、大土地では「神能」とは呼ばず、「神楽」と称している。また、通常出雲神楽では「神能」の幕開けに「式《しき》三番《さんば》」の舞を入れるが、ここではそのしきたりはなく、その舞を保持してもいない。現在保持している舞と演目は以下の通りである。

「七座」…塩清目《しおきよめ》・悪切《あくぎり》・茣蓙舞《ござまい》・神降ろし・八乙女《やおとめ》・手草《たくさ》・幣《へい》の舞《まい》・剣舞《けんまい》（四方剣《しほうけん》）

「神楽」…八千矛《やちほこ》・山の神・小恵比須・大恵比須・五行《ごぎょう》・野見宿禰《のみのすくね》・三韓《さんかん》・切目《きりめ》・日本武《やまとたける》・茅《ち》の輪・田村・荒神・八戸《やと》・岩戸

この内、子どもが舞うものとしているのは、〈茣蓙舞〉・〈八乙女〉・〈剣舞〉・〈小恵比須〉と、〈山の神〉の春日明神役。その他、〈神降ろし〉を除く「七座」を子どもに舞わせることもある。

（四）国指定の文化財として評価された特色

平成十七年、大土地神楽は国の重要無形民俗文化財に指定された。特に評価されたのは次の三点である。

①江戸時代中期から、神職ではなく地域の人々が儀式的な舞と演劇的な舞を演じてきたものである。

②神職による神楽では、その神事性により通常成人が演じる役を、ここでは子どもたちが担当して演じるなど娯楽性を優先する工夫を加えて伝承されている。

③この神楽は、芸能の変遷過程や地域的特色を非常に良く示す民俗芸能である。

本項「現在の大土地神楽」の中で、②の点と、③の「地域的特色」については、多少なりとも触れ得たと思える。現行の大土地神楽を観察するだけでも、他所とは異なるこの神楽の特色を見出すことはできる。ただ、現在の形ができ上がるに至った歴史的過程を見ることで、さらにいっそうこの神楽の特色が浮かび上がる。

次項では、近世の出雲における神楽がどういうものであったのかを概観しておきたい。そこから大土地神楽がいかに特異な存在であったのかが見えてくるだろう。

写真２　特設舞台「舞座」

写真３　背後から見た「舞座」

写真４　的射祭で矢を射る宮司

写真５　今祷家祭

写真６　祷家宅から荒神社へ向かう行列

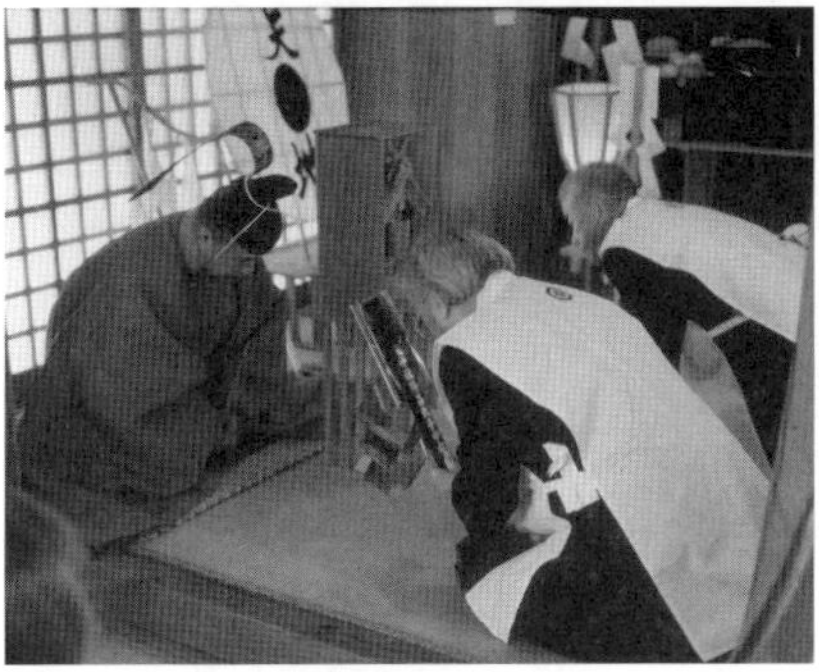
写真７　祷渡しの儀

写真８　「七座」の〈茣蓙舞〉

写真９　「神楽」の〈野見宿禰〉
※写真２～９は平成13年撮影。（写真／島根県古代文化センター）

二　近世の出雲における神楽

「神楽」とは、神祭りの場で執行・奉納される神事や芸能を広く指し示す用語のため、「神楽」の名で呼ばれる対象は、時代や地域により多岐にわたる。そこでこれら「神楽」をどう分類するかが多くの研究者により手がけられてきた。本田安次氏や三隅治雄氏がその代表格だが、特に三隅氏は、出雲神楽をはじめとして、中国地方や四国地方、九州地方等に多く分布する神楽を「採物神楽」と呼んだ。この種の神楽が、舞うにあたって手に持つ採物を殊更重要視する点に着目したためである。この他、同列の分類には、「湯立神楽」や「獅子神楽」、「巫女神楽」があるが、いずれもそれぞれの神楽が何を重要視するかに視点を置いた分類である。

さて、話題を「採物神楽」に戻す。この種の神楽を誰が演じ、誰が保持していたのかは、古く中世においては修験者（山伏）が主流だったと考えられている。それが近世になると、大部分は神職の手に委ねられていく。もちろん、出雲の神楽もその例に漏れず、神職により演じられ、保持されてきたものである。

（一）佐太神社における佐陀神能の成立

「七座」＋「神能」という出雲神楽の基本スタイルがいつ頃成立したのかだが、伝承では佐陀大社（現佐太神社）の上官（幣主祝《へいぬしはふり》）宮川兵部少輔《ひょうぶのしょう》秀行が慶長十三（一六〇八）年に上京した折、能・狂言に魅了され、その手法を従来の神楽に採り入れて形作ったとされる。実際、宮川秀行がその年に神祇《じんぎ》管領長上《かんれいちょうじょう》の卜部氏（吉田家）より拝受した神道裁許状が、子孫の宮川家に伝わる。

「神能」を史料上で確認できる最初の事例は、寛永十六（一六三九）年、佐陀大社の仮遷宮の次第を書き留めた「當社下遷宮次第之事」である。史料の全文は『神道大系　神社編　出雲・石見・隠岐國』（神道大系編纂会、一九八三年）に所収されている。関係部分を次に引用するが、宮川康秀氏所蔵の原本と照らし合わせて一部修正を加えている。

なお、以下史料の翻刻に当たっては、異体字や変体仮名などは現行のものに改めたが、助詞の江（え）・而（て）・与（と）・者（は）・茂（も）や、合字のゟ（より）などはそのままにしている。

（表紙）
「　寛永拾六己卯歳
　當社下遷宮次第之事
　　五月三日成就畢
　　　　　　秀右（花押）」
（〜〜前略〜〜）
一、神能仕社家人数之事
　吉岡　　門脇宮内　同式部
　左《宮廻》□進　同和泉　野津大蔵
　薩摩《長江》　足立外記　岡本伊記
　清吉岩見（吉清石見）　同肥後　田渕刑部
　右拾弐人〆　神能五番法楽仕事
（〜〜中略〜〜）
　寛永十六己卯五月六日　　幣主秀右（花押）
　　　　　　　　宮川祢貴（祢宜）之祝

「神能」を演じたのは神職十二人であり、それを法楽に際し五番行ったとある。この史料が「神能」の初見史料であるとともに、それを演じたのがすべて神職だったことがわかる。

承応二（一六五三）年頃に黒澤石斎が著した『懐橘《かいきつ》談《だん》』（上巻）には、松江城下の諸社での神楽の様子が詳しく描かれている。そこでは七番の採物舞からなる「七座の神事」と、〈切目〉や〈八戸坂《やとがさか》〉、〈大社《おおやしろ》〉などの「能」が行われていた。つまり、「七座」＋「神能」の神楽スタイルが完全に成立していたことがわかる。

元禄十（一六九七）年、幕府の裁定を経て、出雲国内の神社と神職は、六郡半が杵築大社両国造家の触下に、三郡半が佐陀大社三神主家のそれに確定した。とは言え、杵築と佐陀それぞれの触下神職の間の交流が完全に遮断されたわけではなさそうで、神職同士の婚姻なども活発に行われていた。そのような中で、能・狂言に範を取った格調高い佐陀流の神楽式は、三郡半を越えて杵築触下の域内へも次第に伝播していった。「七座」＋「神能」のスタイルを踏襲した神楽は、その後出雲国内全域に根を張り、さらに国外では、確実なところで南は備後国の恵蘇《えそ》郡（現庄原市）へ、西は石見国の邇摩郡湯里村（現大田市温泉津町湯里）にまで及んだ。

（二）出雲市域における神職神楽の実例

「七座」＋「神能」の神楽スタイルを現在の出雲市域で

確認できる最初の事例は、明和七（一七七〇）年の神門郡鷺浦（現出雲市大社町鷺浦）での神楽になる。勿論、実際にはそれ以前にさかのぼることができようが、未だ確かな史料を確認できていない。さて、その明和七年の神楽だが、「神楽役指帳」と呼ばれる配役予定表が残されていたおかげで、神楽の式次第から演目名と役名、そして役者が誰なのかまでの一切を把握できる。この史料は鳥屋尾博昭氏の所蔵で、拙稿「江戸中期、鷺浦における神職神楽について　―明和七年役指帳の翻刻と分析―」（『大社の史話』一六八号、二〇一一年）に所収している。それをまとめたものが表1である。

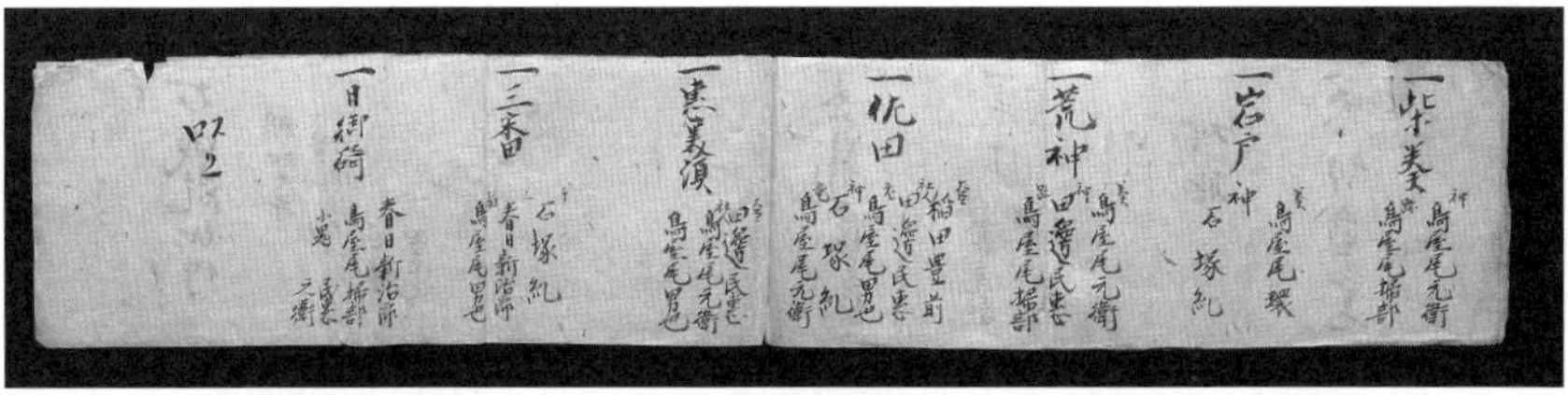

写真10　明和７（1770）年神門郡鷺浦で行われた神楽の役指帳
〔縦12.5cm×横33.5cm〕（所蔵／鳥屋尾博昭氏）

この時の神楽で注連主《しめぬし》（斎主）を務めたのは石塚美樂。副斎主の役回りは鳥屋尾環が務めている。なお、この石塚・鳥屋尾の両家は杵築大社の注連職を代々世襲した家筋で、石塚家が千家国造家方、鳥屋尾家が北島国造家方だった。そして大土地荒神社の社司についても両家が年番交代で務めていた。そのため、大土地村・中村の氏子たちに神楽を伝授したのも、おそらくこの両家に関係する者たちだったと思われる。

まずは、近世の神楽が神職によって演じられ、保持されていたということを確認しておきたい。

三　素人神楽としての大土地神楽

前項において、近世の神楽が神職により演じられ、保持されていたことについて実例を挙げて述べた。逆に神職ではない素人が神楽を舞うことは原則禁じられていた。それが素人にも解禁となったのは明治時代に入ってからのことである。ただ、すんなりというわけではなく、明治初年には神職だろうが素人だろうが、旧来の神楽自体を行うことが禁じられた数年間があった。それが明治八年に至り、次の趣旨による布達が島根県から出さ

表１　明和７（1770）年神門郡鷺浦で行われた神楽の次第と関係した神職

		舞・演目の次第	役名	役者	役者の本務社およびその所在地 ※（　）内は現在の社名・地名。
七座御神事	1	入拍子（入申）		鳥屋尾掃部	高浜八幡社（高浜八幡宮）／矢尾村（出雲市矢尾町）
	2	榊舞		氏子	
	3	劔舞		鳥屋尾男也	恵美須社（龍・恵比須神社）／赤塚村（出雲市大社町杵築西）
				稲田豊前	大土神社・八幡宮（大土神社）／堀江村（出雲市平野町）
				鳥屋尾元衛	阿式大明神（阿須伎神社）／遥堪村（出雲市大社町遥堪）
				田邊民恵	熊野権現（火守神社）／宇那手村（出雲市宇那手町）
	4	潮清		石塚　紀	八幡宮（常世神社）／常松村（出雲市常松町）
	5	御座		石塚豊治	※石塚紀の子か孫か。
	6	勸請（勧請）		鳥屋尾環	杵築大社注連職
			神喜	田邊民恵	〔既出〕
				鳥屋尾元衛	〔既出〕
	7	八乙女		有理	※「有理」は巫女の意。どこの巫女かは不明。
	8	太諄辞（太祝詞）		石塚美築	杵築大社注連職
	9	手艸（手草）		田邊民恵	〔既出〕
				鳥屋尾元衛	〔既出〕
神能	1	悪切		鳥屋尾男也	〔既出〕
	2	柴奏（柴叟）	神	鳥屋尾元衛	〔既出〕
			跡	鳥屋尾掃部	〔既出〕
	3	岩戸	奏（奏神）	鳥屋尾環	〔既出〕
			神	石塚　紀	〔既出〕
	4	荒神	奏（奏神）	鳥屋尾元衛	〔既出〕
			神	田邊民恵	〔既出〕
			跡	鳥屋尾掃部	〔既出〕
	5	佐田（佐陀）	大臣	稲田豊前	〔既出〕
			社人	田邊民恵	〔既出〕
			老	鳥屋尾男也	〔既出〕
			神	石塚　紀	〔既出〕
			竜（竜神）	鳥屋尾元衛	〔既出〕
	6	恵美須	大臣	田邊民恵	〔既出〕
			社人	鳥屋尾元衛	〔既出〕
			（神）	鳥屋尾男也	〔既出〕
	7	三番（式三番）	千（千歳）	石塚　紀	〔既出〕
			三（三番叟）	春日新治郎	山王神社（安子神社）／常楽寺村（出雲市湖陵町常楽寺）
			翁	鳥屋尾男也	〔既出〕
	8	日御碕		春日新治郎	〔既出〕
				鳥屋尾掃部	〔既出〕
			小鬼	民恵	〔既出〕
				元衛	〔既出〕

れたことによって、晴れて素人神楽が合法的に演じられるようになる。

一　十月三十日、去ル一月十五日ノ達ニ因《（より）》リ、縣社及郷社従来因襲ノ神賑原由取調書差出シ、事實《（事実）》既ニ明着ナルニヨリ、従来因襲ノ者ハ願ニ不及、之ヲ擧行《（挙行）》スルヲ許シ、猶其改良スヘキヲ申誡シ、管内ニ布達スル如左
神社祭禮《（祭礼）》ノ節、民俗因襲ノ神賑原由等、既ニ各社ヨリ取調書進達候ニ付テハ、従来仕来ノ神賑ハ不及願、其種目十日以前届出、施行差許候、尤右神賑ノ内、芝居・手踊・俄藝《（俄芸）》、其外雑戯《（雑戯）》ニ属スル分ハ、可成丈《（なるべくだけ）》ケ神樂式等ニ相改メ、華奢《（かしゃ）》ニ流レス、猥褻《（わいせつ）》ニ陥ラス、古雅・質朴ヲ主トシ、敬神ノ道ニ於テ乖戻《（かいれい）》無之様、
可致事

（「明治八年島根縣歴史政治部」島根県立図書館蔵）

ところが、このような全体的な流れに対し、大土地神楽は既に宝暦年間（一七五一～一七六四）には素人神楽として記録に現れ始め、江戸時代後期の一九世紀になると、松江藩も公認する素人神楽となる。この辺りの経緯を本項では詳しく述べていきたい。

（一）宝暦年間までさかのぼる素人神楽の先駆け的存在

第一項において、現在でも祷家とその町内が荒神社の祭礼と神楽を支える重要な役割を果たしていることは述べた。現行のように六町内の順番持ち回り制となったのは昭和二十二年からだが、祷家の役割自体は無論それ以前にさかのぼる。

寛政十（一七九八）年に書き起こされ、昭和十年まで代々の祷家が書き綴った「祷家順番帳」が今日まで伝わる。本史料は手銭白三郎氏の所蔵で、『大土地神楽』（島根県古代文化センター、二〇〇三年）に所収している。なお、以下に引用するに際しては、再度写真を確認し、一部修正を加えている。その序文は次の通りである。

八雲たつ清の里に六つの邑あり、中にも此ふた《（二）》村はことに古くして、いにしへハこゝにのミ交易の市をなせしと聞え侍る、むかしよりこの二村をまもり給ふ荒神乃社あり、神在月の末乃八日《（十月二十八日）》を祭日とす、其はしめ《（初め）》ハいと古くして、しりかた《（知り難）》けれハ略し侍り

ぬ、**されハ氏子の人々集り来りて祷家を定め、年々に神楽をなして神乃御心をすさめ奉つるに、いつしか是をしらふ《素人》と神楽と呼ふ**、さるを玄英の末は空も寒けく、時雨こぬ日もともし《乏》けれハとて、ことししきりに御鬮《みくじ》を乞い奉まつりて、長月乃中の六日《九月十六日》を祭日と定む、猶幾久しく千秋万歳神徳を仰き、毎家繁して此事怠なからしめんがために、順番一帳をあらため、寛政十年戊午のとしの祷家と呼れて手銭雅硯つたなき筆を
染るならし

この序文を記したのは、この年祷家を務めた手銭雅硯こと手銭官三郎である。太ゴシックで示した部分にあるように、氏子の中から祷家を定め、神慮を慰めるために年々神楽を

写真11　「祷家順番帳」〔縦35.0㎝×横25.0㎝〕
（所蔵／手銭白三郎氏、写真／島根県古代文化センター）

行ってきたが、それをいつしか素人神楽と呼ぶようになった、とある。

この「祷家順番帳」は寛政十年の書き起こしだが、序文に続いて、宝永六（一七〇九）年までさかのぼって歴代祷家の名を記す。そこにはいくつか特記事項も記されており、神楽に関することを抽出すると次の通りである。

一、同（宝暦）十一辛巳《一七六一》　手銭白三郎
此年より小児を舞しむ
一、同（安永）四乙未《一七七五》　手銭白三郎
此年より舞座を廣前ニかくる
一、同（寛政）四壬子《一七九二》　石飛太右衛門
此年ゟ鶴見良蔵、子供へ手を附、只今通ニ成ル

さかのぼりのため、厳密には一次史料とは言い難いが、宝暦十一年・安永四年とも、祷家を務めたのはこれを記した手銭官三郎の祖父、初代白三郎であり、その白三郎本人も寛政三年までは存命であったことから考える

と、そう不確かな記述とも思えない。
　これを補強するものとして、宝暦十四（一七六四）年の「神門郡　杵築・鷺　神社差出帳」がある。本史料は鳥屋尾博昭氏の所蔵。その大土地荒神社に関する記述は次の通りである。

神門郡杵築大土地村神社指出
大土地村
一、生土《（産土）》荒神社　但　旧号　多比祭神社
　　　　　　　　　　　　　　阿比利神社
　　御神号　奥津彦命
　　　　　　土祖神
　　　　　　奥津姫命
一、本社間敷　貳《（弐）》尺五寸ニ四尺
一、拝《（拝）》殿間敷　壹《（壱）》間四尺・貳間壹尺
一、社地間敷　東西四間壹尺
　　　　　　　南北貳拾間
一、鳥居間敷　高　壹丈
　　　　　　　横　九尺
一、馬場間敷　拾五間貳尺
　　　　　　　横三間三尺
一、大土地村
　　中村　　　両村之生神
一、幣頭社司職　石塚美築
　　　　　　　　鳥屋尾環
　　但、官職風折烏帽子狩衣官
一、社人　無御座
一、寶物　無御座
一、社頭《（社領）》　畑貳畝　大社修理免内ヲ以

祭禮式
一、正月廿日　一万座祓
　　當日三種祓一万座誦讀《（誦読）》
一、二月　御湯清女《（め）》御神樂奏ス
一、五月　右同断
一、九月　右同断
一、十月廿七日　魔戸《（的）》姫神事
一、十月廿八日
　　當日之神事式、毎年禱屋《（祷家）》相極置、先當日神前天下國家御祈禱成就、奏神樂、此間馬場に而魔戸之神事執行ス、**夫ヨリ禱屋江歸《（帰）》、氏子中素人神事ト名附、**終日氏子**共、舞・歌・相撲有リ**

（御棟札写）

寛延己巳（一七四九）年

皇公無窮国家供福　遷宮執行祠官　鳥屋尾環

奉經（ママ）栄荒神社一宇神感納受安鎮権護（擁護カ）

穀性（ママ）豊實四民安穏　遷宮執行祠官　石塚美築

神有月廿五日

両地下氏子繁昌諸業圓満（円満）本願両村物（惣）氏子中敬白

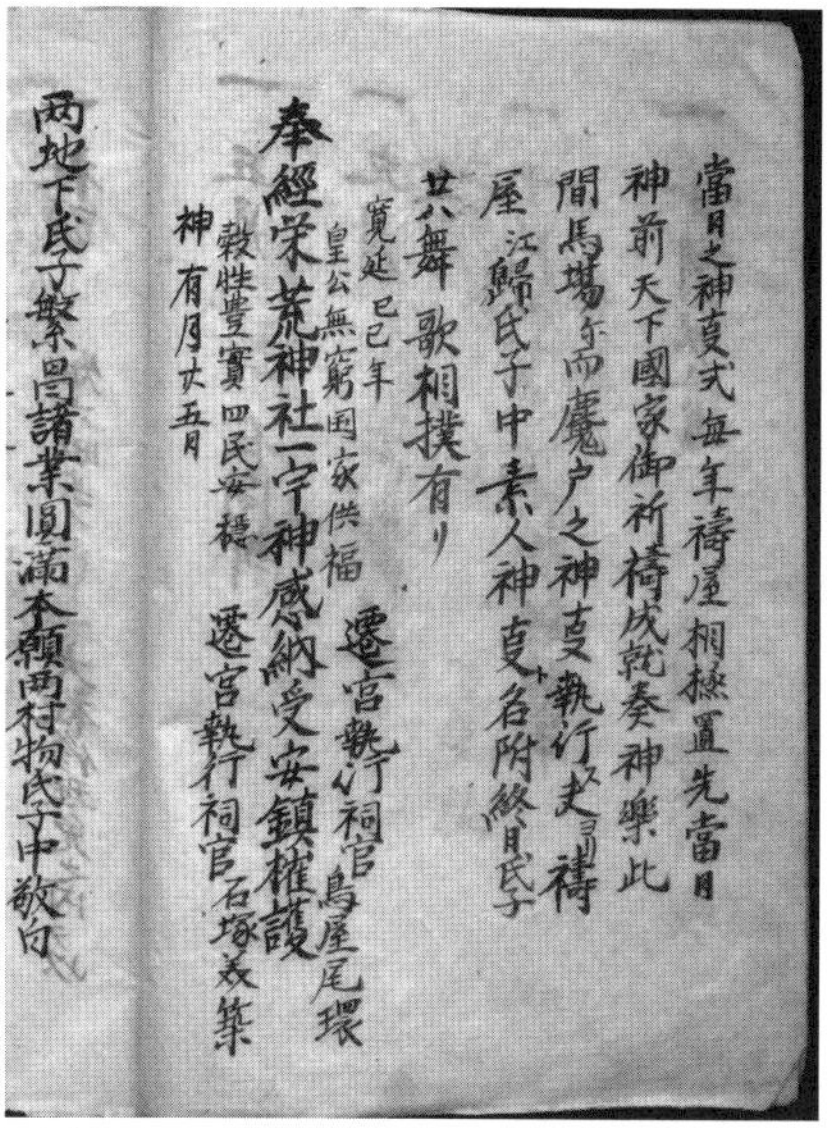

写真12　「神門郡 杵築・鷺 神社差出帳」
大土地荒神社の祭礼式に「素人神事」。
〔縦26.5cm×横19.2cm〕（所蔵／鳥屋尾博昭氏）

太ゴシックで示した部分を見れば明らかなように、的射神事の後、祷家宅にて一日中氏子たちは舞い、歌い、相撲を取ったとある。そして、これを名付けて「素人神事」と呼んだと言う。ただし、この宝暦の時点ではどのような構成の神楽が行われていたのかは定かではない。また、この当時神楽が行われていた場所は祷家宅だったと見える。それが、「祷家順番帳」の記述にあるように、安永四年から荒神社の広前に舞座が設けられ、そこで神楽が行われるようになったと捉えることができる。

この二つの史料から明らかなように、既に宝暦年間には素人による何らかの神楽が行われていたことは間違いない。

（二）豊かな商家からなる「祷家仲間」の支援

「祷家順番帳」を読むと、祷家が六町内の順番持ち回り制になる以前は、限られた氏子たちで「祷家中間（仲間）」（のち「祷家講」）を組織し、その中で祷家を務めたいとする者がそれに就いていた。もし希望者が複数あれば、御鬮でもって選出されていた。明治二十一年の荒神社遷宮に際し「祷家講則」が定められ、次いで明治四十四年に「祷家儀式」が改正されているので、それ以降の役割は明確となっている。ただ、江戸時代から明治時代前半の記録中には仲間の議定らしきものは見当たらないので、年々の祷家が記した記録の文脈から祷家の役割を読み取らざるを得ない。ここでは特に江戸時代にスポットを当てたい。

さて、祷家に課せられた役割だが、目につくのは饗応の多さと、神楽への心配りの入念さである。年間の主立ったものとしては、まず祷家仲間との「初寄合」から始まる。当然ながら、字義通りの単なる会合では終わらない。相応の飲食が振る舞われたと見える。祭りと神楽に際しては、神職への酒肴もあるし、舞子への「賄」も勿論ある。舞子への「賄」は当日だけでなく、「ならし」（稽古）の際にも不可欠だったようである。そして成就の暁には、祷家仲間との「跡勘定」。締めくくりとして、盛大な饗応がなされた形跡が見える。

また、行き届いた神楽を遂行すべく、道具や衣裳等の整備にも気を配っている。「三寶大荒神寄進帳」なる道具や衣裳等の寄進帳が伝わる。これも手銭白三郎氏の所蔵で、『大土地神楽』（島根県古代文化センター、二〇〇三年）に所収しているが、この帳面は文化年間に書き起こされ、さかのぼって天明八（一七八八）年以降の寄進物が事細かに記録されている。例えば寛政五（一七九三）年には、衣裳を用立てるために、祷家が発起人となって勧化《かんげ》（寄附金集め）に当たったことが読み取れる。

寛政五《（一七九三）》丑年
一、千はや《（千早）》弐つ　祷家大田弥吉方ニ而俄ニ存立、目
代利平太・目代吉右衛門両人直ニ
両村勧化出来申候

「千早」二着は、祷家大田弥吉がにわかに思い立ち、目代の利平太・吉右衛門がすぐに両村で勧化をしてでき上がったと。

以上のような、衣裳や道具の整備に関しては、祷家の任に就こうが就くまいが随時祷家仲間の面々は寄進に努めている。その中でも一際目を引くのは白枝屋手銭家と真紺屋石飛家からの寄進数である。手銭家については、先に「祷家順番帳」を再整したことで取り上げたが、言うまでもなく現在手銭記念館を運営する手銭白三郎氏の家に当たる。かつて江戸時代には酒造業等を営み、杵築浦の惣舟問屋頭も務めた杵築屈指の商家であり、幾度も神領杵築の大年寄を仰せつかっている。とりわけ手銭官

三郎は高い文化的素養を身に付けていたようで、寄進した神楽面はいずれも直作（自作）だったことが「三寳大荒神寄進帳」から窺える。

天明八申年《一七八八》　寄進
一、山神面　手錢官三郎
御直作也

寛政十年午九月《一七九八》
素戔嗚尊　寄進
一、脚摩乳　手錢官三郎

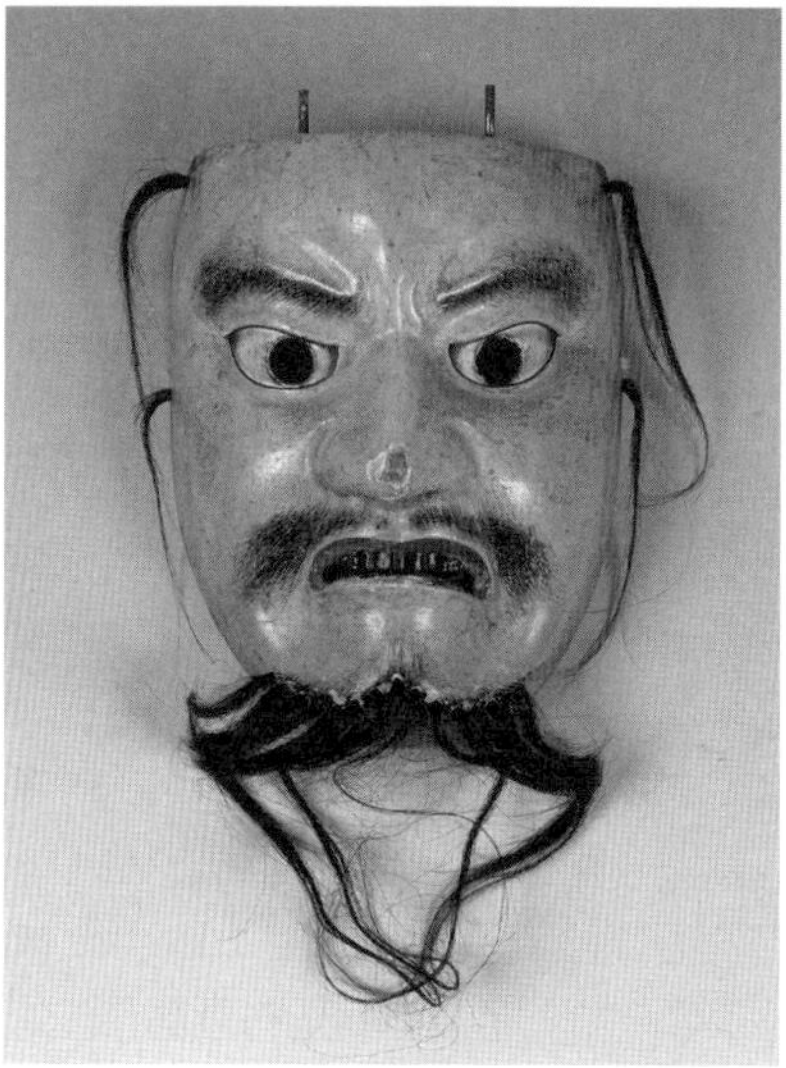
写真13　手錢官三郎直作の素盞嗚尊面
〔縦19.0cm×横16.0cm〕
（所蔵／手錢白三郎氏、
写真／島根県古代文化センター）

手摩乳
御直作也

（三）祷家にとって神楽とは

祷家を務めるには、かなりの経済的負担を覚悟しなければならなかった。現代の感覚ならば、むしろ避けたくなるような役回りに思えてしまう。

しかし、当時の氏子たちはそうは捉えていなかった。その辺りの心情を、幾人かの祷家は「祷家順番帳」に書き綴っている。

一、慶応四戊辰年《一八六八》　栂野儀平
此比《頃》ゟわけ柄ニ付、徳川家天下職御免、朝庭《朝廷》御支配ニ成、依而金札發行《発行》
（～～中略～～）
折節、市中養米不年ニ付、両村年寄衆ヨリ神樂之儀ハ用捨致し候様、被仰出、此儀、奉恐入候得共、併《しかし》私儀、祷開者数年之念願ニ御座候処、神楽無之候而者込り入《困り入》申候、（～～後略～～）

慶応四年といえば、鳥羽伏見の戦いで始まり、江戸の無血開城、長岡・会津の落城といった一連の戊辰戦争に明け暮れた年である。このような世情が混乱している最中であり、杵築市中においても養米不足の状況のため、両村の年寄衆より神楽のことはやめるよう忠告された。恐縮ではあるが、しかし祷家を務めることは数年来の念願であったので、神楽がなくては困り入る、というのである。

このような思いを抱いていたのは決して栂野儀平だけではない。ここでは紹介しきれないが、多くの祷家がこれと同じような心情を「祷家順番帳」に書き記している。祷家を務めることは何よりの慶事。そう心得ていたことが、祷家たちの熱い筆遣いから読み取れる。

四　素人神楽の差し止めに対して

江戸時代に神楽を舞い演じることが公許されていたのは原則神職のみだった。「七座」は祭式そのものなので無論だが、「神能」は法楽であり余興の側面がないわけではない。ただ、祭神の存在を目に見える形で表し、かつ祭神の功徳や武勇を氏子たちに伝える意図もあるわけで、決して地芝居などと同列に扱われるものではなかった。それが、どうも一九世紀になる頃には、あちらこちらで素人神楽が芽生え始めたようである。これに対しては、神職たちはもとより、藩としてもみすみす見過ごすわけにはいかず、その都度差し止めを命じている。

このような危機に直面し、大土地神楽はどうなったのか。またはどう対処したのか。その動きを追ってみたい。

（一）素人神楽の差し止めとは

確認できる最初の差し止めは、文化七（一八一〇）年から翌八年にかけ、神門郡内で出されている。これはどうも藩命ではなく、神門郡内の幣頭神職らが独自の殿《しま》り合い（倹約・節制に関する取り決め）として出したもののように見受けられる。まずはその史料を紹介したい。出雲市下古志町の比布智《ひふち》神社に伝わるもので、所蔵者は同社宮司の野上雄護氏である（島根県立図書館に寄託）。

（端裏書）
「文化七（一八一〇）癸午五月　素人神楽之儀ニ付、神門郡中幣
頭殿り合触　幣下受判書付」

態申入候、然者近年諸社之氏子之者相集り、素人神楽与号し、官服等を着し、七座神事、且神能之真似いたし候方有之旨、及承候、尤社司手前者内分ニ而俗人相集り、右躰之取扱いたし候段、相聞へ候得とも、其村所ニおゐて之儀、社司存申間敷《まじき》段、無之事ニ候、全表向者社司不存躰ニ申成し、氏子江致會釈《会釈》候取斗《取計》与被存、甚不埒之至ニ候、以来氏子ゟ社司江懸合、右躰之儀致し候事ハ勿論、たとへ社司江不及聞候共、内々不承儀、無之道理ニ候間、左候ハヽ《はば》、早速村役人并氏子江茂懸合、急度差留可被申候、若《もし》内分ニ取斗、後日ニ相知レ候ハヽ、以之外之儀ニ候、氏子江及懸合候而も不得其意候ハヽ、早速其段受口幣頭江可被申出候
右之通、銘々共仲ま《仲間》集會《集会》之上、一統申談、銘々幣下江申触候、以上

文化七年
四月
(西園村　妙見神社　幣頭)秦帯刀
(上塩冶村　塩冶八幡宮　一社立)秦斎記
(矢尾村　来成天王社　幣頭)松浦左近
(松寄下村　朝山八幡宮　幣頭)朝山能子
(東神西村　神西八幡宮　幣頭)武田諸栄
(芦渡村　比布智神社　幣頭)春日大江
(知井宮村　智伊神社　一社立)諏訪邊右兵衛
(荻原村　荻原八幡宮　幣頭)宇多川石見

右之通、被得其意、各受之印形、可有之候、以上
午
五月　春日大江（印）
(上古志村　久留須神社　社司)三野瀬芽殿（印）
拝見
(下古志村　天神社　社司)春日廣衛殿（印）

追啓　各方抱之社ニおゐて右躰之儀、全以来共ニ無之儀ニハ存候得とも、郡中殿り合之事ニ候間、受判有之、過日右之儀、御承知可有之候、大津江者別紙申遣候

秦帯刀以下連名の八人は神門郡内の幣頭ないし一社立である。この八人が集まって相談し、幣下神職へ触れ渡す本状の前書文案を決めている。その大意は、近年諸社の氏子が「素人神楽」と号し、神職の官服等を身に付け、「七座神事」「神能」の真似をしているとの風聞を聞く。社司自身は内々で俗人が集まって右のようなことを

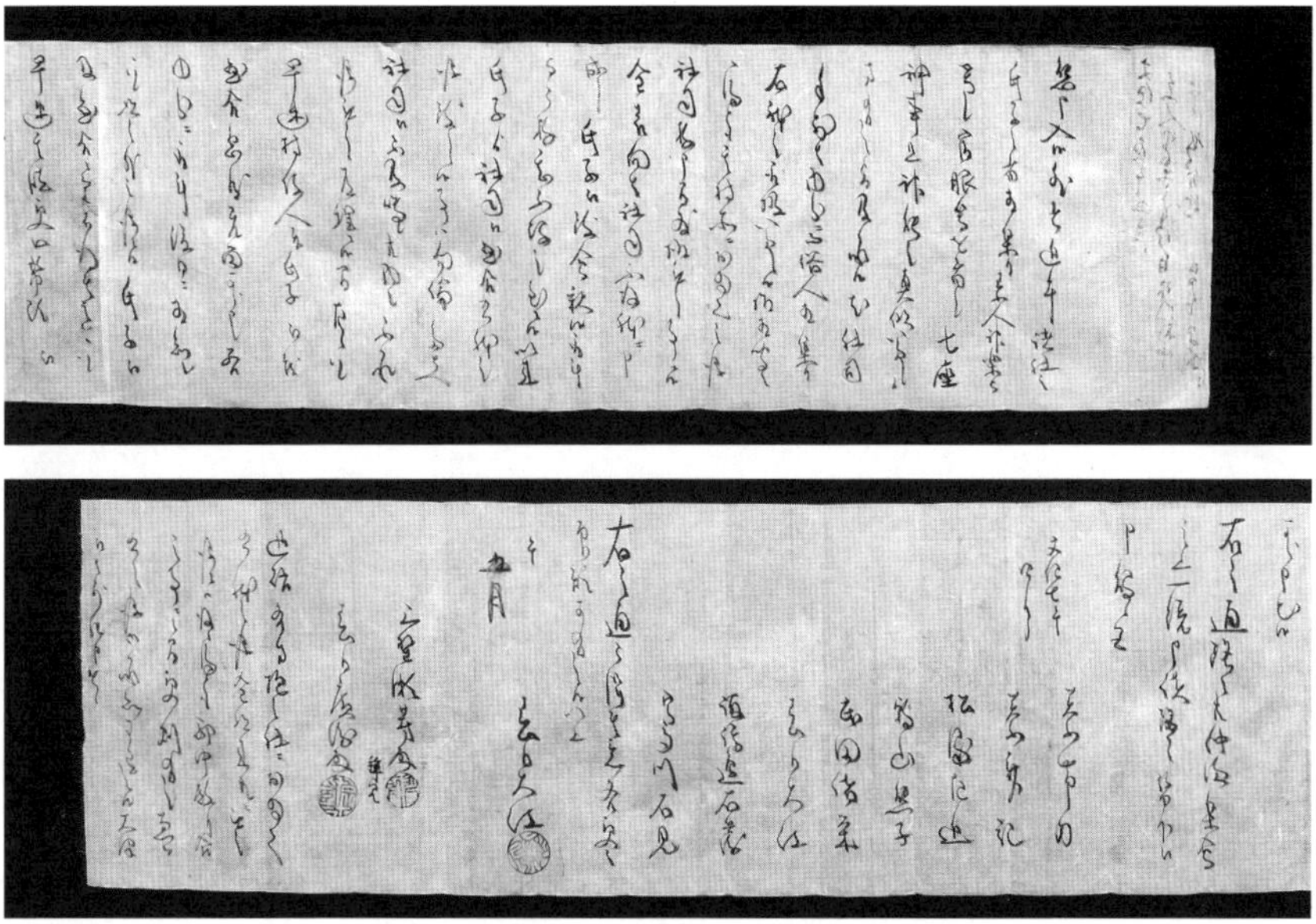

写真14　文化７（1810）年神門郡内の幣頭神職らが取り決めた素人神楽の差し止め
〔縦16.0cm×横107.0cm〕（所蔵／比布智神社）

していると言うが、その居村等でのことだから社司が知らないなどはあり得ない。すべて表向きは社司が知らないことにして、氏子へ配慮するようなことは甚だ不埒なことだ。今後、氏子から話を持ち掛けられてするのは勿論のこと、たとえ社司が聞かされていなくても、知らなかったなどという道理は立たない。そうであるので、早速村役人および氏子とも交渉し、必ず差し止めるようにしなさい。もし内密に行い、後日発覚するようなことがあれば以ての外だ。氏子と交渉しても同意が得られなければ、早速受け持ちの幣頭へ申し出るように。

この史料自体は、幣頭の春日大江が幣下の三野瀬芽・春日廣衛に宛てたもので、後日両人が宛名の下に押印し、「拝見」と加筆している。

なお、春日大江による追伸についても要約すると、両人の抱え社においてこのようなことがないことは存じている。ただ、郡内全体の節制に関することなので、受判が必要である。先日の右の件、ご承知あるように。大津の幣下へは別紙を送る、としている。

さて、この差し止めに際し、大土地素人神楽はどう対処したかだが、「祷家順番帳」のこの年の記録には何も記されていない。ただ、弘化四（一八四七）年の記録の中で、三十六年前の当時のことが触れられている。

一、文化八未年（一八一一）、両住連職（注連職）ゟ素人神楽差支申出候節も、社頭両役所ニおゐて御評儀（御評議）有之候得共、年古き相続いたし居候ニ付、前来之通ニ而、神事式如此ニ御座候

前掲の文化七年の「神門郡中幣頭殿り合触」が石塚・鳥屋尾両注連職にも廻ってきたと思われる。そこで両注連職はその趣旨に則り、素人神楽の差し止めに動いたようだが、杵築大社の両国造家役所で評議された結果、「年古き相続」をしていることにより、従来通りに行うことが認められたと、そう回想している。

(二) 弘化四年の差し止めに対して

弘化四（一八四七）年、この年にも素人神楽の差し止めが出されたことが「祷家順番帳」に記されている。

一、同（弘化）四丁未年（一八四七）　早野只八
此度御国中、素人神楽御差留、被仰出候

前触れとして、この年の正月、大年寄の善兵衛が年始に松江へ出府した折、奉行より大土地の神楽についての御下問があった。これを受けて村では、二月十二日付で返答書をまとめて善兵衛に提出している。おそらく善兵衛はそれを奉行に報告したであろう。

ところが、これで終わりではなく、今度は各村々宛てに素人神楽の実態を報告せよとの達が発せられた。大土地に届いたのは、三月二十七日付で神門郡北方の下郡泰蔵と与頭令蔵から村々宛てに差し出された文書である。

これを受け、村では二月に提出したばかりの返答書の写しを両社役所へ再提出している。そのような最中、上官の島弾正が、ある重要な書付を発見する。それは万治三（一六六〇）年に当時の上官長谷氏が書き記した「万治三年庚子長谷控」だった。そこには、天正六（一五七八）年に毛利家家中から「的射神楽之事、永々不可有怠慢」と永々怠慢なく務めよと安堵されたこと、また、万治三年に千家尊光国造から「輝元の免許いちしるき（著き）事ニ候へハ、再興子細有へからす」と的射神楽の再興に異議はないと仰せられたことなどが記されてあった。

結局、この書付が決め手となり、大土地神楽は許されることになった。藩の郡奉行から神門郡の役人へ、そし

て郡の役人から村役人へと下達された文書は次の通りだったと。

其郡《（神門郡）》上之郷・東園・武志・大塚五《（ママ）》ヶ村之者共、他郡他村へ罷越、素人神楽いたし、就中大塚村人別ハ石州へ迄罷越候段、相違無之由ニ付、右五ヶ村神楽いたし候人別、可及吟味旨ニ候条、早々吟味いたし、口書取之、可差出候、且又杵築大土地・中両村素人神楽ハ年古き仕来り、殊更由緒も有之趣ニ付、是迄之通、被差置旨ニ候条、左様可相心得候、以上

六月廿一日　　市川虎市《（郡奉行）》

往来もの改
郡役人　え

前書之通、被仰渡候条、御承知可有之候、以上

六月廿五日　　下郡　泰蔵
　　　　　　　与頭　令蔵

年寄　忠兵衛殿
年寄　為十　殿

あくまでこの文書は原本ではなく、「祷家順番帳」に書き留められた写しであるが、今はこれに頼るしかない。ここからわかることは、他郡他村へ遠征するなど目に余る行為を行っていた素人神楽が上之郷村・東園村・武志村・大塚村にあったこと。とりわけ大塚村などは石州にまで遠征していたこと。結局これらの関係者は取り調べの対象となり、供述書を出せと命じられている。ところが、大土地の素人神楽については、「年古き仕来り、殊更由緒も有之趣」ということで、これまで通りに行うことが許された。藩は「万治三年長谷控」を信用し、そこに記された大土地素人神楽の歴史と由緒を重く見たのである。

（三）「万治三年長谷控」に対する疑念と新たな視点

弘化四年の差し止めに対し、大土地素人神楽の窮地を救った「万治三年長谷控」。大土地素人神楽の歴史と由緒を証明する重要書類と認定されたわけだが、これを詳しく検証すると、辻褄の合わない多くの矛盾にぶち当たる。岡宏三氏はその矛盾を一点一点検証し、最終的にこれを偽文書と断定した。紙面の都合上、ここで岡氏によ

る検証の一部始終を紹介する余裕はないため、「大土地神楽における素人神楽認可の背景について」（『中国地方各地の神楽比較研究』島根県古代文化センター、二〇〇九年）を追って参照願いたいが、要は大土地素人神楽は偽文書によって存続を認められたのである。

だが、これを結論としてしまうのは早計である。確かに「万治三年長谷控」は後世に作成された偽文書と言わざるを得ないだろうが、ここで注目しておきたいのは、この偽文書を作成したのが誰だったかという点である。それは上官の島弾正本人か、もしくはその側近に違いない。つまり、本来であれば素人神楽を目の敵にする神職の、それも触頭として率先して取り締まるべき杵築大社の上官周辺が、偽文書を作成してまで大土地素人神楽を守ったのである。不可解と思わざるを得ないが、それが真相である。

杵築大社側が大土地素人神楽に目をかけ、保護しようとしていたことが窺える事例がもう一つある。それは「三寶大荒神寄進帳」に記された、ある寄進の記録である。

同（寛政十（一七九八））年　千家様天神様御祭礼

一、花色加賀絹装束弐つ　ニ付、此神楽を被仰
付、執行仕、為御礼
銀六拾匁被下置、此
銀を以、如此出来申候
此頭取　石飛長藏
大田兵兵衛

大土地素人神楽では、寛政十（一七九八）年に「花色加賀絹装束」を二着仕立てているが、その経費は千家国造家内の天神社祭礼に際し、神楽を仰せ付けられて執行し、その礼銀六十匁を充当して仕立て上げたと。

驚くべきことに、千家国造家自らが宅内社の祭礼に大土地素人神楽を招いて舞わせたのである。神楽は神職のみが司るべきものとの当時の常識から考えると、それを出雲国内六郡半神職を統轄する立場の千家国造家自身が逸脱していたとは意外でしかない。ただ、裏を返せば、それほど大土地素人神楽には、素人なれども神職から疎まれないだけの敬虔《けいけん》さがあり、かつ、神職をも惹き付ける、何か特別な魅力が備わっていたということなのだろう。

以上の二例から考えても、杵築大社側が大土地素人神楽に目をかけ、保護していたことは明らかである。

おわりに

大土地神楽は、江戸時代中期の一八世紀中葉には、既に「素人神楽」として活動していたことが確認できる稀有な存在である。その背景には、白枝屋手銭家をはじめとする豊かな商家らで構成された「祷家仲間」の厚い支援があった。それだけでなく、杵築大社の国造家や上官からの覚えも良く、一九世紀に出された素人神楽の差し止めに対しては、上官周辺が偽文書を作成してまで大土地素人神楽を守ることに尽力した。

明治時代以降、出雲大社のお膝元の神楽団体として、自他ともにその意識はいっそう高まったように思われる。「出雲大社教神代神楽社中」ないし「出雲教神代神楽社中」といった教団専属神楽社中に加わることはなかったが、明治十二年の出雲大社教会「教院」竣工の折に神楽を舞ったり、昭和十年には招かれて香川県の現出雲大社讃岐分院へ神楽を奉納に行ったりしている。そのような過程で、〈八千矛〉・〈野見宿禰〉といった、出雲大社の祭神や由緒をテーマにしたオリジナル演目を創作していったのだろう。

平成二十五年五月十日。出雲大社では「平成の大遷宮」のクライマックス、御本殿の正遷座祭が盛大に執り行われた。そして、翌々日の五月十二日から六月九日までの一か月間、東神苑の特設ステージを主会場にして一連の奉祝行事が催された。県内各地の神楽団体は勿論、津和野の鷺舞や隠岐国分寺蓮華会舞、さらには震災からの復興に取り組む東北地方の芸能団体などが招待を受け、連日伝統の諸芸能を奉納披露した。その最終日、六月九日の大トリを務めたのは、やはり大土地神楽だった。異論のない順当なキャスティング。これまでも、そしてこれからも、大土地神楽は氏神大土地荒神社と、大氏神出雲大社とともに歴史を積み上げていくことだろう。

出雲神楽と石見神楽

藤原宏夫

現在活動を行っている神楽団体は二〇〇を超え、全国でも有数の神楽地帯である島根県。県内のほぼ全域に伝承されている神楽は、旧国の範囲で芸能の特徴にある程度のまとまりを持っており、一般に出雲神楽、石見神楽、隠岐神楽と呼ばれ区分される。本稿では、このうち出雲神楽と石見神楽に焦点を当て、その歴史をたどってみたい。

ふじはら・ひろお
昭和四十九（一九七四）年、島根県生まれ。兵庫教育大学大学院連合学校教育学研究科修了。島根県古代文化センターを経て、島根県立古代出雲歴史博物館専門学芸員。専門は民俗学、民俗芸能研究。
【編著書・論文等】
「石見地方の子ども神楽について」（『石見神楽の創造性に関する研究』島根県古代文化センター）、「八注連の諸相と変遷について」（『民俗芸能研究』第四六号）、「石見神楽における六調子と八調子」（『民俗芸能研究』第四三号）など。

はじめに

島根県に伝承される神楽団体は、二〇〇団体を超えている。図1にドットで示したように、伝承の密度には濃淡あるものの、神楽は県内のほぼ全域に伝承されている。また、神社祭礼での奉納以外にも、県内各地で開催される商業的な催事に公演を行ったり、複数の神楽団体が一堂に会する神楽共演大会が催されたりするなど、高い人気を博している。量的にも、あるいは人気の面からも神楽は島根県を代表する民俗芸能といえる。

島根県の神楽は、大まかにいって旧国の範囲でまとまりを持っている。すなわち出雲国、石見国、隠岐国で、神楽は出雲神楽、石見神楽、隠岐神楽と呼ばれている。写真1・2は、本稿で取りあげる出雲神楽と石見神楽の「大蛇」であるが、これだけをみても随分と様子が

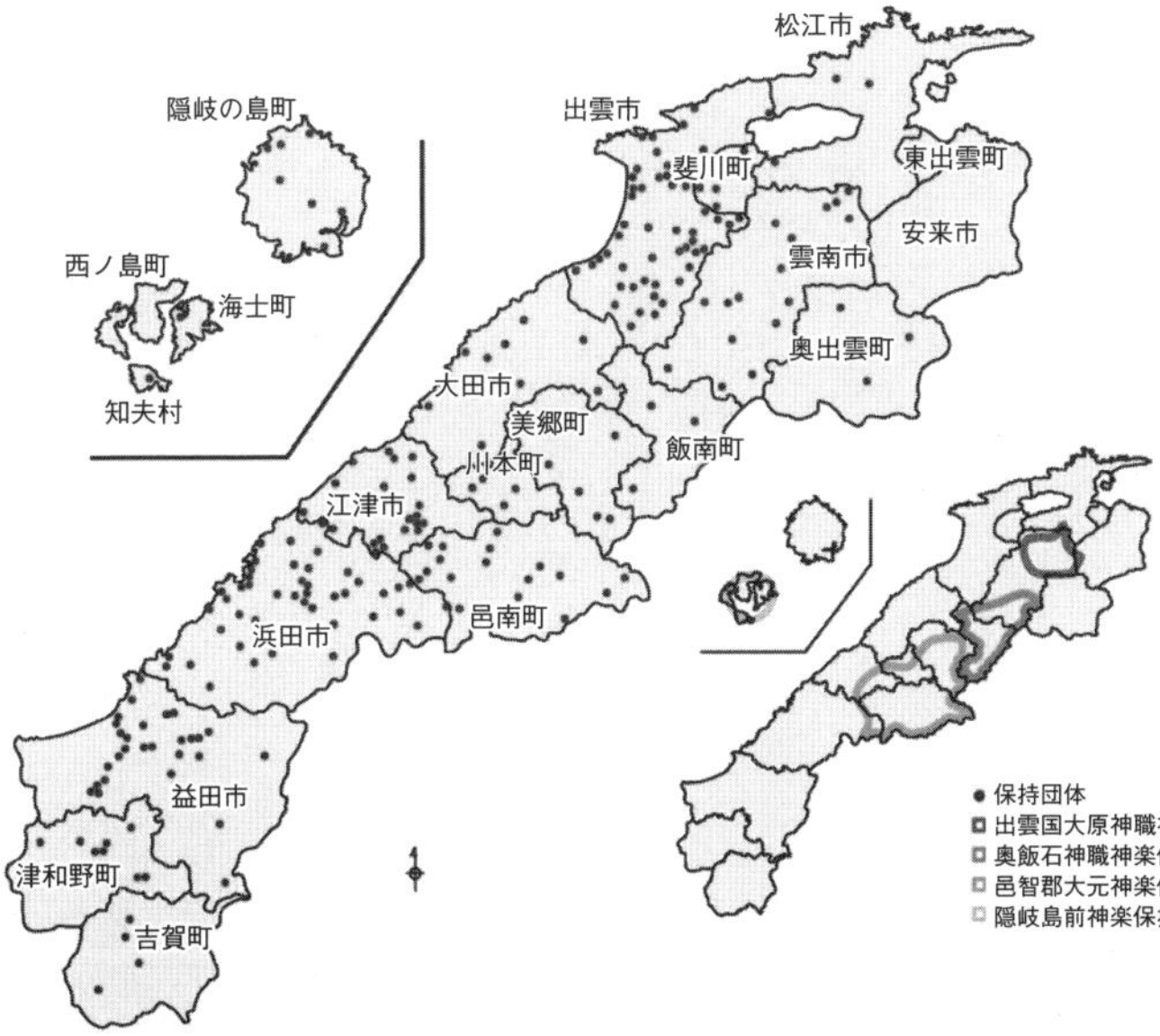

図　島根の神楽団体分布図（古代出雲歴史博物館『島根の神楽—芸能と祭儀』より）

写真２　石見神楽の大蛇

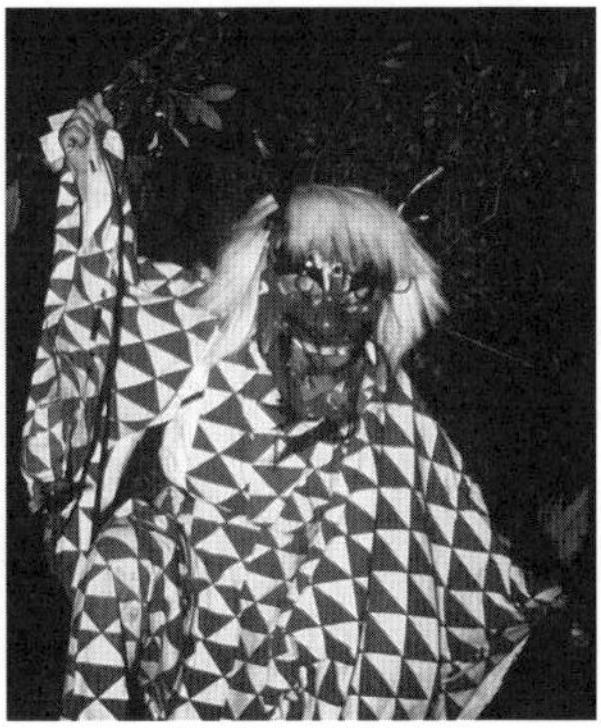

写真１　出雲神楽（佐陀神能）の大蛇

違っていることが分かる。実際に神楽を見れば、その芸態も大きく異なっていることは一目瞭然である。

本稿では、島根県の神楽のうち出雲神楽と石見神楽に焦点を当て、それぞれの神楽の歴史を俯瞰し、出雲神楽と石見神楽がどのような変遷を経て現在の姿になったのかを述べてみたい。

一　中世の神楽

今日、出雲神楽や石見神楽と呼ばれている芸能の歴史は、資料のうえでは一六世紀までさかのぼることができる。ただし、島根県内で見つかっている資料は限られているため、その資料のみで中世期の神楽がどのようなものであったかを考えることは難しい。そこで、中国地方に視野を広げて中世期の神楽のすがたを考えてみたい。

広島県山県郡北広島町の壬生神社で代々神職を勤める井上家には、約六千点にものぼる資料が伝えられており、そのなかには中世期の祭祀資料も多数含まれている。『千代田町史』にその一部が翻刻されているが、同書に収録された祭祀資料を手がかりに進めてみよう。

まず押さえておきたいのが祭文類である。祭文とは、祭祀の場で宗教者が誦する文言のことで、祭祀にどのような宗教者が関わっていたか、どういった神々が祀られていたかなどを知ることができる。井上家に伝えられる祭文には山伏祭文、五形祭文、土公祭文などがある。

これら祭文の詳細には触れないが、陰陽五行思想が色濃く反映されていることに特色を見いだせる。陰陽五行思想とは、天地開闢をなした盤古大王の五人の王子が世界の様々な事象（季節や方角、色、物質など）を均等に領するという古代中国の説話によるものである。これらの祭文が神楽の場で使用されたかどうかは不明だが、中国地方の神楽では陰陽五行思想を演じる演目が重要な役割を果たしている。例えば、出雲地方では「五行」、石見地方では「五龍王《ごりゅうおう》」、「五神《ごじん》」あるいは「所務分け《しょもわ》」などと呼ばれる演目は、先の陰陽五行の物語を演じるものであるが、これは後述する式年の神楽において、神懸《かみが》かりが行われる前に大地を鎮めるために演じられる重要な祭儀でもある。このことから考えれば、井上家に伝わる祭文は、神楽と関係があったか、あるいは当地の神楽の形成に大きな影響を与えたことは間違いないだろう。

もうひとつ、井上家文書のなかで特筆すべき資料として「荒平舞詞《あらひらまいことば》」がある。天正十六（一五八八）年に記されたこの資料は、神楽舞の詞章としては中国地方で最も古いもので、そのあらすじは次のようである。

山の王より一二の山を授かった荒平は、山の麓でまどろんでいると柴を盗まれてしまう。荒平は柴を求めて東西南北中央の五天を探し回るが結局見つからず、元の住処に戻ってみると、どこからか聞こえる声に誘われて神楽の場に姿をあらわす。じつはそこにいた太夫と呼ばれる宗教者（修験山伏）が呼び出したのであったが、荒平は太夫との問答のすえ、太夫の剣と引き換えに、みずからの持つ死繁盛《しはんじょう》の杖という福をもたらす杖を差し出す。

この演目は、今日でも「荒平」として広島県廿日市市や広島市などに伝わる安芸十二神祇で演じられているほか、島根県では石見地方で「鬼《き》がえし（道《ち》がえし）」、出雲地方では「山神祭《さんじんさい》」などの演目に形を変えて演じられている。

井上家に伝わる山伏祭文、あるいは「荒平舞詞」に書かれていた、験力によって荒平を神楽の場に呼び出し、荒平から福をもたらす杖を受け取る太夫の存在。このように、中世期における祭祀や神楽には山伏が深く関わっていたのである。

また、ほかには例えば法者《ほさ》と神子と呼ばれる宗教者が神楽に関わっていた。法者と神子の存在は、中国地方においては山陽側に多く聞かれるが、男性の法者と女性の神子が一組となって祭祀を行っていた。その内容は、法者が弓を叩いて囃し、そのリズムに乗せて祭文を朗唱すると、神子は舞ううち神懸りになり託宣を下すというようなものだったらしい。彼らは中国地方においては修験の流れを汲むと言われているが、九州壱岐島においては陰陽師の流れを汲むとも言われる。近世期において、壱岐の法者と神子たちは、全国の陰陽師を掌握した土御門家から裁許状を得て活動を行っていたようである。

いずれにせよ、中世期の神楽祭祀は修験山伏や陰陽師、あるいはその他の宗教者が深く関わっていたと考えてよい。

次に、こうした宗教者による神楽が何のために行われてきたのか、その目的について触れておきたい。結論から言えば、前述したような神楽は、土地を開発した草分け百姓を中心とした一族組織の先祖神祭祀を目的に行われていた。祭祀は、舞によって神懸かりの状態にいたり、先祖神の託宣を伺うと同時に、一族の死者を先祖神に加入させるために、七年とか一三年、あるいは三三年などに一度の式年祭として行われた。

今日に伝わる出雲神楽や石見神楽の多くは、猿楽能の影響により演劇的な演目を発達させた芸能となっているが、とりわけ猿楽能が大成する以前の中世期の神楽は、先祖神のための、あるいは死霊鎮魂のための祭儀であった。

こうした内容は、今日の神楽とはかけ離れたもののように思われそうだが、じつは中世期の神楽の影響は、今日の神楽の中にも少なからず残っている。いくつか例を挙げれば、まずは式年の荒神神楽が行われていることである。島根県に限っていえば、松江市忌部町で三三年に一度行われる荒神神楽や、邑智郡周辺で行われる大元《おおもと》神楽などがある。両者の神楽は、いずれも式年で行われるうえ、神懸かりによる託宣が行われており貴重である。

ほかに、神楽舞台の上方に天蓋《てんがい》と呼ばれる装置が付いていることも挙げられる。この天蓋を上下に曳くことによって、神の降臨したことが知られるのである。ちなみに、邑智郡の大元神楽地帯では、緑（青）、赤、白、黒（紫）、黄の色紙によって天蓋が飾られ、また五色の小天蓋が東西南北中央に配置されるという陰陽五行の色合いが強いものとなっている。

写真３　大元神楽の天蓋（筆者撮影）

次に、出雲と石見で確認される中世期の資料を見ておきたい。石見地方の資料を確認すると、邑智郡邑南町中野の賀茂神社に伝わる天正四（一五七六）年の「年中祭祀之規式」と記された文書がある。ここには神社の年中祭祀が記されており、神楽に関係する記述として「大元大明神　祭祀子辰申四年ニ一度九月十日一夜之神楽ヲ奏ス郡内祠官行之」との一文があるので、この頃にはすでに神職が集って神楽を行っていたことが分かる。また、それから少しくだった元和元（一六一五）年に書かれた邑智郡美郷町吾郷の天津神社に伝わる「大元舞熟書之事」には、神楽執行に際しての取り決めごとが記されている。ここでいう神楽とは、先祖神的な性格をもつ大元神を祀る式年の神楽であり、石見においても先に述べてきた中世的な神楽が行われていたことが分かる。

それでは出雲地方はどうかといえば、これがよく分かっていない。松江市の荒神神楽など式年の神楽や、天蓋の存在など、現代に伝わっている神楽に中世的な痕跡が見られるので、出雲でもほかの中国地方と同様の神楽が行われていただろうことは推測できるが、それを裏付ける資料は見つかっていない。

出雲神楽の成立を論じるにあたって、今日に伝わる出雲神楽の特徴が、七座《しちざ》、式三番《しきさんば》、神能《しんのう》の三部構成から成ることをまず確認しておきたい。このうち七座とは、「剣舞《けんまい》」「散供《さんく》」「御座《ござ》」「清目《きよめ》」「勧請《かんじょう》」「手草《たくさ》」「八乙女《やおとめ》」（松江市佐陀神能の場合）のように、七つの舞を総称したものである。面をつけずに採物をもって舞う、神事としての性格を強くもつ神楽であるため、七座神事とも呼ばれる。式三番は「翁」「千歳《せんざい》」「三番叟《さんばそう》」からなる祝言の舞、神能は「大社《おおやしろ》」や「八重垣」など神社の縁起譚や記紀神話を演じる着面の神楽能で、後で述べるように近世初期に成立したものと考えられる。

これに対し、七座の記録は中世までさかのぼり、松江市大垣町の内神社で天文三（一五三四）年に執行されたという記述を最古とする。「八月廿四日五日御座替御祭礼為式日令執行七座神事」とあり、今日の佐太神社におけるのと同様に、御座替祭にあわせて七座が行われたことが分かる。

七座の成立について、勝部月子は『宗源神道根元式』という書物の影響を指摘している。この書物には文明十六（一四八四）年、寛文十（一六七〇）年、元文元（一七三六）年の三種があるという。内容はいずれも同じなので、文明十六年に記されたものが、後年、書き写されたのだろう。著者は、卜部氏の系譜をひく京都吉田神社の吉田氏である。最も古い文明十六年といえば、まさに吉田兼倶が吉田神道を確立しつつある時代であった。

詳細には立ち入らないが、勝部によれば『宗源神道根元式』に記された「七座之祓」を基本にして、出雲の神職が七座の舞を整えたのではないかという。そしてそれを行ったのは、古来の儀礼をもつ杵築大社（出雲大社）や佐太神社といった地域の有力神社の神職ではなく、修験とも関わりをもった神社神職だったとしている。

つまり、修験との関わりをもった神社神職と、陰陽道や密教などさまざまな思想を取り込んで吉田神道を生みだした京都吉田家との交流のなかで、七座の神楽が成立したというのだ。

出雲では中世期の資料がほとんど無いうえ、現在伝わる神楽も近世期以降と思われる改変によって大きく姿を変えており、七座の成立については断定的には論じられない。本稿では、勝部の主張に沿って、杵築大社をはじめとする有力神社が多く鎮座する出雲地方にあっても、おそらくは修験者や陰陽師らによる先祖神祭祀としての式年神楽が行われており、京都吉田家との関わりの中で七座神事が作られ、出雲地方各地に広まっていったと考えておきたい。

二　近世の神楽

　中世の末期から近世のはじめにかけて、京都吉田家は全国の神社に影響を与え、また徳川幕府とも結びついて統制をはかっていった。その過程で祭祀から修験色が一掃され、村落組織が固定化するにつれ地縁関係によって氏神を祀る村落の鎮守社が編成されていった。前項で触れた大元神など先祖神の祠も、このころ氏神社へと性格を変えていったと思われる。

　こうした過程の中で、山伏などが関わっていた神楽は、神社神職による祭りへと変わっていった。神楽は近隣の神職が集い、神楽組を組織して行うようになったのである。神楽組について、石見地方では大元神楽執行時に書かれた役指帳（一夜の神楽の演目とその配役が記されたもの）がいくつか残っており、そこから神楽組の範囲をある程度推定することができる。

　出雲地方でも近隣の神職が集って神楽を行っていたが、出雲では近世を通じて杵築大社と佐太神社が国中の神社を支配するようになったことが注目される。すなわち、杵築大社が出雲一〇郡中の六郡半を、佐太神社が島根・秋鹿《あいか》・楯縫《たてぬい》と意宇《おう》郡の西半分を支配したのであるが、このうち佐太神社触下の三郡半において、神楽に能楽の要素を取り入れた「神能」が成立し、出雲地方全域に影響を与えるようになっていった。

　神能が成立した経緯を裏付ける資料は残っていないが、次のような伝承がある。すなわち、江戸時代初期に佐太神社の上官《じょうがん》職である幣主祝《へいぬしはふり》をつとめた宮川秀行が京都で能の所作を習って帰り、これを出雲で行っていた神楽に取り入れたというものである。朝山晧《あきら》は、『八束郡誌　本篇』の中で佐陀神能を習って帰った時期について、「秀行は慶長十三（一六〇八）年五月京都に上って、吉田家から神道裁許状を受けているが、京都から習得し来つたと伝えるのはこの時のことと思われる」と述べている。

　朝山の指摘は、当時の様子を推測したものであるが、次に紹介する神能についての資料をふまえると、慶長十三年に京都で習ったと考えるのも、あながち無理な推測とは思われない。

神能の語が見える最古の資料としては、佐太神社宮川家の文書に寛永十六（一六三九）年の遷宮記録である「当社下遷宮次第之事」がある。そこには「神能仕社家人数ノ事」「右拾貳人〆神能五番法楽仕事」とあり、この時期に神能が演じられているのは間違いないだろう。寛永十六年には、能を取り入れた法楽のための神楽が「神能」と呼ばれるまで形式化されていたのである。

　承応二（一六五三）年に松江藩主松平直政の侍儒、黒澤石斎が著した『懐橘談《かいきつだん》』には、松江城下で行われた神能の様子が詳細に描かれている。少々長いが引用してみよう。

> 凡そ城下に熊野揖屋橋姫伊勢の宮など諸神の社ありて、二仲の神事御神楽又は能あり。江戸にて見し能とはかはり、先づ七座の神事と云ふあり、一には劔の舞、是は七徳の武の舞の遺法なるべし、二には塩、是は潮を汲んで席を清むる心なり、三には御座の舞、是は八月二十四日佐陀宮の御座をかふる舞なり、四には灌頂、五には祝言、六には手草榊をもって舞奏で侍る、七には乙女、是を七座の翁と云ふ、其外王子立なんどいふ事有りて式三馬の舞あり、八雲の歌を歌ひて笛皷調拍子をならして舞奏で、能には切目荒神天照大臣ともいへり、八戸坂十羅大社佐陀ともいへり、天狗石山ともいへり、揖屋恵美酒なんといふ能をぞいたしける、神歌なんどいふを聞けば、俾俚の言葉いなかびたる歌かなといとおかしければ、又は催馬楽今様なんど古風の残りたる歌もあり、殊勝なりし社司なんど思へば、ふつつかなりし狂言などせり、大抵おこがましき事どもなり。

重要と思われることがらを指摘しておきたい。

江戸時代初期の松江において、神楽あるいは神能は佐太神社に限らず、熊野大社や揖屋神社、橋姫（売布神社）、伊勢の宮などの城下で行われていた。島根郡、秋鹿郡、楯縫郡そして意宇郡の西半分が佐太神社の支配下にあったことを考えると、『懐橘談』に記されたのと同様の光景は三郡半下で広く見られたのだろう。とすればこの時期に神能は一定の広がりを見ていることになる。

七座の神事は剣舞・潮・御座・灌頂・祝言・手草・乙女の七つであり、今日伝わるそれと違いはあるが、場を祓い清めるための儀式舞が七番舞われるという点は同じで、その意味では大差ないとも言える。注目すべきは、七座と式三馬のあいだに王子立が置かれていることである。王子立とはもちろん、陰陽五行の世界をあらわした五人の王子による所務分けの物語である。王子立が七座とも式三番とも、また神能とも異なる位置づけで独立して置かれているところに、この演目が重要視されていたことを伺うことができる。現在、佐陀神能では王子立は演じられないが、かつては他の中国地方の神楽と同様に、五行の神楽が重要な意味を持っていたに違いない。

次に神能について見ると、「切目」「荒神＝天照大臣」「八戸坂」「十羅」「大社佐陀」「天狗」「石山」「揖屋」「恵比須」の演目が挙げられている。このうち、現在も上演されるのは「切目」「八戸坂」「大社」「恵比須」の四演目である。現在では演じられない演目について、いくつか触れておきたい。

「荒神」とは、日本列島を支配していた第六天魔王に対して、天照大神が国譲りを行うという内容。第六天魔王は国譲りの見返りとして荒神・堅牢地神《けんろうじしん》・龍神となって祝われるもので、中世的な世界観をあらわす演目である。「天狗」については佐陀神能の台本に記述がないが、近隣の飯石郡に伝わる奥飯石神楽の「木の葉天狗」では、近江国石山寺で山伏と天狗が出会い、知恵比べをして天狗が負ける（台本の書かれた年代によっては山伏が負ける）という筋書きになっている（石山寺を舞台とすることから、「天狗」と「石山」は同じ演目の可能性もある）。このように、廃絶した演目には仏教的な要素を見ることができる。

時代がくだって享保二（一七一七）年に記された『雲陽誌』には、出雲地方の神社祭礼が簡単ではあるが網羅的に記されている。ここでは七座神事が行われた村名と神社名のみを列記した。この頃には出雲地方のほぼ全域で七座神事が行われていたことが分かる。

島根郡　講武・熊崎天王、法吉・大森明神、持田・大宮大明神、坂本・檜萱明神、長海・杵田大明神、北浦・稲倉明神、野波浦・日御碕大神宮、妙見神社、加賀浦・新宮神社、大葦浦・国主明神

秋鹿郡　大野・高野宮、古浦・天神、手結浦・津上明神

意宇郡　松江・白潟明神、東津田・高日神社、揖屋・揖屋大明神、西岩坂・小坂明神、熊野・熊野社、野白・野白神社、上来待・菅原天神

仁多郡　八代・妙見社、下阿井・八幡宮、上阿井・大森明神、矢谷・八幡宮、馬馳・八幡宮

大原郡　下佐世・白神八幡
飯石郡　多久和・飯石社、宮内・八幡宮、深野・山王社
出雲郡　下庄原・伊勢宮、羽根・八社明神、上直江・八幡宮、福富・八幡宮、楯縫郡　奥宇賀・籠守明神、平田・熊野権現
神門郡　宇名手・熊野権現、塩冶・八幡宮、西園・妙見社、久村・国村神社、下橋波・田中明神

中世期に整えられたと考えられる七座神事は、江戸時代中頃には出雲地方の神社祭礼に欠かせない祭儀になっていたようである。

日本古来の精神を追求する国学が発達した近世後期になると、その影響を受けて神楽の演目も変化を遂げたと考えられる。この変化にはいくつかの類型があって、ひとつには記紀神話を題材として新たに創作されるということがあった。例えば、大国主命《おおくにぬしのみこと》が自身を迫害しようとする八十神《やそがみ》たちを退治する「八十神」の説話などは、『日本書紀』にはなく『古事記』にのみ記述のある物語であり、『古事記』が注目されるようになったこの時期の創作だと考えられる。また別の変化のあり方としては、記紀神話にない演目であっても、登場人物を記紀神話の神に置き換えるということがあった。例えば先に述べた「荒平」は、もとは太夫と荒平が登場する物語なのだが、石見地方では太夫を鹿島神宮に祀られる武甕槌《たけみかづちの》命《みこと》に変え、演目名を「鬼《き》がえし（道《ち》がえし）」としている。もちろん仏教的な要素の排除がすべてこの時期に行われたわけではないだろうが、多くの改変が行われたと考えられる。

もう一点、近世後期の特徴として、この時期から神職に混じって農民が神楽を行うようになったことが挙げられる。江戸時代中期から素人神楽が認められていた出雲市大社町の大土地神楽などは、きわめて例外的な事例であって、基本的に神楽は神職が行うものであり、農民の関与は限定的であったはずである。出雲市の見々久神楽では、寛政年間（一七八九～一八〇一）に杵築大社の末社の神官から伝授されたのを始まりとするという口伝があるが、これは農民が主体となった神楽団体が成立したということではなく、神職神楽の人手不足を補うために、つまり神楽に農民が補助的に参加するために伝授されたと考えるべきだろう。見々久神楽のほかにも、県内各地の神楽団体の起こりを調べてみると、幕末に神職から手ほどきを受けたことを契機としている事例が少なく

ない。このことは、近世末期の神社例祭では、神職集団だけではまかなえないほど神楽（神楽能）が盛んに行われるようになったことを示しているのではないか。神職たちにまじって、集落から選ばれた数名の農民たちが神楽を演じ、祭りを一層賑やかなものにしたことだろう。

浜田市内村町の神職家である牛尾家に伝わる文書には、次のような記述がある。天保年間（一八三〇～一八四四）に細谷村（現浜田市細谷町）の若者たちが神楽の真似をするようになったため、これを神官が訴えると道具が取りあげられ、厳重に差し止められたという。農民に許されたのは、あくまで神職の補助であって、さすがに農民が主体となった神楽は、神官の抗議により休止を余儀なくされた。

三　近代の神楽

明治時代に入ると、新政府は神職による神楽を禁止した。明治三（一八七〇）年に発せられた大教宣布の詔によって、新政府は神道による国民教化を図った。その一翼を担う神職が、神懸かりや託宣などの儀式をもつ神楽には関わるべきではないとして禁止されたのだった。

明治三（一八七〇）年、松江藩は藩内の社家に対して神能の上演を禁止する通達を出している。そして明治四（一八七一）年には太政官からの布達によって、神職が社頭で神楽を奉納することが禁じられた。こうした禁制によって、次第に神職神楽は行われなくなっていった。

もっとも、明治初期に一斉に神職神楽が取りやめとなったのではなく、しばらくは神職による神楽が行われていたところもあったようだが、それでも次第に神楽は衰退していった。祭りの賑わいを失った村々では、農民たちが神職から神楽の手ほどきを受け、面や衣裳を揃えて神楽を行うようになっていった。その様相は出雲と石見で大きく異なるので、分けて述べていく。

まず出雲について見てみると、佐陀神能のお膝元である佐太神社では、大正時代に入ってから地元青年によって佐太神社古伝神事保存協会が結成された。これは神能だけでなく、佐太神社に伝わる様々な神事を継承するために組織されたものであった。ちなみに、大正十五年には東京の日本青年館で行われた第二回全国郷土舞踊民謡大会に出演をはたしており、このとき初めて「佐陀神能」の名称が使われた。

また雲南市大東町では、神職能の衰退にともなって山王寺地区を中心として「大原能」と呼ばれる一団が生まれた。このとき、大原能は興行の団体として扱われるのを避けるために、出雲大社教の所属となった。

　いずれも神楽を神社祭礼の行事として、神職神楽の伝統を忠実に受け継いでいこうとする態度を見ることができる。二例だけではあるが、こうした姿勢は、近世を通じて出雲国内の社家を杵築大社と佐太神社が支配していたことと無関係ではないようにも思われる。

　これに対して、石見地方は様相が大きく異なる。神職神楽が禁止されて以降、各地で農民による神楽団体が結成されていったが、とくに那賀郡（現浜田市）の海岸部を中心として面白さを重視した様々な創意工夫がなされていった。そのひとつが囃子のテンポを速めたことである。合戦の場面をより躍動的に見せるために囃子のテンポを速め、八調子と呼ばれる独特の囃子へと変わっていった。それにあわせて舞いぶりも速くなっていったが、それでは従来の木彫りの神楽面では重量が重く舞いにくいことから、より軽量な和紙製の神楽面が考案された。また、八岐大蛇を迫力あるものにするため、提灯蛇胴《ちょうちんじゃどう》と呼ばれる全長一七メートルの蛇胴が考案された。神楽衣裳も染めのものから刺繍《ししゅう》をこらした衣裳へと変化していった。昭和初期には、金糸や銀糸をふんだんに使用した、豪華な刺繍をこらした衣裳が使用されるようになった。

　もちろん邑智郡とその周辺に伝承される大元神楽のように、神職神楽の伝統を受け継ごうとした団体も山間部

写真４　提灯蛇胴（古代出雲歴史博物館所蔵）

写真５　刺繍をこらした衣裳（古代出雲歴史博物館所蔵）

を中心として少なからずあったが、そうした団体であっても和紙製の神楽面や刺繍の衣裳、それに蛇胴などの道具類は影響を受け、姿を変えていった。

おわりに

今日伝えられる出雲神楽と石見神楽は、その様相が異なっているが、それぞれの歴史をたどってみると、両者の神楽はいずれも修験者などの宗教者による式年の先祖祭祀という共通する祭儀から発展してきたことが分かった。似かよった土壌で形づくられてきた神楽は、まず出雲地方において大きな変化が生じた。近世初期、佐太神社の神職が京都で能を学び、その要素を神楽に取り入れて神能と呼ばれる芸能へと改変したのだった。もちろん石見地方の神楽も、仮面劇を演じるという意味では能の要素を取り込んでいるが、出雲では影響の度合いが強く、より本格的に取り入れていった。神能は程度の差こそあれ、近世を通じて出雲地方全域に影響を与えることとなり、神能と同時期に取り入れられた式三番とともに、今日言うところの「出雲神楽」の基礎となった。

神楽の担い手が神職から農民に渡った明治時代、今度は石見地方で大きな変化が生じた。出雲地方では、農民の神楽はどちらかといえば神職神楽の伝統を忠実に受け継ごうとしたのに対し、石見地方では現在の浜田市を中心として見た目の面白さを追求して様々な改革がなされた。今日言う「石見神楽」は、明治時代に誕生したと言ってよいだろう。

出雲、石見いずれの神楽もその時代状況に応じて姿を変え、今日まで伝えられてきたのである。

【引用および参考文献】

蘆田伊人編『雲陽誌（大日本地誌大系四二）』一九七一年、雄山閣
石塚尊俊（記録）『重要無形民俗文化財　佐陀神能』佐陀神能保存会、一九七九年
石塚尊俊『里神楽の成立に関する研究』岩田書院、二〇〇五年
牛尾三千夫『神楽と神がかり』名著出版、一九八五年
邑智郡大元神楽保存会編『邑智郡大元神楽』邑智郡桜江町教育委員会、一九八二年
奥原福市篇『八束郡誌　本篇』名著出版、一九七三年
奥原福市編『八束郡誌　文書篇』名著出版、一九七三年

勝部月子『出雲神楽の世界—神事舞の形成』慶友社、二〇〇九年
谷口為次編『懐橘談・隠州視聴合紀（出雲文庫　第二編）』一九一四年
島根県古代文化センター調査研究報告書九『見々久神楽』二〇〇一年
島根県古代文化センター調査研究報告書一七『大土地神楽』二〇〇三年
島根県古代文化センター『中国地方各地の神楽比較研究』二〇〇九年
島根県古代文化センター研究論集第一二集『石見神楽の創造性に関する研究』二〇一三年
島根県立古代出雲歴史博物館『島根の神楽—芸能と祭儀—』平成二十一年度企画展示図録
島根県立古代出雲歴史博物館『石見神楽—舞を伝える、舞と生きる—』平成二十五年度企画展示図録
『千代田町史　古代中世資料編』千代田町役場、一九八七年
「備後東城荒神神楽能本集」『日本庶民文化史料集成第一巻　神楽・舞楽』三一書房、一九七四年

第5章

島根半島四十二浦巡りと『出雲国風土記』（第6回講座）

四十二浦巡りの精神と民俗

大谷めぐみ

島根半島には、沿岸に点在する四二の浦々を巡る巡礼習俗がある。各浦で海水を少量ずつ汲み、神社を参拝しながら巡るものである。これを「四十二浦の潮汲み」や「四十二浦巡り」などと称している。それは一畑薬師の薬師信仰とも結び付くものである。小稿では、四十二浦巡りの変遷を辿るとともに、巡礼の一つとしての特質を考察し、そのかたちと心の両面について検討を加える。

おおたに・めぐみ
島根半島四十二浦巡り再発見研究会副座長。昭和五十四（一九七九）年生まれ。大谷大学大学院博士後期課程満期退学。大谷大学真宗総合研究所研究補助員、総合地球環境学研究所プロジェクト研究推進支援員などを経る。専門は宗教民俗学、近世・近代宗教史。
【編著書・論文等】
「中・近世島根半島の寺社勢力と縁起語り―国引き神話の変容をめぐって―」（『歴史の広場』一一号）、「杵築大社における本願の排斥」（『寺社造営勧進　本願職の研究』清文堂）

はじめに

東西約六五キロメートル、南北最大約二〇キロメートルの島根半島は、その成り立ちを説く『出雲国風土記』収録の国引き神話に代表されるように、出雲の他地域とは一風異なる歴史を紡ぎ、特色ある地域文化を形成してきた面がある。本稿で取り上げる島根半島の四十二浦《しじゅうにうら》巡りも、その好例の一つである。

四十二浦巡りは、半島沿岸の各浦で潮汲みを行い、神社に参拝しながら、四二の浦々を巡るものである。「浦」とは、海や湖が湾曲して陸地に入り込んでいる地形、つまり湾や入江を指す。このような地形には古くから集落が形成されることが多く、とりわけ近代以前には、海岸や湖岸の集落（＝漁村）を指し示す言葉としても用いられた。

四十二浦は一般的に、半島西部の杵築あるいは西端に位置する日御碕から、東端近くの美保関を経て福浦までの間にある左の浦々である。ただし、浦の選定や順路は事例によって異なるため、この限りではないことを付記しておく。

杵築《きずき》（出雲大社）、日御碕《ひのみさき》、宇龍、鷺浦、鵜峠《うど》、猪《いの》目《め》、河下《かわしも》、小津、十六島《うっぷるい》、釜浦、塩津、唯浦、三津、小伊津、坂浦、伊野浦（以上、現出雲市）、魚《おの》瀬《ぜ》、古浦、恵曇《えとも》、手結《たゆ》、片句、御津《みつ》、大芦《おわし》、加賀《かか》、野波、小波、多古《たこ》、沖泊、瀬崎、野井、笠浦、千《ち》酌《くみ》、北浦、菅浦《すげうら》、片江、笹子、惣津、七類、諸喰《もろくい》、雲津、美保関《みほのせき》、福浦（以上、現松江市）

これらの浦々（地区）在住の方たちのお話によれば、四十二浦巡りの巡礼者の姿は、終戦後しばらくして激減したようである。人びとの記憶を尋ねるのに苦労するほど、忘れ去られようとしていたのである。しかし近年、地域の文化遺産として再び注目され、地域振興や学際研究の観点からの諸活動を通じて、再評価され始めている。そして浦々を巡り訪れる人の姿も見られるようであ

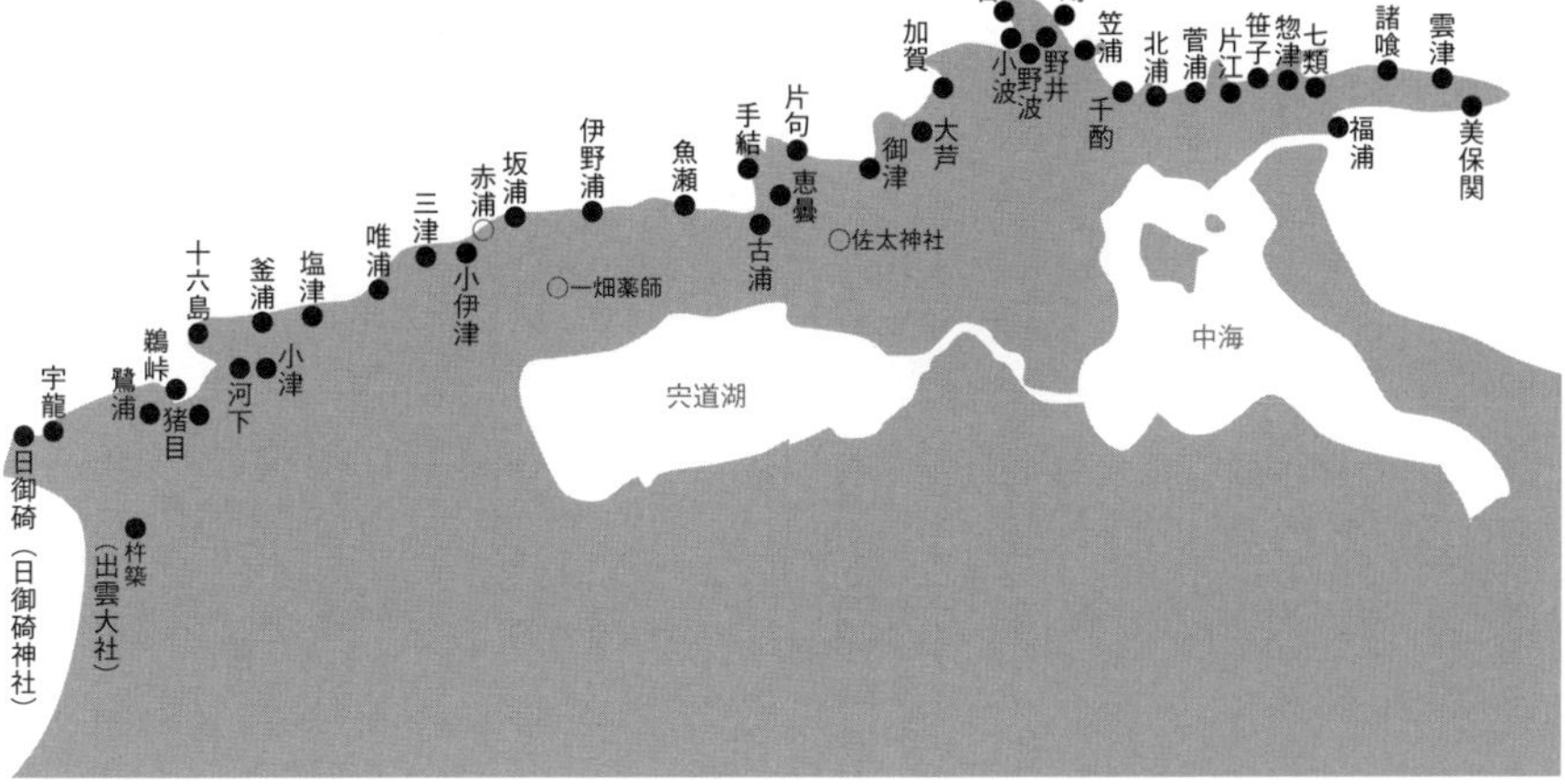

図1　島根半島四十二浦

る。

以下では、まず限られた文字資料と先学の見解を参考にして四十二浦巡りの変遷を推定し、次に巡礼の目的や意味、さらには特質について考察する。これらを通じて四十二浦巡りのかたちと心の両面に言及したい。

一　昭和十年代の四十二浦巡り

さて、四十二浦巡りの変遷について考察する前に、もう少しその様相を確認しておきたい。

昭和十四年十一月に片句（現松江市鹿島町片句）で民俗調査を実施した宮本常一は、四十二浦巡りについて、『出雲八束郡片句浦民俗聞書』（アチック・ミューゼアム社、一九四二年、後に『宮本常一著作集』三九〔未來社、一九九五年〕に再録）の中で次のように紹介している。

松江の東の福浦から、島根半島の北岸を大社まで行くと、浦が四十二浦ある。その浦々の潮を、竹筒に一滴か二滴づゝ汲んで集め、且その土地の社に参り、浦々の家で門付をなし、最後に一畑へ参るのである。之を四十二浦の潮汲みと言ってゐる。一廻りで二週間はかゝる。それを十回もくりかへす人があるさうである。中々一人では出来ないので、目の悪い人たちが二三人位で組み、之に目のよいものがついて行く事もある。夜の泊は大抵善根宿であるが、とめる方でも快くとめてやる。まことに心をうたれる風景である。片句では大抵大師堂で泊っていくさうである。御津から山に上って尾根伝ひに来ると、大師堂は丁度よい休み場になる。

かうして目の見え初めた人もあるといふが、それよりも信仰によって気持の救はれるのが多い様である。

当時、巡礼者は各浦で潮を汲み、氏神などの浦の神社に参拝して、半島中部の山地に所在し眼の薬師として知られる一畑《いちばた》薬師（一畑寺、現出雲市小境町、写真1）へ参拝するために、門付け《かどづ》をしたり、善根宿《ぜんこんやど》に泊りながら、二週間ほどをかけて巡ったという。

また、同年八月に十六島（現出雲市十六島町）で調査を行った瀬川清子の『十六島紀行・海女記断片』（未來社、一九七六年）には、次のようにある。

目の悪い人が一畑のお薬師さんに詣るために、七浦（小津、多井、塩津、只浦、三津浦、コイ浦、佐香浦）とか四二浦（美保関から大社までの間）とかの潮を汲みに、竹のシオタゴ（オカケともいう）をさげて、毎日五人、一〇人はくるが、その人たちは魚をとる方の浜から拝む。お薬師さんが海の底においでになった時に目にべべ（貝、十六島の頭屋渡しに吸物にする）がさがっていた、というて喜ばっしゃるのだ。

眼病を患う人が、旧平田市の北岸に位置する七つの浦、または半島の四十二浦で竹筒に汲んだ潮を一畑薬師へ奉納するのだという。坂浦の西、小伊津との間に赤浦（現出雲市坂浦町）という場所がある（写真2）。坂野与市という漁師が、その赤浦の小島近くで木仏を見つけて引き上げ、後に一畑山に御堂を建立して安置したのが今の一畑薬師であるという縁起が伝わる。海から引き揚げた薬師仏が、身に藻を纏っていたという縁起書もあれば、このように「べべ」という貝が目に張り付いていたという伝承もある。いずれにせよ、潮汲みを伴う浦巡礼が、一畑薬師の縁起伝承や眼病平癒の信仰と結びついていることがわかるだろう。

このように、少なくとも昭和十年代の四十二浦巡りは、島根半島の四二の浦々で竹筒に潮を少量ずつ汲み、

写真１　一畑薬師（一畑寺）

写真２　一畑薬師薬師仏の出現地・赤浦（写真提供　一畑寺）

浦の神社に参拝しながら巡るものであったようである。そして、一畑薬師への視力回復祈願を主目的に行われる例が多かったことがわかる。同寺は四十二浦巡りの結願の地とも見なされ、潮汲みの潮などの奉納が行われてきた。

二　四十二浦巡りの変遷

（一）文字資料にみる四十二浦巡り

それでは、四十二浦巡りはどのように成立し、変遷してきたのだろうか。その様相を窺い知れる文献資料は乏しいが、関連資料から浦巡りの変遷を読み取ってみたい。

①潮垢離《しおごり》と浦の神社巡拝

四十二浦巡りの存在を最初に確認できる文字資料は、かつて雲津（現松江市美保関町雲津）の諏訪《すわ》神社に奉納され掲示されていた額装の「雲州四十二浦之詠歌」である。今から約三〇〇年前の宝永七（一七一〇）年の年紀記載がある。

この詠歌の原本は、昭和六十一（一九八六）年に同社が罹災した際に社殿とともに焼失し、現存しない。しかし焼失以前、明治四十（一九〇七）年発行の『雲津誌』に活字で全文が紹介されている。

それによれば、奥書に大坂戎橋の大和屋勘兵衛と、雲津の須山□（欠字）三郎の名前が見え、両名は額装の詠歌の奉納者と考えられる。

各浦名の下に、氏神などの神社名、続いて詠歌が記される。例えば、「福浦　三保大明神　あさぼらけ霞の内に百船のあらしふくら（吹く・福浦※執筆者注）の沖やすむらん」のように、浦名や神社の祭神名を歌に織り込みつつ、四二箇所各浦の情景などを詠んでいる。

また、序文には四十二浦巡りの由来が記される。これによると、ある神職が、『古事記』などに収録される黄《よ》泉国《みのくに》神話に因み、禊《みそぎ》を行う目的で四十二浦巡りを思い立ったという。火の神カグツチを産んだために亡くなった妻イザナミを追いかけて黄泉国へ行った夫イザナギが、そこで汚れてしまった身のケガレを、日向の小戸《おど》の橘檍原《あわきはら》という場所で禊をして清めたところ、様々な神々が生まれたという神産みの神話である。

序文の記載にある四十二浦巡りを思い立ったという神職が、雲津の諏訪神社の神職なのか、あるいは他所の神職なのかは、当資料のみでは判然としない。さらに、この序文と奥書の記載から、宝永七年をもって四十二浦巡りの成立と見なすべきか、またはこの額装の詠歌の作成・奉納が宝永七年で、浦巡りそのものの成立はさらに遡ると考えるべきかが問題となるが、おそらく後者と考える。つまり、宝永七年以前から存在した詠歌と序文の由来記を、当年に筆写して額とし、奉納したのが大和屋勘兵衛らではないだろうか。

そして、序文に「四十二浦を打廻り、汀の塩をさへさへと汚穢の不浄を掃ひ清め」、「浦々の神等を拝」む目的とあることから、一八世紀初め頃の四十二浦巡りは、神道色が色濃く、禊を伴う浦の神社（氏神）巡拝のかたちであったことが理解される。

②木版刷り詠歌の頒布

次に、先の①「雲州四十二浦之詠歌」から一五〇年程下った幕末に、大根島亀尻村（現松江市八束町亀尻）の柏木又右衛門（一八一一〜一八八一）が作成した「出雲四拾二浦之垢離取《こりとり》歌」という詠歌がある（写真3）。そして又右衛門作の版木が今も子孫宅に伝存している。

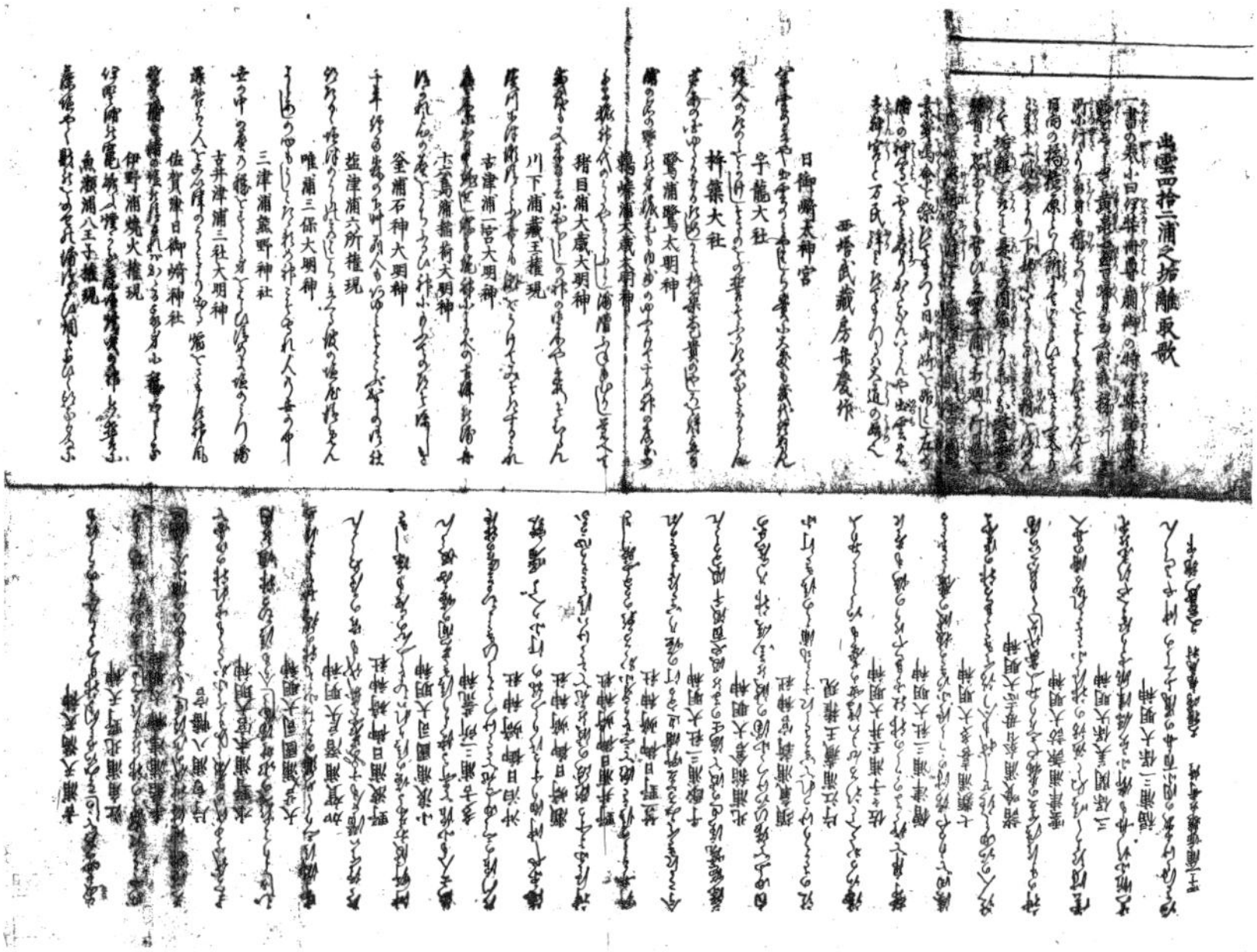

写真３　「出雲四拾二浦之垢離取歌」（境港市立図書館渡辺竹処文庫蔵）

関和彦氏の『古代出雲への旅―幕末の旅日記から原風景を読む―』（中央公論新社、二〇〇五年）によれば、慶応二（一八六六）年、『出雲国風土記』所載の神社を巡拝した小村和四郎という人物の旅日記『風土記社参詣記』の中に、和四郎がその道中、柏木又右衛門から「四十二浦垢離縁義」という刷り物を譲り受けた記録があり、これは「出雲四拾二浦之垢離取歌」と考えられるという。

このことから、幕末頃には四十二浦巡りの由来および各浦の神社の詠歌を記した刷り物が作られ、頒布されていたことがわかる。紙が横半分に折りたたまれ、表・裏ともに折目に向かって文字が連なる形状（折紙）である。したがって、多くの巡礼者が実際に折りたたんで携行し、各浦あるいは各神社で詠唱するなど、実用されたものと推測できる。

また、大正六（一九一七）年には、ある人物によって、又右衛門が制作した木版刷りの「出雲四拾二浦之垢離取歌」と同文の詠歌が板状の額に筆写され、一畑薬師へ奉納されている。奉納者は又右衛門と同じ大根島在住の人物である。この事例も木版刷りの流布を裏付けるものである。

なお、「出雲四拾二浦之垢離取歌」の序文には、①「雲州四十二浦之詠歌」と同様、イザナギによる禊に因み、ケガレを払う目的で四十二浦を巡るとある。他方で、①「雲州四十二浦之詠歌」が杵築大社から始まるのに対し、当資料は日御碕の日御碕神社を始まりとする。詠歌の内容もまた所々に違いがみられる。序文の末尾に「西塔武蔵房弁慶作」とあり、出雲の弁慶伝承を取り入れているのは興味深い。

③一畑薬師への祈願と浦巡り

さて、資料上で四十二浦巡りと一畑薬師の信仰との関連性が確認されるようになるのは、幕末頃からである。嘉永七（一八五四）年に一畑薬師に奉納された巻子装の資料があり、包紙に「四十二浦奉納歌」と書かれている。

詠歌の本文は①の「雲州四十二浦之詠歌」に近似しているが、特徴的なのはその序文である。祈願者がこの詠歌を奉納するまでの経緯と趣意を序文に記している。眼の薬師として知られる「一畑薬師神」へ眼病平癒を祈願した結果、視力が回復したことから、イザナギによる禊の神話に因んで四十二浦を巡り、潮で身を濯ぎ払い、薬師への御礼として詠歌を奉納するとある。当然ながら薬師如来は仏教における如来の一つであるが、当資料では「一畑薬師神」と表現しているのが興味深い。神・仏の区別を超越した庶民の信仰感覚を示している。庶民の巡礼者にとっては、浦々に祭祀された神も一畑寺の薬師仏も、区別なく祈りの対象であったのだろう。

遅くとも幕末までには、潮汲みによる禊を伴う四十二浦巡りと、一畑薬師の薬師信仰とが結びついていたようである。

④四十二浦以外の浦も巡る

次に、「四拾二浦 并《ならびに》道中附《どうちゅうづけ》」（個人蔵横帳）は、文久三（一八六三）年、意宇《おう》郡熊野村（現松江市八雲町熊野）在住の四名が、連れ立って四十二浦を巡礼した記録である。浦名、神社の祭神名、前の浦からの距離（里《り》数）と道中の地形（平地道か中山道かあるいは高山道か）を記している。左は当資料の序文の部分である。

抑於出雲国ニ四拾二浦塩酌順道并其浦氏神拝礼附、郡々浦々左ニ記ス、意宇、嶋根、秋鹿、楯縫、神門、〆五ヶ郡ニテ四拾二浦ニなるべし、于時文久三年亥六月ニテ拙者出廻いたし、同行四人、

当所森脇　桑原兵兵衛
同宮内　藤田国之助
〃　小松原慶左衛門
〃岩室　金崎善平

一畑御薬師様江開二心願ヲ一参詣つかまつる、四拾二浦ノ塩水ヲ奉レ献ト而已、心神(信心カ)之人者是ヲ以順廻(ママ)べし、此本何方江用立申テも、能々見覧相済後ハ早速この本江御返し可被下候、以上、

この事例もまた、各浦の潮を汲み、氏神を巡拝して、一畑薬師へ汲んだ潮を奉納し祈願を行う目的で四十二浦を巡っている。ただし祈願の具体的な内容は明らかにならない。

当資料が他の巡礼者への貸与を想定して記載されており、案内書の役割をもっていたことは、木版刷り詠歌の頒布と同じく、巡礼の広がりを示すものとして興味深い。

さて同行四人は、在所の熊野村を出て、宍道湖東岸の袖師ヶ浦、松江浦を通り、半島東部の福浦へ、そして半島北岸を東から西へと巡り、仮の宮、大土地《おおどち》浦、赤塚浦へと向かっている。その後はおそらく一畑薬師に参拝したと推測され、帰路にはさらに外園浦、差海《さしうみ》浦、板津浦と袖師ヶ浦、松江浦を巡っている。①から③の資料で定型であった四十二の浦のうち、惣津、笹子、瀬崎、沖泊、小波、河下の六つの浦には立ち寄らず、新たに袖師ヶ浦、松江浦、六坊浦、赤浦の四つの浦と、杵築浦として、定型の出雲大社に替えて中村浦仮の宮、大土地浦、赤塚浦の三つの浦を加えた四十二浦を巡拝したようである。

もう一点、「道歌百三拾八首」（一畑寺蔵巻子装二巻）を紹介したい。これは明治十九（一八八六）年に一畑薬師へ奉納されたもので、これまでの詠歌とは異なり、眼病平癒を願う願主が独自に詠んだ歌である。各浦での道歌四二首に加え、一畑薬師の霊験あらたかさを讃える道歌九六首の計一三八首からなる。福浦から杵築に向けて潮を汲みながら巡り歩き、一畑薬師に潮を奉納。さらに薬師仏が引き上げられたとされる赤浦へ行き、潮を汲んで一畑薬師に奉納している。定型の四十二浦ではない赤浦への追加参拝は、一畑薬師の信仰との融合に伴い行われるようになったものであろう。

三　四十二浦巡りの原初形態

それでは、なぜ島根半島の浦々を巡るのかという疑問が浮かぶだろう。以降この問題について考えてみたい。

宝永七（一七一〇）年の①「雲州四十二浦之詠歌」より以前の島根半島沿岸での巡礼の様相について、文字資料で確認することは現状では難しい。文献とは違う視点からの考察が必要となってくる。そこで以下では、平成二十五年三月九日に開催された「島根半島四十二浦巡り再発見講演会—四十二浦巡りを考えるⅢ—」（島根半島四十二浦巡り再発見研究会主催）での山本義孝氏の講演「島根半島の神仏習合」などを参考に整理したい。

（一）辺地修行

結論を先に言えば、島根半島の四十二浦巡りの原初形態は「辺地《へち》修行」であろうと推定される。

辺地修行とは、諸国の海岸沿いにある磯や岬、岩窟、小島など、海と陸との境（＝辺地）を行場として巡る修行である。それは奈良時代頃から盛んに行われるようになったという。とくに陸地の先端部が海に突き出た地形の岬は、海の彼方にある常世《とこよ》から神々が寄り来る聖なる場であり、神々が常世へ旅立つ場でもある。例えば四十二浦の一つ、半島西端の日御碕も、神々が寄り来る場所（岬）として存在してきたことは良く知られている。辺地行者は、岬の先端で命の象徴である火を灯し、常世の神に献じたり、波で削られた海蝕《かいしょく》洞窟に籠り、護摩《ごま》を焚いて行を行ったりしたという。

このように、辺地行者は岬を重要視し、海辺に祀られた神々を巡りながら行をするが、半島には岬が多くあることとともに、半島自体が岬として神が宿りやすい地とみなされてきたのではないだろうか。

山本氏によれば、重要なのは、辺地修行がそれ単体で存在したわけでなく、海と山とが一体となった修行形態（辺地修行と峰入り）であったことであるという。つまり岬など、海岸の聖地、霊地で禊を行い、身を清めたのち、籠り山へ籠る。山岳信仰の行者が山中で修行することは周知のことであるが、彼らは実は海岸の岸壁などでも修行を行っていたようである。

（二）他地域の辺地修行とその名残

島根半島以外の地域で辺地修行が行われていた形跡が

確認されているので、いくつか紹介したい。

まず紀伊半島熊野の辺地修行は、熊野三山への参詣道である熊野古道の一つ、海辺を通る「大辺路《おおへち》」として残存し、「王子」と呼ばれる小祠を参拝しながら巡るものである。この小祠は辺地に祀られた海の神達であるという説がある。

次に、四国の辺地修行は、平安時代末期の説話集『今昔物語集』に、

　今昔、仏ノ道ヲ行ケル僧三人伴ナヒテ、四国ノ辺地ト云ハ伊予・讃岐・阿波・土佐ノ海辺ノ廻也、其ノ僧共其ヲ廻ケルニ思ヒ掛ズ山ニ踏入ニケリ、深キ山ニ迷ヒケレバ浜辺ニ出ム事ヲ願ヒケリ。

とある。仏僧三人が四国の「海辺ノ廻」を巡り行をする話である。また、同時期に成立した後白河法皇撰の歌謡集『梁塵秘抄《りょうじんひしょう》』には次のようにある。

　我等が修行せし様は　忍辱袈裟をば肩にかけ　また笈を負ひ　衣はいつとなくしほたれて　四国の辺地をぞ常に踏む

苦難を堪え忍び、袈裟を肩に掛け、笈を背負い、潮風や打ち寄せる波しぶきを含んで衣が重く潮垂れながら、修行者たちは四国の辺地をいつも廻っているという内容である。このような四国の辺地修行は青年時代の空海も行ったといい、現在は空海の遺跡寺院を巡る四国八十八ヶ所遍路として再編を経つつ残存している。

伊豆半島の辺地修行は、伊豆走湯《はしりゆ》権現の伊豆国入峰《にゅうぶ》として明治期まで存続し、十一月から一月にかけて、同行五人で辺地修行をしながら伊豆半島を一周した。

このように、少なくとも一二〜一三世紀の修行者にとって、全国の半島や島の辺地を巡ることには特別な意味があった。そしてその形跡が所々に確認されている。辺地修行は、室町時代には「辺路」と記して「へんろ」と読むようになり、さらに江戸時代には「遍路」と変化したようである。

（三）島根半島の山岳信仰と辺地修行

それでは、島根半島の場合はというと、『梁塵秘抄』に「聖の住所は何処々々ぞ、箕面よ、勝尾よ、播磨なる書写の山、出雲の鰐淵や日の御崎、南は熊野の那智とかや」という歌謡がある。平安時代末期、「聖の住所」として、箕面寺《みのおじ》（現大阪府箕面市の瀧安寺《りゅうあんじ》）、勝尾寺《かつおじ》（同市）、書寫山圓教寺《えんぎょうじ》（現兵庫県姫路市）とともに、鰐淵《がくえん》寺《じ》（現出雲市別所町）や日御碕が都にまで知られてい

た。つまり、聖行者が鰐淵寺や日御碕にたくさん存在したということになる。

そして山本義孝氏は、島根半島でも往古、辺地修行が行われていたと考えている。先に海と山とが一体となった修行形態について言及したが、『梁塵秘抄』に記された半島西部の場合、山岳修行（峰入り）の拠点が鰐淵寺であり、辺地修行の拠点が日御碕であると推定している。半島中・東部も同様に、例えば一畑薬師と赤浦、佐太神社（現松江市鹿島町佐陀宮内）や成相寺《じょうそうじ》と（現松江市荘成町）後述の加賀の潜戸《くけど》など、山岳修行の拠点と辺地修行の拠点という複数のセットが想定できるという。

また、本稿では詳述する余地がないが、山本氏の実地調査により、日御碕や加賀などの岬において火焚き行場跡や籠り行場跡が確認されており、加えて山中の入峰ルートの推定もなされている。そして、海と山とが一体となった修行形態は、複数のセット（エリア）が集合し、島根半島全体を横断するかたちで行われていた可能性を提示されている。

右のような島根半島における辺地修行の視点は、非常に新しく、かつ重要な指摘である。本稿ではなおも課題提示にとどまるが、四十二浦巡りの原初形態は、島根半島を活動拠点とした修行者による辺路修行にあると考えたい。

（四）島根半島における浦巡りの変遷

ここまでの文字資料から窺える江戸中期以降の展開と、浦巡りの原初形態に関する推定を合わせて、甚だ大まかながら、四十二浦巡りの変遷を試案としてまとめてみる。

山本義孝氏の見解に従えば、往昔、島根半島でも沿岸の辺地を巡拝する聖行者による辺地修行が存在していたと推定され、それが山岳修験の成立期である一二世紀頃になると、辺地修行と山々の稜線を縦走する廻峰行とが一体となった修行形態へと移行していったとみられる。しかしその後、戦国期には政治的・社会的混乱の影響を受けて一時衰退したと推測されている。

そして主に修行者のものであった古代・中世の島根半島の辺地修行は、おそらく江戸時代になると、神道思想の発展の影響を受けて、禊を伴う浦々の神社巡拝として神道的に再編されたであろう。そうして初見資料の①「雲州四十二浦之詠歌」が作られた一八世紀初頭までに、現在のかたちにつながる民衆主体の四十二浦巡りとなっていったのではなかろうか。

その際、『古事記』などにおける神産み神話（黄泉国神話）に因み、中世から近世初め（一七世紀中頃）にかけての出雲大社の祭神スサノヲを主軸に整備された可能性がある。この点については関和彦氏が、『古事記』においてイザナミの死後、スサノヲの誕生までに誕生した神々の柱数が四二柱であること、また②「出雲四拾二浦之垢離取歌」などでスサノヲが強調されていること、さらに享保二（一七一七）年の出雲国の地誌『雲陽誌《うんようし》』で、四十二浦の神社の中でスサノヲを祀る社が多いことなどを指摘している（平成二十二年十一月二十八日、島根半島四十二浦巡り再発見講演会における講演）。この見解は示唆深く、四十二浦巡りとしての成立時期や再編主体についての解明を見据えて、大いに参考としたい。

さて、四十二浦巡りは一八世紀初めには禊を目的とした浦の神社参拝のかたちであったが、幕末頃にはさらに一畑薬師の薬師信仰との結び付きが顕著に確認されるようになる。眼病平癒などの祈願を目的とした神社巡拝も盛んに行われたようである。半島地域の寺社のなかでもとくに一畑薬師と結びついた背景については、現段階では明瞭な答えを提示できないが、後ほど触れる、赤浦で採取した潮や海藻の一畑薬師への奉納習俗が、当時期に四十二浦巡りと結びついた可能性を想定している。そして江戸時代後期頃からの一畑薬師信仰の隆盛も無関係ではないだろう。

木版刷りの詠歌の頒布や案内記の作成・貸与などの広がりを見せたのも幕末頃からである。定型の浦以外の浦も巡拝するといった展開の様子も窺える。宮本、瀬川両氏による昭和十年代の報告も合わせ考えれば、幕末から第二次世界大戦頃にかけて四十二浦巡りが盛行となる一つの転換点があったようである。

そして現在にかけては、巡礼の形式や目的が多様化してきているように感じられる。時々により多様な表情を見せる風光明媚な島根半島の各所に立ち寄りながら浦々を巡る、行楽・観光的要素も大きくなってきている。さらに、近年の自治体や研究会などの活動を通じて、現代的価値の再発見も課題となってきている。

四　四十二浦巡りの意味と目的

さて、四十二浦巡りの精神面に視点を移したい。聞き取り調査や文字資料などから、四十二浦巡りの目的や意味合いを抽出すると、次の六つに大別できるように思う。

（一）禊・潔斎《けっさい》

まず、四十二浦巡りには自らの心身を清める禊、潔斎の意味がある。前述の①「雲州四十二浦之詠歌」では、イザナギ・イザナミの黄泉国神話に因んで「四十二浦を打廻り、汀の塩をさへさへと汚穢の不浄を掃ひ清め」るとある。

あるいは、同じ「清める」でも、浦の海辺で汲んだ潮で神前や仏前、家屋や土地を清める意味もある。例えば、「一畑の御堂きよめし塩なりと笹子の塩ではらひため《たまい》へし」（「汐汲み抄　昭和五十三年春」〔島根県立図書館蔵〕笹子）とあるのがそうである。一畑薬師の薬師堂の尊前を清めるために汲む潮水なのだという。

さらに、一つ目の心身を清めることにもつながるが、死のケガレを祓い清める意味も含まれている。死者が出た家の家族や親類などの忌みの期間が終わるときに、近隣の七浦や四十二浦を巡り、潮汲みが行われた例も報告されている。

（二）死者供養

故人の冥福を祈り、追善供養をし、追慕するという例がある。「いとけなき我を背負ひて潮汲みし母の情の思おゆるかも」などの歌が詠まれている（「汐汲み抄　昭和五十三年春」）。幼少の頃、母親に背負われて潮汲みの巡礼をした記憶を蘇らせ、成人となった当人が再び浦々を巡り、浦の景観、母子の身上や当時の心境、母に対する追憶を歌に詠んでいる。

（一）で述べた忌明けの七浦巡り、四十二浦巡りもまた、死者供養の意味をもつと考えられる。

（三）願掛けと願果たし

四十二浦巡りは、病気平癒（眼病平癒）の祈願と、その御礼参りの事例が非常に多い。③「四十二浦奉納歌」の事例をはじめ、「眼ねがひに四十二の浦をめぐりしてくみにまへ《い》りし今日はきた浦」（「道歌百三拾八首」北浦）という歌も、このことを示している。

あるいは、戦時中の出征兵士の家族や親類が、戦勝を祈願したり、無事に帰還した際の御礼参りとして浦を廻った例もあるようである（平成二十四年二月十八日、四十二浦巡り再発見研究会平田地域ガイド講座における福田智照氏の報告）。

そして家内安全やその他の心願成就を祈願したり、その御礼参りとして浦巡りが行われた例も報告されている。

（四）自己の内面を見つめる

四十二浦を巡礼するなかで、社会における自らの在り方や半生を振り返り、人生を見つめなおす。あるいは、直面する悩みを自問し、心の整理をするといった、自己を見つめる側面があるように思われる。その結果、たとえ現実の状況は変わらずとも、気持ちが晴れ心の整理ができたという話も聞かれる。

（五）神仏との出逢い

四二の浦の神社参拝はもちろんのこと、浦巡りの間に巡り逢える寺堂の仏や路傍の祠や野仏、その他の聖地・霊地を巡拝する面もある。根源的には、岬や小島、草木、岩石に代表されるような自然物に宿った神々への祈りも同様であろうと思う。

（六）行楽・観光

史跡・名勝巡りとして浦を巡ったり、神社を訪ねたり、あるいは四季折々に様々な表情を見せる山海や奇岩、草花の風景を眺めたり、漁村の家並みを見て楽しんだりという面が、少なからずあると考えられる。

以上の六分類は互いに連関しており、多くの場合、複数の意味合いが重層的になっている。

他の巡礼も同様と思われるが、島根半島の浦々を巡ることは、非日常的な環境のもとで、自然や神仏や故人と向き合い、人びとと触れ合いながら、自分を見つめるプロセスとなるだろう。そうした経過を通じて、何かを見出したい、変えたい、リセットしたい、リフレッシュしたいというような我々人間の根源的な願いが、四十二浦巡りには含まれているように思われる。

五　四十二浦巡りの特質

最後に、四十二浦巡りの特質について整理しておく。

一口に巡礼と言っても、多様な性格のものがある。また、四十二浦巡りという一つの巡礼にもいくつもの特質を指摘できるが、まずは、基本として神社巡拝の形式であることに特色がある。しかもその神社の多くが海辺に近い浦の氏神であることは特徴的であろう。浦の氏神を巡礼するということは、村落（漁村）を巡ることとなる。その意味では、村落巡礼ということも可能である。

　そして、浦の神社巡拝というだけでなく、幕末頃から一畑薬師の信仰と結び付き、同寺が結願地として存在し、浦巡りの信仰の集約地となっていることが二点目の特徴である。四十二浦巡りは視力回復を願う人びとの信仰形式の一つでもある。

　三点目として、形式を変えつつも、現在まで日本の宗教の一原初形態である辺地巡礼のかたちを残していることが挙げられる。岬など島根半島の各所は聖地・霊地として存在し、海洋信仰（常世信仰）に基づく先祖や神々の祭祀の場として、常世の神に近い場所と認識されていたと考えている。神社巡拝の性格が強まった江戸時代以降も、その意味合いが完全に失われたわけではないように思う。

　四点目の特徴として、苦行性を指摘できる。眼の見えない人、弱視の人が、起伏が激しく崖地の多い半島沿岸の浦々を歩き巡るのであるから、相当な危険性をはらむものであったことは容易に想像できる。海風や波しぶきを避けながら長距離を巡る行程は、眼病平癒の祈願者以外の巡礼者にとっても、決して容易なものではなかったはずである。

　そして潮やホンダワラなどの海藻や、海岸の石を神仏へ奉納する習俗を伴う点が、五点目として挙げられる。例えば一畑薬師の薬師本堂脇には、薬師仏の出現地である赤浦や他の浦々で採取した潮、海藻、石などが供えられている（写真4）。赤浦の海中から拾い上げられた一畑薬師への供物とされる。しかし、日御碕神社の神事で、宇龍の権現島で行われる和布刈《めかり》神事に代表されるように、同様の習俗は島根半島地域の各所で古くから行われており、四十二浦の神社でもしばしば見ることができる。

　これらの奉納習俗には、（1）海の彼方にある常世からの産物を供物として神仏へ奉納する。（2）潮もしくは潮が付着した海辺の物を供えて、自らの心身と神前・仏前を清める。（3）海藻などは神の依《よ》り代《しろ》であるという考え、があるように思われる。潮汲みやこれらの神仏への奉納習俗は、おそらく四十二浦巡りの成立よりずっと以前から行われていたであろう。

写真４　一畑薬師の薬師本堂脇に供えられた潮・海藻・石

そして最後、六点目の特徴は、「死と再生」の意味合いが読み取られることである。巡礼は本来非常に苦しいものであり、そのような苦痛を生前のうちに味わい、新しくこの世に再生してくるという日本人の特徴的な考え方がある。「擬死再生《ぎしさいせい》」という言葉で表現される思想である。苦行性を伴う四十二浦巡りは、生まれ清まりの信仰儀礼でもあるだろう。

他方で、島根半島沿岸の聖地・霊地は、死者供養の場でもあった。半島には黄泉の穴といわれる岩屋や、賽《さい》の河原《かわら》、岬の洞窟がいくつもある。例えば、猪目洞窟（現出雲市猪目町）は、食物の残存や灰のほか、十数体の人骨が出土していることから、弥生・古墳時代に連続して人が住み、同時に墓地として利用された場所と考えられている。『出雲国風土記』出雲郡宇賀郷条にみえる「黄泉の穴」は当洞窟を示すとする説が有力であり、夢でこの洞窟に至れば必ず死ぬという伝承が記録されている。

また加賀の潜戸《くけど》（現松江市島根町加賀）は、新潜戸と旧潜戸の二つからなり、新潜戸は海中洞窟となっており、『出雲国風土記』所載の佐太大神（佐太神社の祭神）の誕生地で、誕生の際に母神が金の矢を射通して作った洞門という。一方の旧潜戸は狭隘な洞窟で賽の河原となっており、亡くなった子どもが親を慕って積み上げたという石積みが無数に立つ。二つの潜戸はまさに生と死にまつわる霊地である。

これら代表的な二例以外にも、「死と再生」に関わる聖地・霊地は多い。これらは往古の辺地修行の対象でもあったと推測される。

そもそも、一八世紀初めの①「雲州四十二浦之詠歌」以降の文字資料で、四十二浦巡りがイザナミ・イザナギの神産み神話（黄泉国神話）に由来する禊を目的としていることも、一種の「死と再生」への願いの表出と言ってよいかもしれない。

おわりに

以上本稿では、甚だ概括ながら、島根半島の四十二浦巡りの成り立ちと変遷を推定し、その目的や意味、特質を検討してきた。出雲地域、とくに島根半島の地域性を考察する際に、四十二浦巡りは大変有効な素材といえるだろう。島根半島の新たな歴史・文化の見方を提供してくれるように思われる。

これまで漠然と、または断片的にしか知られていなかった四十二浦巡りであるが、その展開を段階的に捉えることが重要であり、そのための研究的蓄積が必要である。そうして形態の変遷と本質的性格、すなわち変わってきたものと変わらないものを見極めなければならない。そのうえで、現在を生きる我々は四十二浦に何を願い、いかに向き合うのかを、個々の問題として明らかにしていくことが肝要である。

四十二浦巡りの歴史とその意義を捉えるために、考察を深めるべき課題が数多くある。本稿で言及できなかった点も含め、稿を改めて検討したい。

四十二浦巡りと『出雲国風土記』
～恵曇世界と神名火山～

関　和彦

四十二浦巡りの舞台、島根半島は『出雲国風土記』の歴史を負うた世界である。その一角の恵曇地域に焦点を合わせ、風土記の時代、四十二浦の時代を往復しながら、佐太神社前宮司の朝山晧氏の画期的研究「神名火山・朝日山」の論に学びつつ、二つの世界の拮抗を地域史の中で描くことを期した。

はじめに

歴史、古代史の研究に身を置き、閉じられた過去への扉を開こうとする時、扉は重い上、肝心の鍵も見当たらないことが殆どである。

為す術もなく扉の付近を彷徨っていると、時に鍵を握った歴史びとに出会うことがある。四十二浦巡りの旅はその出会いから始まった。歴史は「出会い」から始まる、それがわたしの古代への旅である。

筆者が小村《おむら》和四郎重義の書き残した旅日記に出会ったのは平成九（一九九七）年、島根県立図書館であった。

慶応二（一八六六）年二月二十五日、平田の商人、小村和四郎重義は渡辺彝の『出雲神社巡拝記』の抜書を片手に風土記の神社を探し巡り、大根島、『出雲国風土記』にみえる蜛蝫島を訪れた。島内の神社を参詣中、祭礼から戻る人物と同行することになった、「この仁、亀尻の又右衛門と申す人にて、四十二浦の縁義などを遣わすよし咄いたし」、その「仁」は和四郎を亀尻の自宅に招いた。残念ながら小村和四郎はその「亀尻の又右衛門」の姓について書き残すことはなかった。歴史が課す事実への壁である。

平成七（一九九五）年、八束町公民館発行の文芸誌『大根島』第一号に亀尻の柏木侑氏が「出雲四拾二浦之

垢離取歌」という論文を寄稿し、自宅には先祖の又右衛門が残した「出雲四拾二浦之垢離取歌」の版木が残されていると貴重な報告をなされていた。実に又右衛門は亀尻の「柏木又右衛門」であった。

小村和四郎重義、そして柏木又右衛門、そして両人のご子孫とも出会い、わが四十二浦の旅は始まったのである。

一　消えた天神

小村和四郎が柏木又右衛門から貰った「四十二浦の縁義」は柏木侑氏の所蔵の版木からその全貌は明らかであるが、残念ながら作成年次は不明である。柏木氏はその作成年次を「又右衛門施印」からして又右衛門の死、明治十四年の二・三十年前を想定している。ところがそれより古い宝永七（一七一〇）年に作成された「雲州四十二浦之詠歌」なる額装された奉納板が雲津浦に鎮座する諏訪神社拝殿に飾られていたことが判明した。しかし、昭和五十一年に社殿が心なき人々の失火により全焼し、それとともに額装は消失するという事態に陥ったのであった。再建された諏訪神社の拝殿に参ると真新しい四十二浦之詠歌が飾られていることに気づく。実は明治四十年に雲津青年会が発行した『雲津誌』に当時の在任教員の山田賀太郎が額装の全文を採集、載せていたのであった。その貴重な資料により諏訪神社の「雲州四十二浦之詠歌」は再生したのである。

この論ではその四十二浦の丁度中間に位置する二つの浦に焦点を絞り、本題である、四十二浦巡りと『出雲国風土記』について論じることとする。

古浦　天満天神
敷島の　道をかしこみ　天満に
　神よしるらし　宮のうらはも
江角浦　北野天神
妙や爰に　北野の神の　ますしるしに
　立てる松と　梅とは

この「古浦」「江角浦」は今日も大字古浦《こうら》、江角《えずみ》に名を残すが、古代においては恵曇《えとも》、『出雲国風土記』によれば秋鹿郡《あいかぐん》恵曇郷であった。

『出雲国風土記』秋鹿郡恵曇郷条をひもとく。

恵曇郷　郡家の東北のかた九里卌歩なり。須佐能乎命の御子、磐坂日子命、国巡り行でましし時、ここに至りまして、詔りたまひしく、「ここは国稚く美好しきかり。国形、画鞆の如きかも。吾が宮はここに造らむ」とのりたまひき。故、恵伴といふ。神亀三年恵曇と改む。

また自然環境の叙述においては、

恵曇浜　広さ二里一百八十歩なり。東と南とは竝びに家あり。西は野、北は大海なり。即ち、浦より在家に至る間は、四方並び竝びに石木なし。白沙の積れるがごとし。大風の吹く時は、其の沙、或は風の随に雪と零り、或は居流れて蟻と散り、桑麻を掩覆ふ。即ち、彫り鑿てる磐壁二所あり。（一所は厚さ三丈、広さ一丈、高さ八尺なり。一所は厚さ二丈二尺、広さ一丈、高さ一丈なり。）其の中に川を通し、北に流れて大海に入る。（川の東は島根郡、西は秋鹿郡の内なり。）川の口より南の方、田の辺に至る間は、長さ一百八十歩、広さ一丈五尺なり。源は田の水なり。上の文に謂へる佐太川に西の源は、是の同じき処なり。凡て、渡村の田の水の南と北とに別れるのみ。古老の伝へていへらく、島根郡の大領社部臣訓麻呂が祖波蘇等、稲田の澇に依りて、彫り掘りしなり。

とする。

さらに『出雲国風土記』は神社項で、「在神祇官社」として「恵杼毛社」、「不在神祇官社」として「恵曇海辺社、同じき海辺社」の三神社の同地域における鎮座も報告するのである。これだけ詳細に古代、奈良時代の行政地名・歴史伝承、そして自然環境、さらに村落、産業、そして開発、宗教まで報告されている地域は他に見出すことはできない。まさに地域社会の政治・社会・宗教・自然、そして神話・歴史を語る稀にみる歴史世界といえよう。

その古代の恵曇の環境は近世に佐太運河が東西に開鑿され、北側が江角（これは「恵曇」が安曇の事例の読みで訛り、「えとも」から「えづみ」となり、漢字表記も簡略な「江角」となった）、南側は古浦と呼ばれるようになった。古代、恵曇は一つの世界であったが近世においては「佐太川（佐太運河）」の北、江角、そして南側の古浦の二つの世界に分かれるに至ったのである。

佐太運河の開鑿は恵曇の人々の南北の日常的往来に支

障をきたしたようである。小村和四郎によれば橋ではなく、「渡し場へ出て、渡し船にて向地に向へ、佐太川を渡」ったという。

江戸時代の初めに始まったと思われる四十二浦巡りの巡礼が恵曇に二つの浦を巡拝地として選んだのは当然の成り行きであったと思われる。先に触れた「古浦　天満天神　敷島の　道をかしこみ　天満に　神よしるらし宮のうらはも」の「天満天神」は今も古浦の海水浴場の山手、集落の中に「古浦天満宮」の社名を擁し、鎮座している。しかし、「江角浦　北野天神　妙や爰に　北野の神の　ますしるしに　立てる松と　梅とは」の江角の「北野天神」は現在知る人もいない神社である。

尚、さかのぼる天正六（一五七八）年の佐太神社蔵『佐陀大明神間社内證記』秋鹿郡の項に「(古浦) 天神、(江角に御座す) 北野天神両社恵美須両社是也」と見えるのが両天神の初見であり、寛文八（一六六八）年の『佐太神社記』にも関係社として「古浦」の「天神宮」とは別個に「天神社　菅原天神」の社名がみえており、これも「北野天神」と思われる。恵曇地域の北南の二つの天神社は史料上は中世末まで辿ることができそうである。

二つの天神の詠歌は宝永七（一七一〇）年に雲津の諏訪神社奉納された拝殿の額装板に書かれていたものであるが、図らずもそれから僅か七年後の出雲事情を記した貴重な地誌、享保二（一七一七）年の黒澤長尚の地誌『雲陽誌』の記述は微妙であり、大変注目される。

ここに『雲陽誌』秋鹿郡の巻に載る恵曇地域を載せる（抄略、基本的に立項された地名、神社、寺院に名称のみに限定、但し後文で言及する事項に関しては説明文も付す）。恵曇海浜地区は古浦と江角の二地域に分けられている。

古浦

伊奘諾浜・塩浜・川（いこし川）・真名加利島

天神　本社九尺四方東向、拝殿二間梁三間境内三十間に二十間あり、九月二十五日七座神事湯立神楽を祭礼とす。寛永八年の棟札あり。

客明神・恵美酒社・男島明神・荒神・水神

海禅寺　平沙山といふ禅宗なり、本尊地藏。

喜蔵庵・辻堂

江角

恵曇海辺社・海辺社・恵美酒社・水神・荒神・

天王山・御崎山
長福寺　満禅寺といふ禅宗なり、本尊十一面観
音
大日堂・灘中島・沖中島・弁才天島

古浦をみるとそこには御詠歌の「天満天神」が立項され「天神　本社九尺四方東向、拝殿二間梁三間境内三十間に二十間あり、九月二十五日七座神事湯立神楽を祭礼とす。寛永八年の棟札あり。」と詳細な報告がなされている。

一方、江角をみると、詠歌が奉納された「江角浦　北野天神」の社名はどこにも確認できない。宝永七年から僅か七年で姿を消し、史資料にもその痕跡を残さぬ幻の天神となっている。それを物語るように詠歌を再覧すると、「妙や爰に　北野の神の　ますしるし」とあり詠歌を奉納した人物も何故、江角に「天神」が鎮座しているのか不思議に思っていたことが伺える。古浦に天神、そして次の浦にも天神、不思議さを覚えても不思議ではない。

北野天神の江角からの退場、それに関してはまずは宝永年間までは「北野天神」であったが、享保年間には『出雲国風土記』にみえる「恵曇海辺社」に改称したという流れが考えられる。しかし余りにも天神信仰と風土記社では乖離しすぎているのではなかろうか。また北野天神が「恵曇」神社に合祀されたことも想定されるが、現在の江角の恵曇神社にはその形跡は微塵も考えられず、また由緒にもみえない。

因みに文久三（一八六三）年に四十二浦巡りを行った熊野村岩室の金崎善平はその記録『四拾二浦塩酌順道并其浦氏神拝礼附郡々浦々』において「古浦」は「天満宮」としながら、「江角」は「恵曇神」と記している。金崎は明らかに江角において「北野天神」ではなく、『出雲国風土記』に「恵曇海辺社」とみえる古社・恵曇神社を参拝したのである。慶応二（一八六六）年に「江角（恵曇）」を訪れた小村和四郎は「江角大明神」を参拝し、宮司直々に朱印帳に社名を認めて貰っている。そこには「恵曇神社・恵比須神社・恵曇海辺神社」の社名しかみえず、「北野天神」の記載はみえない。

それは「北野天神」が宝永七（一七一〇）年から享保二（一七一七）年の僅か七年の間に廃社となったか、巡礼の対象が天神から風土記社へ変更になったということなのであろう。

二　ふと出合う歴史の端著

「妙や爰に　北野の神の　ますしるしに　立てる松と梅とは」と詠われて確実に江角の地に鎮座していた「北野天神」、今はその聖なる地を示す「松と梅」は確認できない。

恵曇の地は古代の社会史、また『出雲国風土記』の研究において極めて史料上においても、現地調査においても重要な位置を占めている。かつて筆者が昭和五十一年に恵曇の現地調査に入り、翌年に「社部臣と恵曇郷」（『歴史手帖』五巻十一号）を発表して以来、古代社会を考究する貴重なフィールドとして注目され、島根県古代文化センターも平成五（一九九三）年から平成八（一九九六）年にかけて「秋鹿郡恵曇郷」の共同研究を展開し、平成九（一九九七）年三月にその成果『出雲国風土記の研究Ⅰ秋鹿郡恵曇郷調査報告書』を公にした。

その成果の一つに地理学・地名学の黒田祐一氏が集成した「旧恵曇郷の地名一覧（附・地図）」という労作がある。ここにその一部を転載する。

図１　黒田祐一氏作図
旧恵曇郷地名一覧より、一部加筆

ここで注目したいのは小字の「天神田」である。かつての「北野天神」の面影を伝える地名であろう。しかし、その「天神田」はあくまで「北野天神」の神田の場所であり、その地が即に「北野天神」の鎮座地とはならない。現に付近に「八神田」がみえるが、その八神（上）神社の鎮座地は東南に「五百米」は離れた場所に鎮座している。

ここで貴重な元文五（一七四〇）年の恵曇神社蔵絵図に目を転ずる。元文五年の絵図といえば『雲陽誌』享保二年から二十三年後の恵曇世界を描いており、すでに「北野天神」はみえず、神社としては『出雲国風土記』の「恵曇海辺社」、乃ち恵曇神社が大きく描かれている。右手に今も残る大日堂が描かれているので恵曇神社の鎮座地は動いていないことがわかる。ここで注目したいのは集落内に描かれている、『雲陽誌』には立項されていない「法船寺」の存在である。

『雲陽誌』の享保の世界でいえば江角の寺は先に紹介したとおり「長福寺　満禅寺といふ禅宗なり、本尊十一面観音」だけであったが、その長福寺は絵図にはみえない。即ち享保から元文年間にかけて江角の寺は長福寺から法船寺に交替していることが判明する。長福寺が廃寺となり、機を逸することなく新たに法船寺が開基されたのであろうか。

法船寺は現在も町なかに溶け込み、積極的な社会活動を展開している。寺院境内入口の真新しい門柱には「曹洞宗・満禅山　法船寺」と記されているのが注目される。同寺ホームページによれば「境内には享保年間（一

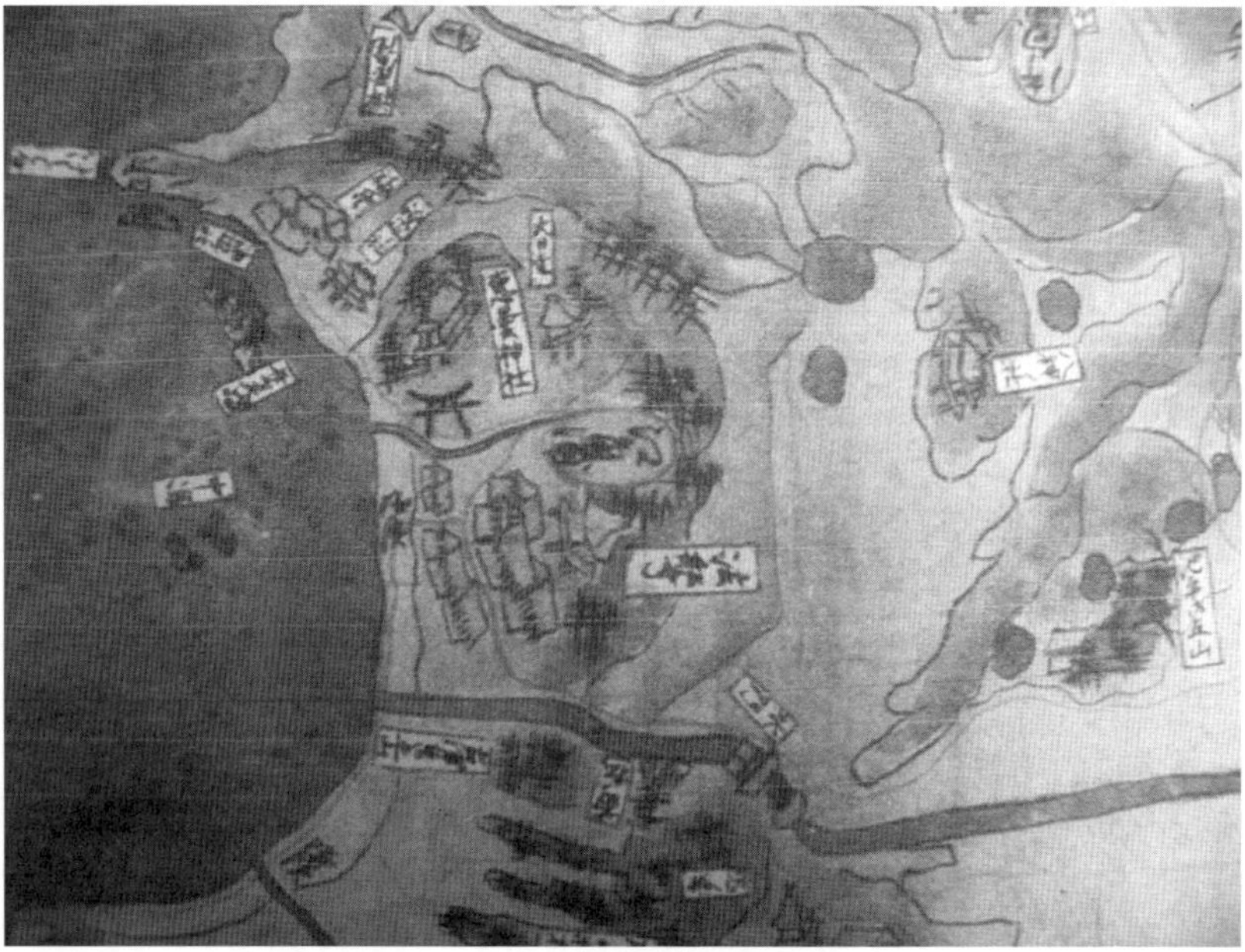

図２　元文５年の恵曇神社蔵絵図

七一六～一七三六）建立といわれる観音堂、円通閣があり、三十三体の観音像が安置され、西国三十三ヵ所霊場を象徴しています」、「記録の消失により創立年代は不明だが、かつては恵曇神社近くの寺尾と呼ぶ山上にあり、真言宗の寺院だった。その後、禅宗の興隆に際し曹洞宗に改まったといわれる」とみえる。

　この寺伝に象徴されるように法船寺の寺歴において享保年間は深い意味を有していたのである。そこで注目されるのは絵図には見えない「長福寺」の山号「満禅山」である。これに代わって絵図に登場する「法船寺」の山号も「満禅山」であり、両寺院は宗派、寺号、また所在地が変更されても同一寺院であったことが判明しよう。

写真１　法船寺門柱銘

　享保年間の『雲陽誌』、元文年間の恵曇地図、そして法船寺の寺伝を年代的に整理すると、『雲陽誌』にみえる長福寺は元は「恵曇神社近くの寺尾と呼ぶ山上」にあり、十一面観音を本尊とする真言宗であったが、「禅宗の興隆」の中で曹洞宗に宗派替えを行い、やがて寺号を「法船寺」と改め、元文五年までには寺地を江角の集落内に移し、観音信仰は継承しながら、「満禅山法船寺」として地域の仏教信仰の拠点として位置を築いたということになろう。

　ここで注目すべきは江角地域では享保の時代に「北野天神」が退場し、『出雲国風土記』の「恵曇神社」が首位を占め、一方、仏教の世界でも長福寺から法船寺へと交替し、寺地は山から降り、恵曇神社の左前方に移るという「恵曇宗教改革」がなされたのである。

　「北野天神」に引きつけていうならば、宝永七（一七一〇）年の奉納額に「北野天神」とあるが、享保二（一七一七）年では姿を消し、その後を追うように長福寺も移転・改名・改宗という道を二人三脚のように歩んでいるのが気になる。天神と長福寺の退転、この恵曇を包み込んだ宗教改革の波は何処から寄せてきたのであろうか。

三　秋鹿郡神名火山と朝日山

恵曇の古浦天満宮から南側を見上げればそこには大きく『出雲国風土記』の神名火山が聳えている。いわゆる「かんなび」山（野）は『出雲国風土記』には意宇郡・秋鹿郡・楯縫郡・出雲郡に記されている。それぞれ意宇郡は「神名樋野」、秋鹿郡は「神名火山」、楯縫郡は「神名樋山」、出雲郡は「神名火山」と表記されており、全く同じなのは秋鹿郡、出雲郡の「神名火山」だけである。しかし山名、すなわち固有名詞というのは他と区別する為の商標みたいなものであり、古代において一般の人々は漢字表記ではなく当然、口述で「かんなび」と呼称していた訳で「かんなび」は固有名詞としては失格というべきであろう。

それは歴史が証明しているのであり、歴史ふる中で意宇郡の「神名樋野」は茶臼山、秋鹿郡の「神名火山」は朝日山、楯縫郡の「神名樋山」は大船山、出雲郡の「神名火山」は仏経山と呼ばれるようになっている。その新たな固有名詞の命名事情についてはここでは言及しない。問題は茶臼山、大船山、仏経山に関しては説明がなされるが、秋鹿郡の「朝日山」に関しての説明はなされたことはないようである。

但し、『島根評論』二八号（昭和二年）の佐太神社前宮司、朝山皓《あきら》氏の「朝日山名の起因」、そして年代不詳の朝山皓氏著『古浦天満宮記日記』（「朝日山名の起因」の中で「這般古浦天満宮記を作らんとして」とある）においてその点に関して極めて示唆的な論を展開している。その見解を道標にしつつ秋鹿郡神名火山、現朝日山の歴史を辿る山登りを試みてみたい。

朝日山の頂上には同じ「朝日」を冠する朝日寺が存在する。朝日寺によれば、「当山は往昔神名火山（かんなびやま）として信仰された霊場であります。神亀年間に行基菩薩の開基と伝えられ、のちに弘法大師の巡錫があり爾来真言宗の寺として今日に至っています。」、「旧松江藩主歴代の信仰篤く、年中大行事として毎年五月一日より二十一日間秘仏本尊（十一面観世音菩薩）を開扉し十七日には大般若祈願法要が厳修され、これは今日も続いています」という。

ここで注目したいのは朝山皓氏が指摘しているように十一面観音は神仏習合において天神の本地であるという点である。

朝日山の北、古浦の天満宮は社伝では、「当社社家之伝に云、北野菅原天満天神当社に勧請の始は人皇七十三代堀河院之御宇寛治七年癸酉九月廿五鳥に勧請す北野は当社の本宮と云々」とあり、京都の北野天満宮から寛治七（一〇九三）年に勧請したことに始まるという。

その北野天満宮であるが、社伝では多治比文子に降りた託宣により天暦元（九四七）年に朝日寺の僧最鎮《さいちん》らが天満宮を建立したことに始まるという。さらに最鎮は筑紫の観世音寺から菅原道真作の十一面観音を請来し応和元（九六一）年安置したとも伝える。

その点に関しては貞元元（九七六）年の「最鎮記文」が詳しい。

北野寺の僧、最鎮の記文に云う。北野の宮は近江国高島郡比良郷に居住の　神良種来たりて申す、火雷天神の託宣にいう、右近の馬庭は興宴の地なり。我は彼の馬庭の辺乾の角に移り坐す朝日寺の住僧なり。良種が云うに託宣は松を生えるべし。一夜の内に数十本の松、生えるなり。

この朝日寺（桓武天皇勅願寺と伝える）とは現在、北

写真２　京都・東向観音寺

野天満宮境内の二の鳥居西側にある東に向かって建っている「東向観音寺」で本尊は秘仏の十一面観音菩薩である。現在、朝日山北野東向観音寺と正称する。

その「朝日山」の山号であるが、碓井小三郎の大正四年の『京都坊目誌』では次のように説明する。

観音寺門前町二番戸にあり。俗に東向観音と云ふ。真言宗東山泉涌寺に属す。朝日山と号す。開祖を詳にせず。山本左大臣の建立にして北野神宮寺たり。中古の沿革伝はらず。僧如導中興す。本尊観世音像を安置す。菅公の作とも云ふ。本堂共に東面也。故に朝日の号あり

碓井によれば本堂、十一面観音ともに東向きであったが故に、「朝日」を山号、寺号としたという。何故、本堂が東向きなのかについては説明がなされていないが、そこにこそ天神の趣向が秘されているのである。

朝日寺が東向きなのは、東に位置する北野天満宮参道がかつては天神が好んだ「右近の馬庭は興宴の地」であったからである。菅原道真と相性のいい動物とは伝承的には牛であるが、歴史的には馬なのではなかろうか。

北野天満宮から勧請した古浦の天満宮も東向きであり、朝日山の朝日寺の本堂もほぼ東向きであった記憶がある。ここで注目したいのは朝山晧氏の予察どおり京都の北野天満宮と朝日寺・本尊十一面観音と古浦の天満宮と朝日寺・本尊十一面観音というように、神社と神宮寺の関係の如く重なるという事実である。この点は江角の「北野天神」と長福寺・本尊十一面観音とも見事に対応しているのに気が付くであろう。

四　江角「北野天神」は何故、何処に消えたのか

北野天神と長福寺との間に神社と神宮寺との関係があったとすると両者は比較的近いところに位置していたと思われる。ここで再び黒田祐一氏の作成した地図に戻ると、かつて法船寺、前身の長福寺が所在したという字「寺尾」は確かに恵曇神社の裏手、北西わずかなところに確認できる。現地を視察しても十分に寺院があったことを思わせる空間である。注目すべきはその「寺尾」の東の字「奥田」の中央に局地的な小字「馬神（まがん）」が確認できる（図１）。長福寺から僅かな距離であり、天神が「馬」と深い関係を有していた点を勘案すると、

その局地こそ「北野天神」の旧社地ではなかろうか。丁度、恵曇神社の裏手、細道を登ったところに位置する。現地を訪れると今なお小さな祠があり、祭祀は行われているようである。長福寺との距離、四十二浦の「北野天神」の代理、恵曇神社の背に当たっており、まずは間違いないであろう。

古代は同じ恵曇郷であったが、近世には佐太運河を堺に北は江角、南は古浦として社会を構成し、江角では「北野天神」、古浦では「天満天神」が地域の信仰を集めていた。その中、江角の「北野天神」は享保年間に突然として姿を消し、信仰を失うのであった。江角と古浦の社会に何の相違があったのであろうか。

写真３　字・馬神の祠

ここで恵曇の古代、『出雲国風土記』の世界に戻らなければならない。『出雲国風土記』秋鹿郡条によれば恵曇地域の神社としては、「在神祇官社」として「恵杼毛社」、「不在神祇官社」として「恵曇海辺社、同じき海辺社」の三神社が鎮座していたという。実はその三社の信仰系譜を引き継ぐ神社は諸説、論社はあるが、「恵杼毛社」は佐陀本郷の幡垣の恵曇神社、「恵曇海辺社」を江角の街中の恵曇神社、「同じき海辺社」を福野の小社「恵曇海辺神社」とした場合、すべて風土記社は佐太運河の北側の地に鎮座していることが分かる。佐太運河の南側には古浦天満宮・八上神社・日御碕神社、すなわち比較的新し非風土記社の世界であったのである。それは古浦砂丘の開発と係わるのであろう。

周知の通り、奈良時代、天平五（七三三）年に編纂された『出雲国風土記』であるが、平安・鎌倉・室町時代は散逸・書写、そしてまたまた散逸・書写を繰り返し、写本として再び姿を現したのは近世の初めであった。現在、知られている一番古い写本は慶長二（一五九七）年の細川本である。

『出雲国風土記』の写本が見出されると、出雲大社が鎮座する出雲においては瞬く間に『出雲国風土記』研究が進み、国学を中心に神話、神社の研究が展開し、各地の古社が風土記社として注目された。恵曇においては佐太運河の北側に目が注がれ、風土記社の確定が進み、そういう中で「北野天神」は非風土記社として退場を余儀なくされたのであろう。そういう中で江戸後期、江角の四十二浦巡りの神社は「恵曇神」、「恵曇神社」となっていったのである。四十二浦の信仰対象の神社を退場させるほど出雲では『出雲国風土記』が力を持ち、地域社会にも受け入れられたのである。

しかし、民間信仰習俗である四十二浦巡りも地道、強固であった。参拝地として外された「北野天神」は享保二年から約三百年の年月を経て、菅原道真が好む「馬神」として私の前に姿を現したのである。

尚、本稿を執筆するに当たり佐太神社朝山芳圀宮司、出雲大社千家和比古権宮司にお世話になった。御芳名を記し、感謝の気持ちとしたい。

第6章

十月に神々が出雲に集うのはなぜか？（第３回講座・シンポジウム）

十月に神々が出雲に集うのはなぜか？
（第三回講座・シンポジウム）

日　時　平成二十六年
十月十八日㈯十三時

場　所　大社文化プレイスうらら館

基調提案　品川　知彦（しながわ　としひこ）
島根県立古代出雲歴史博物館学芸企画課長

シンポジウム
シンポジスト　森田喜久男（もりた　きくお）
淑徳大学教授
〃　西岡　和彦（にしおか　かずひこ）
國學院大学教授
〃　新谷　尚紀（しんたに　たかのり）
國學院大学大学院教授
〃　品川　知彦（しながわ　としひこ）
島根県立古代出雲歴史博物館学芸企画課長
コーディネーター　錦田　剛志（にしきだ　つよし）
島根県神社庁参事／万九千神社宮司

（役職名は平成二十六年のもの）

森田喜久男◉淑徳大学教授（人文学科）
昭和三十九（一九六四）年、石川県に生まれる。東京都立大学大学院博士課程単位取得。島根県立古代出雲歴史博物館を経て現職。専門は日本古代史、神話学、博物館学。博士（歴史学・駒澤大学）。
【主要著書】
『古代王権と出雲』（同成社）、『やさしく学べる古事記講座』（ハーベスト出版）、『日本古代の王権と山野河海』（吉川弘文館）

西岡　和彦◉國學院大学教授（神道文化学部）
昭和三十八（一九六三）年、兵庫県に生まれる。國學院大学大学院博士課程後期修了。國學院大学文学部・日本文化研究所兼任講師を経て現職。専門は神道思想史。
【主要著書】
『近世出雲大社の基礎的研究』（大明堂、のち原書房）、『大社町史』中巻（共著・出雲市）、『出雲大社の寛文造営について』（共著・島根県古代文化センター）

新谷　尚紀◉國學院大学大学院教授・國學院大学教授（文学部）
昭和二十三（一九四八）年、広島県に生まれる。早稲田大学大学院文学研究科博士後期課程単位取得。国立歴史民俗博物館助教授、教授を経て名誉教授、総合研究大学院大学名誉教授。現在は國學院大学大学院及び文学部教授として柳田國男や折口信夫の創始した日本民俗学の後継者の育成に努めている。博士（社会学・慶応義塾大学）。
【主要著書】
『伊勢神宮と出雲大社―「日本」と「天皇」の誕生―』（講談社）、『民俗学とは何か―柳田・折口・渋沢に学び直す―』（吉川弘文館）、『伊勢神宮と三種の神器―古代日本の祭祀と天皇―』（講談社）

品川　知彦◉島根県立古代出雲歴史博物館学芸企画課長
昭和三十八（一九六三）年山口県生まれ。東北大学大学院文学研究科博士課程前期修了。島根県古代文化センター、県教育庁文化財課職員を経て現職。専門は宗教史・宗教民族学。
【主要著書】
『出雲大社』（共著、二〇一三年、柊風社）、『出雲大社の祭礼行事』（共著、古代文化センター、一九九九年）など

錦田　剛志◉島根県神社庁参事・万九千神社宮司
昭和四十四（一九六九）年、出雲市（斐川町）に生まれる。國學院大学文学部卒業。島根県教育庁職員（県立古代出雲歴史博物館専門学芸員等）を経て、平成二十一（二〇〇九）年より神職に専従。出雲市文化財保護審議会委員、大社国学館講師も務める。
【主要著書】
『古代出雲大社の祭儀と神殿』（共著・学生社）、『出雲大社ゆるり旅』（ポプラ社）、『出雲大社平成の大遷宮』（共著・山陰中央新報社）

基調提案 神々はなぜ出雲に集うのか

品川知彦

はじめに

神在祭の概略については、すでに本書所載の「神在祭について〜民俗学による研究史を中心に〜」（以下、別稿と記す）で触れている。そこでここでは重複を避け、シンポジウムでの議論に向けた論点整理のために、朝山晧の整理を参考にしながら[1]、神々が出雲に集う理由について、中世末以後展開された代表的な六つの考え方について紹介することとしたい。

一 神々が集う理由（一）

別稿において論じたように、出雲への神集い伝承については、とりわけ昭和期に入ってから民俗学の分野から注目を集め、様々に議論されてきている。そこで小論では、まず神々が出雲に集うとされた理由に関する近代以前の議論について、四つの考え方整理しておきたい。

（一）極陰の時、極陰の場所にすべての陽が集う（陰陽説）

これは世界に生じる様々な現象を陰陽の二つの原理で考える、いわば陰陽説と呼びうる考え方にもとづく説明である。陰陽説によれば、極陰の時、極陰の場所にすべての陽が集うことによって世界が再生するとされる。極陰の時とは十月である。極陰の方向とは北西（乾）であり、畿内から見れば北西の方向に出雲が所在している。

また神は陽気とされる。したがって陰陽説からすれば、極陰の十月、極陰の地である出雲にすべての神（陽）が集うことは、いわば必然となり、逆に言うと、十月・出雲は陰陽説の立場から選ばれたとも考えることができる。

　このような神集いの説明は、近世の神在月を論じた多くの史料や、近世前半の出雲大社に関連する史料などに見られる。例えば寛文七（一六六七）年に成立したいわば当時の神道事典である『神社啓蒙』には「十月は極陰の時にして、雲州又極陰の地なり」（『大日本風教叢書』八、大日本風教叢書刊行会、一九二〇、九頁）と記されている。また出雲大社関連の史料においても、慶長十三（一六〇八）年の「国造北島広孝覚書案」に、「当社者陰神而在乾神宮也、号日隅宮、十月ヲ専ニ用之事、神道之神秘也」（『出雲国造家文書』、清文堂、一九九三、二七八頁）と記されている。

（二）祖神への尊崇

　これはイザナミが十月に出雲で崩御したために、崩御した月、崩御（埋葬）された場所（神在祭を行う神社）に、神々がイザナミを尊崇するため、もしくは孝行のために集うとする考え方である。誤解を恐れずに略言すれば、神々は現在的な意味の法事のために集うのである。

　この考え方が成立するためには、

（ア）イザナミが十月に崩御したこと

（イ）神在祭を行う神社をイザナミの埋葬地と捉えること

（ウ）祖神の尊崇のために神々が集うとの理解

以上三点が必要だろう。

　イザナミが十月に崩御したことは、記紀などには記されていない。管見の限りでは、一五世紀末の吉田兼倶による『日本書紀神代巻抄』に「（イザナミは）十月ニ崩御アルソ、サルホトニ、十月を神無月と云ソ」（岡田荘司『兼倶本宣賢本日本書紀神代巻抄』、続群書類従完成会、一九八四、一三九頁）と記されるのを初出とする。また神在祭を行う神社にイザナミが埋葬されていることは、例えば佐太神社では、吉田家に由来するとされる一六世紀初めの『延喜式神名張頭註』に「佐陀。伊弉並尊。神代岩隠地」（『群書類従』第二輯、続群書類従完成会、一九九二、二五八頁）と記されている。

　祖神を尊崇するがために神々が集うという説明は、すでに一四世紀半ばの『詞林采葉抄』に見られる。『詞林采葉抄』では、出雲では十月が神在月と呼ばれること、神々は神在社と呼ばれる佐太神社に集うとしている。しかし、神々が集う理由については出雲大社を主体とし、以下のように記されている。

大社は素盞烏尊にて（中略）日本国の神々御祖神の如く尊崇し奉り参集し給ふ事誠以不審也（中略）伊弉諾尊伊弉冊尊の二神こそ天神地祇の御祖にて在座す亦は天照太神をも宗廟の神にて在座せば尤も尊敬あるへきに第四の御子にて「在」座すをは何故に祖神の如く成す事や如何（『国文註釈全書』一七、國學院大學出版部、一九一〇、六六頁）

つまり『詞林采葉抄』では、神々は祖神を尊崇するが故に出雲に集うのだが、スサノヲを祖神とみなすのは不審であり、祖神としてはイザナキ・イザナミ、あるいはアマテラスが本来的とみなす考え方があったのである。

このように見るならば、祖神への尊崇という神集いの説明は、吉田家に由来する二つの観点に、すでに『詞林采葉抄』で示されていた理解を祖神としてより本来的なイザナミに置き換えた上で成立したものと考えることができよう。

佐太神社では明応四（一四九五）年の「佐陀大社縁起」に、「神在月事伊弉諾尊十月十一日示病相十七日暁刀尅隠（中略）又以垂見山為御廟所也」（鹿島歴史民俗資料館『重要文化財　佐太神社』、一九九七）と記され、イザナミではなくイザナキが、十月に出雲で崩御し、宮山である垂見山（足日山）に埋葬されており、それ故に神々が孝行のために集うことが記されている。紙幅の関係で詳細は省くが、「佐陀大社縁起」以後の佐太神社に関する史料では、埋葬されたのはイザナミと記されており、したがってこのイザナキの表記はイザナミの誤記ともみなすことができ、したがって中世末には、吉田家の考え方と呼応する形で、イザナミに対する尊崇・孝行のために神々が佐太神社に集うと考えられていたと想定できる。

イザナミに対する尊崇のために神々が集うという説明は、中世末以後明治初年までの佐太神社に見られ、また近世の熊野大社（上社）や中世末から現在に至る神魂神社など、イザナミを主祭神とする神社を中心に見ることができる。これらの神社において境内地をイザナミの埋葬地とする視点は、近世の史料だが、熊野大社では宝暦十四（一七六四）年の「熊野大社并ニ村中諸末社荒神差出張」に「熊野大社ハ天神册尊乃神廟也」（『神道大系』

神社編三六、神道大系編纂会、一九八三、一五八頁）として天宮山を比婆山に比定していることが見え、神魂神社では宝永二（一七〇五）年の「神魂社由緒注進」に「山号ハ比波山」（『出雲意宇六社文書』、島根県文化財愛護協会、一九七四、四七〇頁）とし、また享保二（一七一七）年の『雲陽誌』では、神納山をイザナミと埋葬地としての比婆山（『雲陽誌』、雄山閣、一九七一、一〇八頁）としていることなどに見られる。

なお、イザナミに対する尊崇という神集いの理由が成立する背景に、吉田家の考え方があったとすれば、神職の裁許など近世における吉田家の影響力を想定した場合、出雲への神集い伝承が全国に広まった理由の一つをここに見ることも可能であろう[2]。

ところで祖神への尊崇という神集いの説明は、出雲大社に関しては直接的には見ることはできない。しかしながら、一七世紀末の『出雲龍神』に「大社は素盞嗚尊の霊跡にて、我日の本の宗神なれば（中略）されは十月中旬より（中略）諸神の会合と名付く」[3]と記され、また一八世紀初頃の『事相方内伝相案』に「十月ヲ神無月ト云ハ、諸神出雲大社ニ集給テ、母神孝行ノ神事ヲ成シ給ガ故ナリ」（『神道大系』論説編九、神道大系編纂会、一九九一、二二八頁）と記されるなど、間接的には見ることができる。さらに豊後・筑後の国を担当した出雲大社の御師、佐々誠正の記した安永二（一七七三）年の『大社幽冥誌』には「出雲におゐては伊弉冊尊を立て（中略）月毎の三十日の内の十一日ハ出雲国に鎮座し玉ふ伊弉冊尊を祭日として可拝」[4]と記されている。ここで（十月）十一日に神在祭が行われることを想定するならば、出雲大社においても祖神への尊崇という見地が佐太神社や神魂神社などと共有されていた可能性も指摘できよう。

（三）スサノヲが十月を統治

これは出雲大社祭神（スサノヲ）が一年のうち十月のみ日本を治めているので、神々が出雲に集うとするものである。この考え方は、中世の『古今和歌集』序の注釈書などに見ることができる。例えば、『古今和歌集序聞書三流抄』には、高天原で数々の所業を行ったスサノヲをなだめるために、アマテラスがスサノヲを養子とし一年のうち十月をスサノヲに譲ったために、十月にスサノヲは諸神を従えて出雲に行くようになったと記されている。また『古今和歌集頓阿序注』には、追放されたスサノヲが出雲を領有し、十月を司るために、神々は出雲大社に集うと記されている[5]。

また近世においても一七世紀半ばの『貞徳文集』には「八百万神達出雲大社え神幸（中略）大社と申者（中略）素嗚尊にて御座候　十二月中只一ヶ月日本国領給候故、神々雲州え御移候」（『海表叢書』四、平楽寺書店、一九四四、七二頁）と記されるなど、この考え方は継承されているが、（一）や（二）の考え方に比較するとこれを記載した史料は少ない。

出雲大社においては、慶長十三（一六〇八）年の「国造北島氏願書案」に「年中十二月之内十月ヲ、大社明神御つかさとり給」（前掲『出雲国造家文書』、二八二頁）と記されおり、少なくとも近世初め頃には、出雲大社はスサノヲが十月を支配していることを神集いの理由の一つとして考えていたと思われる。しかしながら、周知のように近世初め頃から進められたスサノヲからオオクヌシへの主祭神の移動があったためか、出雲大社に残された史料において、この考え方にもとづき出雲大社への神集いを説明しているものはこれ以後確認できない。

（四）　オオクニヌシによる幽事の支配

これは、『日本書紀』神代下（第九段）第二の一書に記された神話、いわゆる国譲り神話にもとづくものである。ここにおいて、オオクニヌシは「吾が治す顕露の事は、皇孫當に治めたまふべし。吾は退りて幽事を治めむ」（『日本書紀』上、岩波書店、一九六七、一五〇―一五一頁）とタカミムスヒの神勅に対して答えている。ここでオオクヌヌシはこれまで治めていた葦原中津国の政治的支配（顕露）を皇孫に譲る代わりに、目に見えないこと・神に関すること（幽事）を治めることになったのである。それ故に、神々は幽事を支配しているオオクニヌシのもとに、その下知などを受けに出雲（大社）に集うとするのである。

オオクニヌシが幽事を支配するが故に神々が集うと明確に説いたのは、管見の限りでは先に紹介したの『大社幽冥誌』が初出となる。そこには「葦原中津国の顕露を執て国土を主り給う、其政務は皇孫尊に授け玉ひしかども年毎の神在月に領給う八百万の神を集め其国〃におゐて規矩をたてかくれのことの制禁をとるの示しあり、または男女の縁を結びて家名を永く子孫に伝え（後略）」[6]と記されている。

これ以後、一九世紀初頭の斎藤彦麿の『神社問答』、一九世紀前半の平田篤胤の『古史伝』、六人部是香の『顕幽順考論』など国学者が記した著作などを中心に、オオクニヌシが幽事を支配していることを前提に出雲（大社）への神集いが説明されている。また出雲大社でも、例えば千家尊福が大正二（一九一三）年の『出雲大神』において以下のように記している。

大国主神は国作りの後、顕事を皇孫命に譲らせ給ひ、幽冥の主宰となりて、幽事の大本を統治し、国々各所に国津神、産土神等を派遣して治め給ひたるものにして毎年十月に之等地方の神々を参集せしめ、其年に治め給ひし諸事の報告及び来年の事共を、命令或は協議せしめ給ひたるなり（千家尊福『出雲大神』、大社教本院、一九一三、二五七頁）

出雲大社では、一八世紀末以後この考え方が主流になり、現在でもこの考え方をもとに神在祭がなされている。一般に、出雲大社に神々が集って様々な事の縁を結ぶ「議り事」がなされるとされるが、これはオオクニヌシが幽事を支配しているが故なのである。しかしながら、幽事の支配という見地のみでは、なぜ十月かという点は説明し難く、この点については陰陽説などを継承しているると想定できよう。

二　神々が集う理由（二）

ここでは昭和以後の議論について、シンポジウムへの問題提起という観点から二つの考え方を提示しておきたい。なお別稿と若干重複があるが、この点は御容赦いただきたい。

（一）カンナビ山祭起源説

これは、朝山晧が昭和八（一九三三）年の「神在祭の起源に就て」や昭和二十八（一九五三）年の「神在祭について」などによって提出された考え方である[7]。すなわち、古代において収穫祭は（十一月ではなく）十月に行われており、出雲においては、この祭は、カンナビ山に諸神を迎えて新穀を献じるカンナビ山祭という形態をとった。この祭は出雲においてのみ盛大に行われ、これが継承されて縁故ある神社に神在祭として伝えられたとするものである。

この考え方は、カンナビ山の一つに比定される朝日山の麓に鎮座しており、明治初年にイザナミから佐太大神に主祭神が復帰した佐太神社などに見られるものである。また、この考え方を石塚尊俊が引き継いだこともあり、神在祭はカンナビ山祭に起源を持つという見地がガイドブック等に記載されるなど通説のようになった感もある。

さて、すでに「佐陀大社縁起」において、イザナキが垂見山に埋葬されたことが記されていることに触れている。同様に、天和四（一六八四）年の「秋鹿郡佐田大社之記」では、

神名火山下之足日山（中略）当社云神在社（中略）佐田社ハ杵築太社母神也（中略）伊並尊崩此国、遂葬垂日山（中略）神紀所謂比婆山者蓋此處哉乎（前掲『神道大系』神社編三六、九二―九三頁）

と記されている。ここでは『出雲国風土記』に記されたカンナビ山は意識されているが、神在祭においては「佐陀大社縁起」同様に、イザナミの埋葬地、すなわち比婆山とみなす足日（垂見）山が重要視されており、カンナビ山は等閑視されている。したがって少なくとも中世末から近世においてカンナビ山は重視されていないことが見て取れる。この点で、カンナビ山祭に神在祭の起源を求める考え方には、現状では留保が必要と思える。

（二）十月は出雲（大社）の祭祀月

これは、田中卓が平成九（一九九七）年の「日本古代史における出雲の立場」（『神道史研究』四五、一九九七）において推測した考え方である。田中は藤原行成の日記『権記』の長徳元（九九五）年十月六日条に「熊野杵築両神致斎廃務之間、不能糺定犯人等之事」（『増補史料大成』四、臨川書店、一九九二、一七頁）と記されていることに注目し、十月、熊野と杵築の致斎（物忌み）のために公の行事を行わない「公事廃務」が出雲においてのみ国家的に認められていたと想定する。一般に律令祭祀においては十月に祭祀は行わないことになっていたが、この『権記』の記載から、出雲（大社）で十月に祭祀を行うことが国家的に認められていたと推測するのである。そしてこの背景があったがために、神集いの地が出雲とされるようになり、また神在祭の源流もこの古代の十月の祭にあったのではないか、とするのである。

この推測の是非を判断することは、歴史学を専門としていない筆者の能力を超えている。ただ少なくとも、やがて「十月」、「出雲」に特別な意味が与えられていく、その根拠の一つとみなすことは可能であろう。

三　神在祭・出雲への神集い伝承の浸透

神々が出雲に集う理由について六つの考え方を紹介してきたが、なぜ出雲に神々が集うことが全国に浸透していったかという点については、また別の理由が考えられなければならないだろう。

別稿でも触れたが、石塚尊俊は中世には熊野神人、中世末以後は出雲大社御師の活動を通じて、神集いの地としての出雲が浸透したことを推測している。いわば民間と神社をつなぎ、その相互関係の中で神徳を広げていく宗教的職能者の役割を重視したのである。

出雲大社におけるこのような宗教的職能者の活動については、西岡和彦『近世出雲大社の基礎的研究』（大明堂、二〇〇二）において展開された延享造営度における日本勧化の活動、古代文化センター『出雲大社の御師と神徳弘布』（古代文化センター、一九九九）において岡宏三などによって論じられた御師の活動内容および御師関係史料の翻刻など、近年、多くの成果が見られるようになっている。この点については別稿においても簡単に触れているが、その詳細はパネラーでもある西岡の議論に任せたい。

ところで石塚が指摘した神在祭に関連した熊野神人の活動については、史料の制約もあって、その後研究が進んでいるとはいえない状況にある。そこで、ここでは問題提起のために、熊野神人の活動の一端について推測を行っておきたい。

周知の通り『日本書紀』神代上（第五段）第五の一書によれば、イザナミは紀伊国の熊野の有馬山に、『古事記』によれば、イザナミは出雲国と伯耆との境の比婆の山に葬られたとされている。イザナミの文脈ではないが、『古事記』では、オオナムチが八十神の迫害から逃れるために根の国に赴く際、オオナムチは紀伊国から根の国に向かっているのである。このように見れば、出雲と紀伊（熊野）との間に何らかの神話的な連関性が想定されていたとみなすことができる。熊野信仰はその縁起などを見る限り、有馬にイザナミが埋葬されたことを起点としている。このような点から推測が許されるならば、熊野神人が出雲に熊野信仰を広める際に、出雲と熊野の神話的関連性を基本に、出雲において受け容れやすいイザナミの埋葬地という見地を導入していったのではなかったか。そしてその影響が、「佐陀大社縁起」、「秋鹿郡佐田大社之記」、「熊野大社并村中諸末社荒神差出張」、「神魂社由緒注進」のように、境内地を比婆山とみなす伝承に見られるのではないだろうか。

おわりに

出雲神在祭が実際いつ頃成立したのか、史料の制約などからこれを明らかにすることはできない。とはいえおそらく、神在祭の底流に、十月半ば頃に行われたであろう刈上祭があったことは想定しても良いだろう[8]。そして、

（ア）平安時代末頃から中央でいわれ始めた十月の出雲への神集い

（イ）中世に行われた熊野神人の活動、および中世末頃からの吉田家などとの相互交流

などにより、遅くとも中世末頃には、かつての刈上祭は神々が出雲に集うことを意識した祭、すなわち神在祭に変化していった。そして、

（ウ）近世における出雲大社御師、出雲勧化の活動、

（エ）吉田家および国学の影響力

などによって神々が出雲に集うことが全国的に認知されるようになり、出雲側からも全国の神々が集うことを積極的に主張していく祭、いわば現在見ることができる形の神在祭になっていったのではなかっただろうか。

【注】

1 朝山晧「新続佐太神社史料」、佐太神社蔵。

2 この点については、すでに朝山晧が昭和二十八年の石塚尊俊への書簡において次のように指摘している（「神在祭・新嘗祭問状答」『山陰民俗』四四、一九八五、一九頁）。

十月は極陰の月、出雲は日本の陰地、陰神伊弉冉尊はこの月出雲で神避りました。だから佐太は比婆山神陵の地、年々天下の諸神この大社に参集、大孝を申べ玉ふということになったのだと思ひます。此は吉田兼倶以来の説で、吉田家に属してきた佐太の神主の説になったのだと思ひます。兼倶が天下に号令して説けば、日本のすみずみまで周知されるは当然と存じます。

3 前掲 朝山晧「新続佐太神社史料」による。

4 千家家蔵。『出雲大社の御師と神徳弘布』、古代文化センター、二〇〇五、に筆者による翻刻を掲載。

5 いずれも片桐洋一『中世古今集注釈書解題』二、赤

尾照文堂、一九七三、所載。
6　4参照。
7　いずれも石塚尊俊『出雲信仰』、雄山閣、一九八六、所載。

神迎神事（稲佐浜）

8　詳細は拙稿「出雲神在祭の歴史と解釈」『出雲大社の祭礼行事』、古代文化センター、一九九九、を参照していただきたい。

出雲大社へとむかう

シンポジウム
「十月に神々が出雲に集うのはなぜか？」

事務局　山崎　氏

ただいまからシンポジウムに入りたいと思います。コーディネーターは錦田剛志先生でございます。先生は現在、島根県神社庁参事という要職にあられますが、併せて先週百三十六年ぶりの造替に伴うご遷宮をなさいました万九千社の宮司さまでもございます。万九千社は神在月で出雲にお集まりになりました神々が、最後の神諮りをして、「なおらい」をして、そこからそれぞれの国にお立ちになるという伝承が伝えられる神社でございます。錦田先生はそこの宮司さまでございますので、本日のテーマにぴったりの方ではないかと思っております。これから先は、錦田先生にお任せいたしますので、よろしくお願いいたします。

錦田　氏

皆さんこんにちは。沢山の方々にお集まりいただきまして大変ありがとうございます。

先週万九千社の御遷宮が終わりまして、放心状態です。魂があの世に行きかけていまして、魂呼ばいしないと戻ってこない状態であります。あれからというもの、倒れるかと思いましたが、連日色々なところの秋祭りで神楽を舞っては「なおらい」、神楽を舞っては「なおらい」、今夜も神楽を舞ってまた「なおらい」。明日まで続きます。そういう意味では、テンションがおかしい状態ですので、上手いこと話が展開できるか不安です。謹んで先生方と神在祭について考えてみたいと思います。どうぞよろしくお願いいたします。

はじめに登壇者の先生方をご紹介いたします。詳しくは（本誌一八八頁）のところにご経歴等は書いてございます。私の手前から、淑徳大学教授森田喜久男先生でございます。森田先生はご存知の島根県立古代出雲歴史博物館で大活躍をされた神話学、古代史の専門であります。とてもユニークな語り口、そして情に厚いところがこのシンポジウム向きの方だろうと思っています。続きまして、國學院大学大学院教授の新谷尚紀先生でございます。今日の日本民俗学の第一人者といっても過言ではないと思います。その風貌からは信じられない、そういうことは言っては失礼ですけれど、大変に緻密で高尚な論を組み立てられる、私たち凡人はついていけないような論を組み立てられる先生でございます。今日はどんなお話が飛び出すか楽しみにしております。続きまして、三番目にお座りでございます、國學院大学神道文化学部教授の西岡和彦先生でございます。西岡先生は、神主の専門学校といってもよいかもしれませんが、若き神主さんを育てる学部の教授でございまして、出雲大社にも大変縁がございます。大社國學館で学ばれたこともある先生でして、近世の出雲大社についての御研究は右に出る方はおられないと思います。一番向こうにお座りの方は、先ほど基調提案を頂きました県立古代出雲歴史博物館学芸企画課長の品川知彦さんです。先生方、どうぞよろしくお願いいたします。

それではここからは、お手元の目次にありますように、提案を三つ、それぞれの学問的立場からおこなっていただきます。

まず、森田喜久男先生に「神々が集う場所として出雲が選ばれた理由」について発題いただきたいと思います。よろしくお願いいたします。

森田　氏

森田です。私に与えられたテーマは、古代史の立場から十月に出雲に神々が集うのはなぜかということについて古代史研究者の立場から説明せよという設問だったのですが、古代史の史料といいますと、『古事記』とか『日本書紀』、『出雲国風土記』という文献の史料がございます。ここでは考古学の資料ではなくて、文字で書かれた史料、私はそれをずっと今まで研究をしてきた人間なのですが、困ったことに、この質問に対する回答は、『古事記』や『日本書紀』、『出雲国風土記』には書かれていません。一番困っているのは、十月になぜかということです。その辺のところを明確に書かれてある史料がございません。先ほど品川先生のところで、『権記』の記事の紹介がございましたけれど、それを十月の神在祭の起源として使うことは、ちょっと私は躊躇いを感じていまして、またそれは後の討論で言及しようと思いますが、神々が集う場所として出雲がなぜ選ばれたのかというのであれば、何とかなると思いまして、その辺りについてちょっとお話をさせていただこうと思います。

まず前提として、出雲といえばどのようなイメージを持たれてきたのかというところから入っていきたいのですが、これにつきましては、かつて栄光に輝く出雲王国というものがあって、それが大和と戦って敗北して、逼塞を強いられて閉鎖的な国になったと。その中で、独自の文化圏、文化が形成されたと。出雲弁もそういったところから形成されたという、藤岡大拙先生を代表とするご当地では通説的な見解がございます。大恩ある藤岡先生に対して異を唱えることは大変失礼なことなのですが、私は『古代王権と出雲』という本を最近書きました。その中で私が言いたかったことは、新谷先生の議論と重なってくるのですが、出雲は、決して大和王権とか律令国家と敵対するような存在ではなくて、古代王権の国土統治の正当性とか聖性を補完する場所として重要な地位を占めていたのではないかということです。少なくとも、敵対したような形跡は神話の中からは読みとれないと思っています。

例えば国譲り神話の中でも、特に注目されていますのが、先ほど品川先生がおっしゃった『日本書紀』の神代第九段一書第二でございますが、これについては二〇五頁のところに史料①をあげていますが、時間が限られていますので、全てを読むということはいたしません。この史料は、『日本書紀』の本文ではなくて、一書の神話でありますけれど、経津主神と武甕槌神が六行目のところで、出雲の五十田狭の小汀、稲佐の浜に降って、大穴牟遅神に『お前はこの国を天津神に譲るかどうか』と聞いたところ、いきなり言われたものですから、大穴牟遅神は納得しないわけです。それで経津主神がもう一度高天原に戻って事態を報告しますと、高皇産霊尊が大穴牟遅神に対して言うには、「お前の言うことはもっともである。今度は、筋道をたてて話す」と。下の段の五行目ですが、「汝が治す顕露の事は、是吾孫治すべし」「汝は以って神事を治すべし。」ということが書いてありまして、「目に見えることは天孫がするので、あなたは目に見えない世界のこと、神事を担当しなさい」ということです。ここでは「神事」と書かれていますが、この史料の後から四行目のところでは「幽事《かくりごと》」と書いています。「顕露の事」は吾が子孫に治めさせるから、「隠れた世界の神事」を司りなさいと高皇産霊尊は言いまして、大穴牟遅神は納得するわけです。すなわちここで天つ神と大穴牟遅神の役割分担がきっちりと定まったわけです。このとき、大穴牟遅神に命じられた「幽界の神事」の内容は、江戸時代以来多くの解釈がなされていて、その中には先ほど品川先生のおっしゃいました縁結びの考え方も出てくるわけで、出雲に神々が集うという考え方はそこからきた可能性はありますが、古代の段階でまだ十月に神々が出雲に集うという認識が存在したかどうかは定かではないと思います。ただし、『出雲国風土記』には、出雲に沢山の神々が集まったという伝承が残されていまして、これが史料②『出雲国風土記』の楯縫郡佐香郷条です。ここでは佐香郷という地名の由来について語られていますが、「佐香の河内に百八十神等集ひ坐して、御厨立て給ひて、酒を醸させ給ひき。」「即ち百八十日喜讌して解散け坐しき。」つまり、長い間宴会をして解散したという内容ですが、ここで百八十《ももやそか》という言い方がありまして、このような言い方は、実は六頁にとびますが、この史料の⑤ですが、『古事記』の国譲りの神話ですけれど、その九行目のところに、「あが子等百八十神《ももやそがみ》は、」という表現でありまして、沢山という表現を百八十神という言い方、或いは百八十《ももやそか》といういい方をするという考え方は、ひょっとすると、沢山の神様が集るという神在祭の方に繋がっていく可能性があるのかもしれません。

私が非常に興味をひかれるのは、楯縫郡の佐香郷で酒造りをやったという伝承の存在です。どうも出雲というのは、神々の酒造りの舞台であると認識をされていたのではないかという気がしています。

ここで『日本書紀』の顕宗即位前紀が史料③に出てきています。顕宗天皇には、お兄さんの仁賢天皇がいましたが、そのお父さんは市辺押磐皇子《いちのへのおしはのみこ》で、雄略天皇の兄なのです。雄略天皇は皇位継承争いの場において、次から次へライバルを殺していくのですが、この市辺押磐皇子も騙し討ちをされて、殺された子の顕宗天皇と仁賢天皇は播磨に逃げるわけです。そして雄略天皇の後の清寧天皇が死に、応神系の皇族が断絶の危機を迎えます。ところが、播磨の国司の伊予来目部小楯《いよのくめべのこだて》が播磨に巡行し、そこで、新築の建物を完成したことを祝う宴の場に出ていまして、その場所で身分を隠している二人の皇子が舞いを舞った。そこで「われこそは、市辺押磐皇子の子だ」と名乗り出て、直ちに大和地に迎えられて、相次いで顕宗天皇、仁賢天皇として即位する。その身分を明かしたときに、それが六頁の上の二行目のところから始まる歌でして、「築き立つ　稚室葛根、築き立つる　柱は、此の家長の　御心の林なり。」から始まる歌なのですが、この全てを読みませんが、その真ん中くらいのところに、「出雲は新墾、新墾の十握稲を、浅甕に醸める酒、美にを飲喫ふるかわ。」と歌われていまして、「出雲は新しい開拓地である。そこで採れた丈の長い稲でお酒を造った。そのお酒を美味しく頂きましょう」という歌です。新しく開拓した出雲の稲で、醸した酒を飲もうではないかと言っています。

これは、顕宗天皇が播磨国の宴で詠じた歌なのですが、そこから「新しい開拓地」としての出雲のイメージが浮かび上がってきます。同時に出雲の稲で醸した酒は、王権の宴の場に用いられた可能性も出てきます。このような歴史的な事実が前提にあって、出雲が神々の酒造りをおこない、宴を催したという伝承が成立したのではないか。スサノヲがヤマタノオロチを退治したときに、「八塩折之酒」が用いられています。これは当然出雲で造られた酒だと思いますが、この出雲の稲で造られた酒が、特別な意味を持つという認識がないと、このような神話は成立しないのではないかということです。

では何故出雲に神々が集まり、宴が催されるのかということになりますが、私はここで言う出雲とは、閉鎖的空間ではなくて、逆に開放的な空間ではないかと前から主張しておりまして、古代においては、日本海と呼ばないで、北《きたつ》海《うみ》と呼ぶのだと上田正昭先生が指摘されていますが、この北海といわれた日本海西部の地にあって、出雲は筑紫や越そして大陸とも交流があったはずでして、大和から見れば辺境でありますけれど、その辺境である出雲は、北海における交通の結節点にあります。そのような状況が出雲は新墾《にいはり》との認識を生み、神々が集う場所とされたのではないかと考えています。

『古事記』の国譲りの神話、史料の⑤にあげておきましたが、高天原の神々との交渉が終った大国主神は、「多芸志の小浜に、天の御舎を造りて」「櫛八玉の神」にスズキを料理させて、高天原の使者をもてなすのですが、櫛八玉の神という料理の神は、「水戸の神」の孫という点に注意する必要がありまして、「水戸の神」というのは、まさに河川が湖や海に注ぎ込む水門としてのミナトを司る神であります。国譲りの舞台としては、ご当地大社の稲佐の浜が知られていますが、私は、本日この機会に武志町にあります「多芸志の小浜」も再認識していただきたいと思っています。この「多芸志の小浜」のすぐ近くには、「神門水海」がかつて広がっておりまして、今の神西湖はその一部です。そこはまさに水上交通の要衝ではなかったかと。命主神社から、寛文の出雲大社の造営の際に、九州系の銅戈と北陸産のヒスイを材質とする勾玉が出ていますが、これは単なる偶然ではなくて、古代の出雲、ことに「神門水海」です。今は宍道湖が一番の観光地でありますが、この「神門水海」は出雲にはとても重要な場所でして、そこが交通の要衝であり、人や物、情報が行き交う場所でした。そのような歴史的な環境により、杵築大社（出雲大社）が造営され、やがて神々が集う場所として語り伝えられるようになったのではないかと考えています。先ほどの品川先生のご講演で、神在祭で神様たちが立ち寄られるお社を見ましても、川とか海とか湖とかが近くにあるなと個人的には思っています。前近代におきまして、出雲は閉鎖的な空間ではなくて常に開放的な空間ではなかったのか。出雲が神々の集う場所として選ばれた理由としては、古代以来の開放的な性格に起因するのではないかと私は考えています。十月の問題については、先生方と議論していきたいと思います。私の問題提起は以上で終らせていただきたいと思います。

提案1

神々が集う場所として出雲が選ばれた理由

森田　喜久男

まず、出雲と言えば、どのようなイメージを持たれてきたのか、その検討から始めたい。かつて栄光に輝く「出雲王国」が存在し、それがヤマトと戦って敗北を喫し、逼塞を強いられて閉鎖的な国となり、そのような中で独自の文化が形成されたという見解が地元では「通説的位置」を占めている。拙著『古代王権と出雲』（同成社二〇一四年）は、この「通説的見解」に異を唱えたものである。

この拙著の中で私が言いたかったことは、出雲は古代王権の国土統治の正統性や聖性を補完する場所として重要な位置を占めていたということである。すなわち、出雲は決して古代王権と敵対した場所ではない。少なくとも、国譲り神話には、そのような出来事は一言も書かれていないというのが私自身の考えである。

たとえば、『日本書紀』神代第九段一書第二によれば、大己貴神が国を譲らせる際に、高天原の高皇産霊尊は「『顕露の事』は我が子孫に治めさせる。おまえは『幽界の神事』を司れ」と命じた。ここに、天つ神の御子と大己貴神との役割分担がきっちりと定まったのである。

この時に大己貴神に命じられた「幽界の神事」の内容については、江戸時代以来、多くの解釈がなされており、その中に「縁結び」も含まれている。出雲に神々が集うという考え方は、まさにこの「幽界の神事」の解釈から出てきたものであろう。古代の段階においては、まだ十月に神々が出雲に集うという認識が存在したかどうかは明らかではない。

ただし、出雲に神々が集まったという伝承が『出雲国風土記』には残されている。すなわち、楯縫郡佐香郷条によれば、「佐香の河内に百八十神等集ひ坐して、御厨立て給ひて、酒を醸させ給ひき。即ち百八十日喜みづきして解散け坐しき。」とあり、楯縫郡の佐香郷に神々が集まって酒造りを行った後、宴を催したことが書かれている。

では、出雲はなぜ神々の酒造りの舞台とされたのか。『日本書紀』顕宗即位前紀には、「出雲は新墾　新墾の十握の稲を　浅甕に醸める酒　美らにを飲喫ふるかわ」という和歌の一節が見える。

これは、「新しい開拓地である出雲の稲で醸した酒を呑もうではないか」という歌であり、顕宗天皇が播磨国の新室の宴の席で舞いながら詠じたものとされている。

そこから、王権にとって「新しい開拓地」とされた出雲のイメージが浮かび上がってくると共に、同時に出雲の稲で醸した酒は、王権の宴の場面において用いられた可能性が出てくるのである。

このような歴史的事実が前提にあって、出雲が神々の酒造りを行い宴を催したという伝承が成立したのであろう。須佐之男命が八俣遠呂智を退治する際に「八塩折りの酒」を用いるという神話も出雲の稲で造られた酒が、特別な意味を持つという認識を前提として成立したエピソードであろう。

では、何故、出雲に神々が集まり宴が催されるといった伝承が成立するのか。出雲は、古代においては「北ッ海」と呼ばれた日本海西部の地にあって、筑紫や越、さらには大陸とも交流を持っていた。ヤマトから見れば、辺境であったが、その辺境であるはずの出雲は、実は「北ッ海」における交通の結節点に位置していた。そのような状況が、「出雲は新墾」との認識を生み、さらには神々が集う場所とされたのではないかと考える。

『古事記』の国譲り神話によれば、高天原の神々との交渉が終わっ

シンポジウムの資料より

た大国主神は、「多芸志の小浜」に「天の御舎」を建てて、櫛八玉神に鱸を料理させて、高天原の使者をもてなすのであるが、この櫛八玉神は「水戸の神の孫」とされていることに注意する必要がある。「水戸の神」とは、まさに河川が湖や海に注ぐミナト（水門）を司る神である。国譲りの舞台としては、「伊耶佐の小浜」（稲佐の浜）が知られているが、それと共に「多芸志の小浜」も重要な場所である。そして、その「多芸志の小浜」のすぐ近くには、「神門水海」が広がっていた。そこには、まさに水上交通の要衝なのである。命主神社付近から、寛文年間の出雲大社造営の折に、九州系の銅戈と北陸産の翡翠を材質とする勾玉が出土したことは、単なる偶然ではない。古代の出雲、ことに「神門水海」周辺は交通の要衝であり、人・モノ・情報の行き交う場所であった。そのような歴史的環境により、杵築大社が造営され、やがて神々が集う場所として語り伝えられるようになったものと思われる。

前近代の歴史において、出雲は閉鎖的な空間ではなく、常に開放的な空間であった。出雲が神々が集う場所として選ばれた理由は、まさに古代以来の開放的な性格に起因するものであると考えたい。

史料①『日本書紀』神代第九段一書第二

一書に曰はく、天神、経津主神・武甕槌神を遣して、葦原中国を平定めしむ。時に二の神曰さく、「天に悪しき神有り。名を天津甕星と曰ふ。亦の名は天香香背男。請ふ、先づ此の神を誅ひて、然して後に下りて葦原中国を撥はむ」とまうす。是の時に、斎主の神を斎の大人と号す。此の神、今東国の檝取の地に在す。既にして二の神、出雲の五十田狭の小汀に降到りて、大己貴神に問ひて曰はく、「汝、将に此の国を以て、天神に奉らむや以不や」とのたまふ。対へて曰はく、「疑ふ、汝二の神は、是吾が処に来ませるに非ざるか。故、許さず」とのたまふ。是に、経津主神、則ち還り昇りて報告す。時に高皇産霊尊、乃ち二の神を還し遣して、大己貴神に勅して曰はく、「今、汝が所言を聞くに、深く其の理有り。故、更に条にして勅したまふ。夫れ汝が治す顕露の事は、是吾孫治すべし。汝は以て神事を治すべし。又汝が住むべき天日隅宮は、今供造りまつらむこと、即ち千尋の栲縄を以て、結ひて百八十紐にせむ。其の宮を造る制は、柱は高く大し。板は広く厚くせむ。又田供佃らむ。又汝が往来ひて海に遊ぶ具の為には、高橋・浮橋及び天鳥船、亦供造りまつらむ。又天安河に、亦打橋造らむ。又百八十縫の白楯供造らむ。又汝が祭祀を主らむは、天穂日命、是なり」とのたまふ。是に、大己貴神報へて曰さく、「天神の勅教、如此慇懃なり。敢へて命に従はざらむや。吾が治す顕露の事は、皇孫当に治めたまふべし。吾は退りて幽事を治めむ」とまうす。乃ち岐神を二の神に薦めて曰さく、「是、当に我に代りて従へ奉るべし。吾、将に此より避去りなむ」とまうして。即ち躬に瑞の八坂瓊を被ひて、長に隠れましき。

史料②『出雲国風土記』楯縫郡佐香郷条

佐香郷。郡家の正東四里一百六十歩なり。佐香の河内に百八十神等集ひ坐して、御厨立て給ひて、酒を醸させ給ひき。即ち百八十日喜みづきして解散け坐しき。故、佐香と云ふ。

史料③『日本書紀』顕宗即位前紀

白髪天皇の二年の冬十一月に、播磨国司山部連の先祖伊予来目部小楯、赤石郡にして、親ら新嘗の供物を弁ふ。一に云はく、郡県を巡り行きて、田租を収斂むといふ。適縮見屯倉首、新室に縦賞して、夜を以て昼に継げるに会ひぬ。（中略）天皇、次に起ちて、自

-5-

シンポジウムの資料より

ら衣帯を整ひて、室寿して曰はく、

築き立つる　稚室葛根、　築き立つる　柱は、此の家長の　御心の鎮なり。取り挙ぐる　棟梁は、此の家長の　御心の林なり。取り　置ける椽撩は、此の家長の　御心の斉なり。取り置ける蘆呀は、　此の家長の　御心の平なるなり。蘆呀、此をば哀都利と云ふ。　呀は音、之潤の反。取り結へる　縄葛は、此の家長の御寿の堅なり。取り葺ける　草葉は、此の家長の　御富の余なり。出雲は新墾、新墾の　十握稲を、浅甕に　醸める酒、美にを　飲喫ふ　るかわ。美飲喫哉、此をば于魔羅爾烏野羅甫屡柯倭と云ふ。

吾が子等。子は、男子の通称なり。　脚日木の　此の傍山に、牡鹿の角牡鹿、此をば左烏子加と云ふ。挙げて　吾が舞すれば、旨酒

餌香の市に　直以て買はぬ。手掌も憀亮に（手掌憀亮、此をば陀那則挙謀耶羅羅爾と云ふ。）　拍ち上げ賜ひつ、吾が常世等。

史料④『日本書紀』垂仁二年是歳条

一に云はく、御間城天皇の世に、額に角有ひたる人、一の船に乗りて、越国の笥飯浦に泊れり。故、其処を号けて角鹿と曰ふ。問ひて曰はく、「何の国の人ぞ」といふ。対へて曰さく、「意富加羅国の王の子、名は都怒我阿羅斯等。亦の名は于斯岐阿利叱智干岐と曰ふ。伝に日本国に聖皇有すと聞りて、帰化く。穴門に到る時に、其の国に人有り。名は伊都都比古。臣に謂りて曰はく、『吾は是の国の王なり。吾を除きて復二の王無。故、他処にな往にそ』といふ。然れども臣、究其の為人を見るに、必ず王に非じといふことを知りぬ。即ち更還りぬ。道路を知らずして、島浦に留連ひつつ、北海より廻りて、出雲国を経て此間に至れり」とまうす。

史料⑤『古事記』神代

かれ、さらにまた還り来て、その大国主の神に問ひたまひしく、「なが子等、事代主の神・建御名方の神の二はしらの神は、天つ神の御子の命のまにまに違はじと白しつ。かれ、なが心いかに」しかして、答へ白ししく、「あが子等二はしらの神の白すまにまに、あも違はじ。この葦原の中つ国は、命のまにまにすでに献らむ。ただあが住所のみは、天つ神の御子の天つ日継知らしめすとだる天の御巣のごとくして、底つ石根に宮柱ふとしり、高天の原に氷木たかしりて、治めたまはば、あは百足らず八十垧手に隠りて侍らむ。また、あが子等百八十神は、八重事代主の神、神の御尾前となりて仕へまつらば、違ふ神はあらじ」と、かく白して、出雲の国の多芸志の小浜に、天の御舎を造りて、水戸の神の孫、櫛八玉の神、膳夫になり、天の御饗を献る時に、祷き白して、櫛八玉の神、鵜に化り、海の底に入り、底のはにを咋ひ出で、天の八十びらかを作りて、海布の柄を鎌りて、燧臼に作り、海蓴の柄もちて、燧杵に作りて、火を欑り出でて云ひしく、この、あが燧れる火は、高天の原には、神産巣日の御祖の命の、とだる天の新巣の凝烟　凝烟を訓みてススといふ　の、八拳垂るまで焼き挙げ、地の下は、底つ石根に焼き凝らして、栲縄の、千尋縄打ち莚へ、釣せし海人の、口大の尾翼鱸　鱸を訓みてスズキといふ、さわさわに控き依せ騰げて、打き竹の、とををとををに、天の真魚咋献る。かれ、建御雷の神、返り参上りて、葦原の中つ国を言向け和平しつる状を復奏しき。

−6−

シンポジウムの資料より

錦田　氏

森田先生ありがとうございました。

先生からは、「そもそも何故出雲が選ばれたのか」ということの背景として、日本書紀を代表とするオオクニヌシ神、大穴牟遅神の、天津神との役割り分担によって、目に見えない世界をお治めになられたということが背景にあったと。そして、地元の伝承も、顕宗天皇即位前紀も含めて、酒造りということが一つキーワードとしてあるのだと推定されました。では何故出雲に神々が集って宴を催されるという伝承が成立するのかというと、それは出雲という土地が持つ水陸、特に水上交通の拠点、要衝であって、そこには閉鎖性とは逆の開かれた土地の風土、開放性があったのだと。そこで古代以来の開放的な性格によって、出雲に神々が集まるという伝承が自ずから定着していくのではないかというお話でした。

それでは続いてお二方目の発題となります。

國學院大学文学部の新谷先生。十月に神々が出雲に集まると言われるのはなぜか。民俗学のお立場からお話を頂きたいと思います。よろしくお願いいたします。

新谷　氏

それでは。民俗学の立場からお話をさせていただきます。

民俗学というのは、柳田國男、折口信夫という先生方が創られた日本で成立した学問です。欧米からの輸入学問ではありません。フォークロアやフォルクスクンデではありません。もちろん文化人類学の一分野などではありません。

分りやすくいうと、tradition populaireというフランス語を柳田國男が民間伝承と翻訳して、そのtradition、つまり伝承の意味を考える学問として日本で創生した学問です。ですから、歴史学あるいは考古学、文学、社会学、人類学、宗教学、等々、いろいろな学問がありますが、たとえば医療の世界ではそれぞれ、外科、内科あるいは皮膚科というように各専門分野がありますが、traditionつまり伝承や伝統というものを、歴史的世界で総合的に研究するということ、それはいわば総合医療であると、私はよく説明しています。ですから、私どもの民俗伝承学（traditionology）はいろいろな学問と協業しながら、史資料の論理的な解読を目ざすということをいたします。

　ですから、神社のように、ずっとトラディショナルな存在として日本文化の中に存在してきているそれを研究するのは、歴史学もできるし民俗学も考古学もできる。要するに対象を独占できる学問はありません。対象が学問を決定するのではありません。視点と方法とがそれぞれの学問の独自性を見せます。したがいまして、民俗学、民俗伝承学でものごとを考える場合には、書かれていないけれどもこのような意味ではないですかという解釈をすることがあります。それが合理的であるかどうかは、議論の中で確認したり、あるいはその結論の確実性の確率の高さあるいは低さということが議論になると思います。人文科学が自然科学とはっきりちがうのは完全な実験と実証が出来ないということです。可能性（probability）のレベルでの学問なのです。そのことを自覚することが前提であり、つねづねだいじだと思っています。

　そこで本日のテーマでは、なぜ「十月」に、なぜ「出雲」に、ということの二つを考えることが基本だろうと思います。なお、今日は要点のみ短縮してお話しますが、史資料や論拠は拙著『伊勢神宮と三種の神器』（講談社メチエ選書　二〇一三）をご参照ください。

　そこで、二一六頁から二二〇頁まで、依頼された分量を超えてしまったレジュメを作ってきて、それを許していただいたのは、先ほどから話題になっております出雲の開放性でしょうか、閉鎖性でないということに、感謝しております。二二〇頁の七の「まとめ」がすべてです。言語にすればこれがすべてです。史資料を挙げれば二一六頁から二一九頁までが根拠となる史資料です。

二一六頁ですが、まず「出雲とは何か」と「十月とは何か」ということを考えてみます。

第一に、「出雲とは」、を考えますと、古事記、日本書紀それから続日本紀、延喜式と、それらは歴史史料ですけれど、民俗学もそれを使わせていただきます。出雲とは大和王権の守り神であるということが神話と儀礼で語られています。ですから、古事記、日本書紀が言い、六国史や延喜式が書いていることをそのままいえばそういうことなのです。そして、なぜそういうことにしたのか、それはやはり、資料の「古代国家の転換」というところを見ていただきたいと思います。律令国家というもの、そのトップの天皇とは、祭祀王であって世俗王でもある。政治的な王であると同時に宗教的な王であるということです。王権は二重性を持っていないと十分ではありません。単なる軍事力の征夷大将軍では、皇帝とか国王にはなれません。王というものは必ず政治力と宗教力とをもたなくては王ではないのです。古代の王権は律令国家を建てた天武、持統天皇のころ、神祇官での神祇祭祀と、国家仏教としての官寺制、たとえば大官大寺をはじめとした国立寺院を設けていたわけですから、神祇と仏教という宗教性は備えていたわけです。そして、世俗的には律令法体系と官僚機構とを整備していましたので、天武、持統の律令王権というのは、すでに祭祀王としての側面と政治王としての側面は両方完備していたのです。完備していたのに、それに加えて、出雲が守り神であるという古事記、日本書紀の神話を伝えているわけです。そして、国造神賀詞という儀礼をも伝えているわけです。ということは、通常の二重王権ではなくて、プラスアルファーの力、変なたとえですが自動車のエンジンでいえば、特注のターボエンジンを追加したような自動車だった、というふうに考えられるのです。これが一つです。

二つめは、「出雲とは」何かというと、古代文化の保存伝承装置であるといえます。

なぜかというと、出雲だけが国造という古来の制度を残すのです。それから、神宝献上と神賀詞奏上という儀礼も残します。それはなぜか、天皇が存立するためには外部が必要だからです。自分だけでは存立しません。内部と外部とが必要なのです。大きい世界では自国は他国があってこそ存立します。国内の場合でも、伊勢神宮は内宮があり外宮があります。対にならないと存立の継続力が弱くなるのです。伝承文化のもつ伝承力を分析している私どもの民俗伝承学、民俗伝承分析学（トラディショノロジー、traditionology）の視点からみてみますと、伝承力をもって持続しているということは孤立しない、必ず切磋琢磨といいますか、弁証法的な関係が継続力をもつということを多くの事例で観察しています。

そして、天皇が天皇であるためには、律令国家になってもそれ以前からそれぞれ付き合っていた地方小王権との関係性の形を残す必要があります。誰かが考えて残したのではなくて、そのように歴史が流れたのです。国造でいちばん最後まで残るのは出雲ですけれども、それと近く奈良時代にもまだ残っていたのは、大和国の国造です。その大和になぜ国造が残っていたのか。それは一つには大和が国の中心だったから、もう一つには大和国造の倭直が神武東征神話が伝えるように大和王権の成立に深く関与していた氏族だったからではないかと考えられます。その大和国造はやがてなくなりましたけれど、最終的に出雲の国造だけは残ったのです。

出雲国造の神賀詞奏上と神宝献上とはどういうものか。それは古墳時代の大和国家の統治の上での絆だったわけです。各国の国造は大王のもとに、神賀詞を奏上して神宝を献上するという関係です。その神宝とは何か、それが銅鏡、鉄剣、勾玉の三種の神器のセットです。三種の神器は神話でしか出てきません。なぜなら、律令国家の段階ではもうその意味が分からなくなっていましたから。しかし、三種の神器の意味は歴史的に具体的にあったのです。それこそ古墳時代国家を作っていた紐帯、つまり銅鏡は稲作と太陽の象徴であり、鉄剣は、あの稲荷山古墳もそうですし、江田船山古墳もそうですが、これは武力の象徴ですね。じゃあ勾玉はというと魂の象徴です。

古代出雲のことを考えるとき、折口信夫先生が仰っていることは、非常に洞察力のすごいことだと思います。歴史学者も考古学者も、折口信夫の文章をあまりというかほとんど読まないのですけれど、さきほどもたとえ話をしましたが、医療の上での患者の治療についての総合医療の有効性という観点からすれば、折口先生の古代研究はいわばその総合医療のようなものだったのですが、外科でも内科でもないから、一般のお医者さん、この場合は一般の歴史学者や考古学者ですが、そんなみんなによく理解できなかったようなんです。だから、文学の先生として理解され、歌人釈迢空として位置づけられたんですね。しかし、出雲に神が集まるということを解読するには、折口信夫という先生が唱えられた「外来魂」、つまり異界からやって来る魂の概念を使わないと解けません。オオナムチの国造り神話で海上来臨するあの幸魂、奇魂、和魂などという不思議な御魂の語るメッセージです。逆にこれを使うとすぐに解けます。出雲とは、大和の天皇が天皇であるために必要とした「対」、つまりシンメトリカルな対称的なもう一つの存在です。古墳時代国家の時代から中央の王権と地方の小王権との間で、おたがいに交流してきたシステムを形式的に残したものが、神宝献上という三種の神器の献上と神賀詞の奏上、そして負幸物の下賜という関係だったと考えられます。古墳時代国家の段階で広く一般的であった中央の大王権と地方の小王権とのあいだの絆だったものが、出雲にだけ残されたのです。

そういう関係だったのですが、やがて律令国家の体制が緩んできます。そして、新たな摂関制というシステムへと転換していきます。一〇世紀です。もちろん律令国家の体制が解体したというのではありません。変質していったのです。あの律令国家の頑丈なシステムは古代、中世、近世にも伝存して日本の政治権力機構の基本であり続けます。近代の王政復古もそうでしたし、最近までの大蔵省を典型とする省庁の大臣のシステムもその継承体として延長線上にあります。ここでの大事な点は、古代政権の機構と構造にこの時期に大きな変化があったということです。そうすると、七頁の下の図を見ていただければいいのですが、出雲が大和王権の霊威力補給装置として存在し機能していた律令国家の段階が緩んできます。そうすると、王権の世俗王の部分は摂政・関白が代行して、天皇自らは象徴的な祭祀王として純化していくことになりました。天皇の霊威力補給儀礼である鎮魂の儀礼も、はじめのころの天岩戸神話の天鈿女命の舞踏を中心にしていたいわば「律令鎮魂法」の段階から、新たに「布瑠部《ふるえ》由良由良止《ゆらゆらと》布瑠部《ふるえ》」と唱えながら、神宝や服箱を振るう呪術的な「石上鎮魂法」へと変わっていきます。それは清和天皇の鎮魂の記事のころのことで、鎮魂法もそのようなより呪術的なものへと変わったのです。天皇が神祇伯をはじめとする専門職とともにですが自力で霊威力補給の儀礼をするというかたちへと強化整備されたのです。そこで、旧来の出雲の霊威力補給輔弼装置として存在が必要でなくなった。いわば自家発電ができる祭祀王へと変わったのです。つまり、摂関政治のシステムの中で天皇は出雲の霊威力補給を必要としなくなった、出雲国造神賀詞奏上と神宝献上とを必要としなくなったというわけです。

そういう変化の中で、出雲はどう変わったかというと、現在のようにと変わっていったのです。神無月に日本全国の神々は出雲に集まるという信仰が広まっていったのです。それは一二世紀半ばからです。その二一七頁からの史料は、品川先生がおっしゃったことを史料として提供しただけですので、またあとで見ていただければと思います。

ポイントは何かというと、西暦六〇〇年から七〇〇年のころの飛鳥時代から奈良時代のころは、万葉集で詠われているように「十月 鍾礼尓相有 黄葉乃 吹者将落 風之随」と、神無月はしぐれとセットになって季節感を表していました。その後、八〇〇年代の平安時代前期、それは漢詩文中心の時代の文化で、その貞観文化期には文華秀麗集とか経国集とかの勅撰漢詩集が編まれました。和歌よりも漢詩文が主流となっていました。ところが、また一〇世紀、九〇〇年代になってきますと、古今和歌集が編まれるように、文化の和風化、国風化が進みます。その時にあらためて注目されたのが、古典であり和歌でした。

そして、その和歌を研究する人たちの中から、和歌の始まりはスサノオノミコトから、出雲はそのスサノオノミコトが赴かれたところという記紀の神話が注目されました。スサノオとは、さきに言いましたように、アマテラスの太陽とツクヨミの月に対する水や雨の象徴です。だから、泣いて泣いてお母さんの元に行きたいといって、地上に降りて根の国に行く。また高天原に昇ってきては乱暴をする。そしてまた降りてくる。そういう雨と洪水、水の象徴がスサノオとして表現されています。そのスサノオのもっている乱暴さというものは、またもう一方では、歴史的神話として、日本列島における稲作定着困難の歴史、稲作への抵抗の歴史がそのイメージの中に込められているのではないかと考えています。高天原でのアマテラスの水田の稲作への乱暴がそれです。

平成十五（二〇〇三）年に、ＡＭＳ炭素14年代測定法が有効に活用されて、稲作が紀元前一〇世紀後半には九州北部の玄界灘沿岸地域で始まっていたことが明らかとなりましたが、問題はそれだけではありませんでした。稲作はその後なかなか他の地方へとは広がりませんでした。瀬戸内西部まで約二〇〇年、摂津・河内まで約三〇〇年、奈良盆地まで約四〇〇年、中部地域には約五〇〇年、関東南部には約六〇〇年から七〇〇年もの時間がかかっていたのでした。そして、ついに東北地方北部、現在の山形市と仙台市を結ぶ線上までしか稲作は定着しなかったのです。つまり、紀元前九世紀頃から紀元前二～三世紀頃まで、約六五〇年から七〇〇年もの長い間、稲作を拒否し抵抗し続けたのが日本列島の人びとだったのです。その稲作を拒否した人たちに、いったん受容した場合には、それを徹底的に強制し定着させていったのですが、その王権こそ、あの前方後円墳を造っていった全国各地の王たちなのです。ですから、前方後円墳を中心とする大規模古墳は稲作を受け入れなかった東北地方にはついに出現しませんでした。古墳を造らせた王たちは徹底的に水稲耕作をさせ、農閑期の剰余労働力を古墳造営にあてた王たちだったと考えられるのです。その歴史の流れの中から、銅鏡が、鉄剣が、勾玉が三種の神器となるわけです。前方後円墳国家とは何か、その歴史的意義とは何だったのか、それは、長い間みんなが抵抗してきた水稲耕作の労働を徹底的に定着させた時代であった、そして、稲を租税として徴収するシステムを作っていった時代であった、その約三五〇年がやがて稲の王権である大和王権の基礎を築いたのだということです。水稲耕作は嫌な労働です。それを嫌じゃないように変えていったのが、紀元前一〇世紀から七世紀初頭の古墳時代の終焉までの、気の遠くなるような時間だったのです。そして最終的に、律令財政の基礎となる租庸調の租、田租です。それを中心にして日本の歴史では、中世の年貢、近世の石高制まで連続します。そして、明治の地租改正に至るまで、この国を米に縛り付けたのは、あの古墳時代の王たちの刷り込み、プリンティングがあったからだと私は考えています。

そうしてみますと、次の問題です。十月とは何かという問題です。それは、稲作の収穫の時季です。資料の九頁を見ていただくと、宮廷や神社では、とくに宮廷では神祭りがありません。それは九月におおかた稲の収穫をしてしまうからです。旧暦ですが。旧暦の十月はちょうど神祭りがありません。十一月には鎮魂祭、新嘗祭として天皇は霊威力の補給強化をします。

ところが、天照大神は九月に神嘗祭でさっさと美味しいお米を食べられます。天皇は一ヶ月待たされます。この間が、忌みの月です。

新嘗とは新しい穀物を食べる日だというのが柳田國男の考えでした。そしてそれが常識でした。ところが折口信夫は、新嘗とは「にふ」「なめ」。つまり新しい米を食べる前に忌みをすることを意味するのだ、その一ヶ月が大事なのだといいました。この十月というのは、みんな忌みこもって我慢しています、という月です。ですから実際に、民俗学で全国各地の収穫祭を調べてみますと、民間の習俗にお竈《かま》さまというものがあり、たとえば、二一九頁の上の写真は、私の撮った写真です。東京都東久留米市で昭和四十年代に撮った写真ですが、神さまは出雲に行くのだと関東地方ではみんな言っています。三十六人の子供がいるので、三十六個＋αの団子を持たせるとか、途中で帰ってくることもあるらしい。また、秋の収穫の行事では、「案山子あげ」とか「十日夜」、「亥の子」とか、これらは収穫のあとの田畑や庭先などで地面を叩いたりして、収穫の終った田圃から雑霊や邪霊を全部追い出す、全部一旦きれいにしてしまおうという意味のことをします。

収穫祭というのは、実は一方では神送りとセットでした。

全国的にみても、稲作文化が定着したこの日本列島では、十月とはどのような月かというと、収穫感謝の祭りの月であり、神を送る月でもあるということです。つまりプッシュ（push）です。十月とは稲作を生業とする人たちにとっては、収穫を祝い、神々その他霊力のあるものを全部追い出してしまうプッシュ（push）の月でした。

ところが、なぜ出雲が特別な存在であったかというと、海蛇祭祀という「外来魂」、海原を照らして寄り来る神霊を迎えて国造りができたという神話があります。その神霊は大和の三輪山に祭った。日本書紀では幸魂《さきみたま》奇魂《くしみたま》、つまりオオナムチ大穴持命は海上からやって来た神霊を迎えて祀ることによって国造りを完成し、そして大和王権の守り神として大三輪の山上に送っておいたという神話です。それは国造神賀詞でも和魂《にぎみたま》として奏上されています。毎年卒業式や入学式で校歌が歌われると思い出すように、オオナムチ大穴持命の和魂がわれわれの大和の王権を守っているのだということを、奈良朝から平安前期までずうっとその儀式が行なわれるたびに奏上し続けます。ということは当時の官人貴族たちもその神話と伝承とをよく知っていたわけです。ところが、さきほどもいったように、新たな摂関制のもとでは行なわれなくなります。

そうしてみますと、出雲だけはなぜ特別かというと、龍蛇様を迎える神霊来臨の厳重な斎みの祭祀があったからです。古代の人たちはそれを神在祭りとは言わなかったでしょうが、少なくとも、普通のお忌みさんは稲作の美味しいものを食べるのを我慢するためのお忌みさんでしたが、出雲だけは龍蛇様を迎えるお忌みさん（神在祭）でした。したがいまして、このお忌みさん（神在祭）はプル（pull）です。神様を迎える求心力のある場所が出雲でした。そう

提案２

十月に神々が出雲に集まるといわれるのはなぜか？

新谷尚紀

■この問いへのアプローチ、その糸口は、「一、出雲とは？」「五、十月とは？」を考えるところから始まる。

一．出雲とは何か？　─大和王権の守り神─

1．大和王権の守り神

(1)神話　①国作りと国譲りの神話
　②崇神と垂仁の祭政創始の伝承

(2)儀礼　出雲国造神賀詞奏上

(3)神社　伊勢神宮と出雲大社のシンメトリー（対称性）二極構造

出雲大社と伊勢神宮の対称性

	出雲	伊勢
祭神	大国主神	天照大神
祭主	出雲国造	斎宮（皇女）
立地	日本海	太平洋
方位	西	東
対外緊張	半島・大陸	無為安寧
太陽	日没	日昇
祭祀	龍蛇祭祀	新嘗祭祀
司る世界	幽冥界	現実界
遷宮	造替遷宮	式年遷宮

2．古代文化保存伝承装置

(1)国造の存在と継承　神賀詞奏上　神宝献上（三種の神器＝古墳時代国家の王権統治連合の紐帯）

(2)天皇と国造の弁証法的相関関係
　国家統治の基本形 の記憶継承

3．古代国家の転換と出雲の地位の変化

(1)律令制から摂関制へ

律令制　〈外部〉としての出雲（霊的守護機能）
天皇（祭祀王・世俗王）
律令神祇祭祀制　律令法体系
律令官寺制（鎮護国家）　律令官僚制

摂関制
天皇（祭祀王）　〈外部〉としての摂関（政治的輔弼機能）
平安祭祀制　格式中心的律令法体系
王城鎮護の密教体制　令外官中心的律令官僚制

(2)天皇の祭祀王への純化
鎮魂祭の変化　律令鎮魂法から石上鎮魂法へ
霊威力補給輔弼装置としての出雲の役割の終焉
出雲の役割のリセット＝神々のふるさとへ

大王から天皇へ　そして天皇の祭祀王への純化

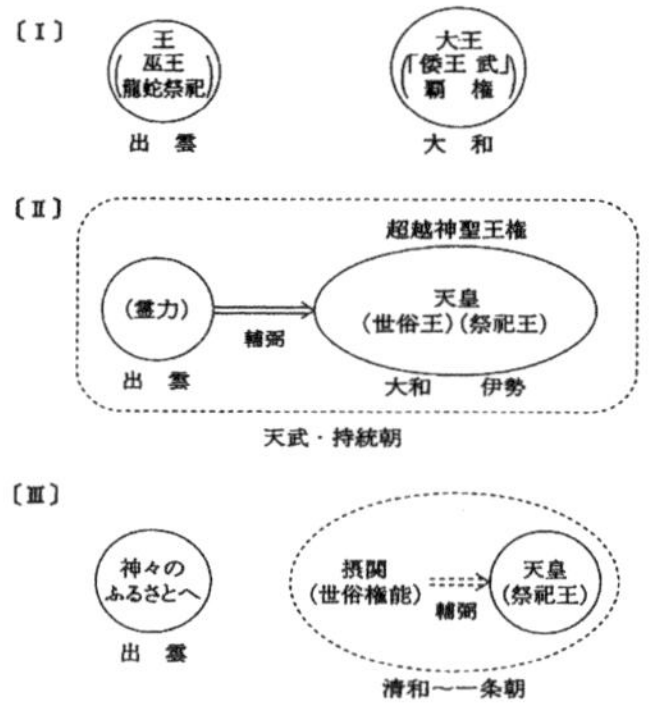

シンポジウムの資料より

二、十二世紀半ばの歌学の中から

―神々の出雲参集の語られはじめ―

1. **藤原清輔『奥義抄』**（保延年間 一一三五―四一 の成立）

「十月《かみなつき》 天下のもろもろの神 出雲国にゆきてこと国に神なきゆへに かみなし月といふをあやまれり」

2. **藤原範兼『和歌童蒙抄』**（久安・仁平年間 一一四五―五四）

3. **経尊『名語記』**（建治一年 一二七五）

「十月をかみな月となづく（中略）日本国の諸神たち御まつりごとのために出雲のいつきの宮へあつまり給て（中略） 神無月といふとふるく尺しおける也 この説勿論歟」

4. **卜部兼好『徒然草』**（元徳二年 一三三〇―元弘一年 一三三一頃成立）

「十月を神無月と云て神事に憚るべきよしは 記したる物なし 本文も見えず」

5. **釈由阿『詞林采葉抄』**（貞治五年 一三六六 以前成立）

「抑一天下の神無月を□出雲国□□には神在月とも□□□□□「云也」我朝の諸神集り給ふ故也 其神在浦に神神来臨の時は 少童の「戯に」作れる如くなる篠舟 波の上に浮ふ事不可及算数 諸神は彼浦の神在の社に集り給ひて 大社には参り給はすと云 彼の神在社は不老山と云所に立給ふ 神号をは佐太「大」明神と云也 是則伝奏の神にて座すとかや

大社は杵築大明神と云 別当をは国造と申「す云々 或人」問曰 此大社は素盞烏尊にて座「すとかや」「然るに」日本国の神々御祖神の如く尊崇し奉り参集し給ふ事 誠以不審也

□□□伊弉諾尊伊弉冊尊の二神こそ天神地祇の御祖にて在座す 亦は天照太神をも宗廟の神にて在座せは尤尊敬あるへきに 第四の御子にて「在」座すをは 何故に祖神の如く成す事や如何 答曰是深秘なれは不載」

6. **東麓破衲『下学集』**（文安一年 一四四四成立）

「十月神無月 十月諸神皆集出雲大社故云神無月也 出雲国神有月云也」

三、万葉集と古今和歌集 ―「時雨」「素戔鳴尊」「出雲」―

1. **万葉集**

十月《かみなつき》 鍾礼尓相有《しくれにあへる》 黄葉乃《もみじばの》 吹者《ふかば》 将落《ちりなむ》 風之随《かぜのまにまに》 大伴池主

十月《かみなつき》 之具礼能常可《しぐれのつねか》 吾世古河《わがせこが》 屋戸乃黄葉《やどのもみじば》 可落所見《ちりぬべくみゆ》 大伴家持

2. **古今和歌集**（延喜五年九〇五年）

(1)「貞観御時」（清和天皇）「万葉集はいつばかり作れるぞ」との下問に答えて

神な月 時雨《しぐれ》ふりおける楢《なら》の葉の 名におふ宮の ふることぞ これ 文屋有季

神な月 時雨《しぐれ》もいまだふらなくに かねてうつろふ 神なびのもり 読人知らず

神な月 しぐれにぬるゝもみぢばは ただわび人の 袂《たもと》なりけり 凡河内躬恒

(2)仮名序「すさのをの命よりぞ 三十文字あまり一文字はよみける」

－8－

シンポジウムの資料より

(3)真名序「素戔烏尊の出雲国に到るに逮《およ》びて　始めて三十一字の詠《うた》あり」

3．要素変換の可能性—時雨・出雲—

(1)万葉集（七—八世紀）　「十月《かみなつき》」＝「鐘礼《しぐれ》」「之具礼《しぐれ》」
(2)古今和歌集（十世紀初頭）　「神な月」＝「時雨《しぐれ》」
「素戔鳴尊」＝「出雲」（和歌）
(3)奥義抄（十二世紀半ば）　「十月・神無月《かみなしつき》」＝「出雲」

四．素戔鳴尊の属性　—水（天地の循環構造の神話的表象）—

(1)天地の象徴
高天原（太陽）＝天照大神　夜（月）＝月読命
海原（雨水・河川・地下水）＝素戔鳴尊
(2)妣神の伊奘諾尊を慕い泣き続ける（雨水の表象）
妣の国（根国・根堅洲国）へ
(3)天つ罪　水田稲作に対する乱暴妨害の罪（稲作への抵抗の表象）
祓《はら》え却《や》られ追放
(4)八岐大蛇退治　奇稲田姫　「八雲立つ　出雲八重垣　妻籠みに
八重垣作る　その八重垣を」
(5)根国「須佐之男命・須世理毘賣＝葦原色許男⇒大国主神」黄泉比良坂
↓　国作り
(6)天上での悪行の神から　地上での悪霊退治の神へ　と逆転
inversion（折口説）
水田と稲作を守る田の神　悪霊や疫病を退治する神
防疫神　牛頭天王とも集合

五．十月とは何か？

—稲の収穫祭／神送り／大和からの「出力」push—

1．宮廷と神社の神祭り　—十月は神祭がない空白の月—

(1)延喜式
旧暦　九月（新暦十月）　伊勢神宮　神嘗祭　**天照大神の新嘗**
旧暦　十月（新暦十一月）　（神祭なし）
旧暦十一月（新暦十二月）　下寅日　鎮魂祭　下卯　大嘗祭　**天皇の新嘗**
(2)住吉大社の神送り（柳田折口も指摘）
旧暦九月晦日　神主が出雲石で遥拝し　出雲へ旅立つ神を送る
神輿は玉出島に渡御して　御菅《みすげ》の祓《はらへ》というお祓いをする

2．民間の習俗　—稲の収穫祭と田の神送り—

(1)お竈《かま》さま（荒神様）
旧暦九月三十日（新暦十月三十一日）はお竈《かま》さま（荒神さま）が出雲へ出かける日だといい、団子を作ってお勝手のお竈さまの神棚へあげる。おかまさまには三十六人の子どもがいるので三十六個の団子と余分の二、三個を作って供える。十五日にはいったん中帰りされるともいう。関東地方に分布するが、中には神無月に神さまがみんな出雲に行ってもお竈さまだけは家で留守を守るというところもあり伝承の過程での複雑な変化も想定される。

－9－

シンポジウムの資料より

お竈《かま》さまへの供物の団子　（東京都東久留米市）
ざるの中に一升枡を入れてそれに盛る。サザンカ3本と松2本を束ねたものを添える。

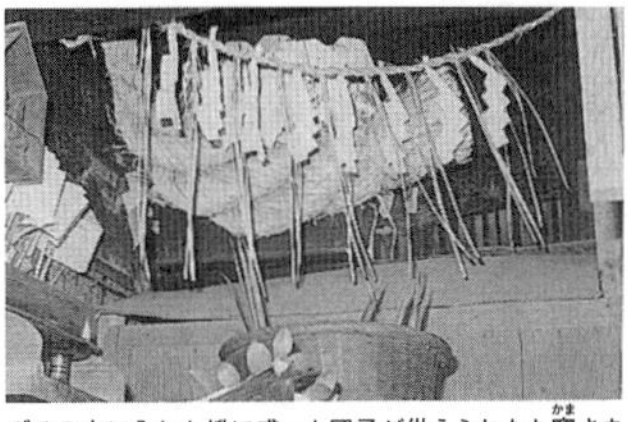

ざるの中に入れた枡に盛った団子が供えられたお竈《かま》さま
太い注連縄《しめなわ》とそのしっぽのところがくるっと上向きに上がっているのが特徴。

(2)案山子《かかし》あげ
旧暦十月十日に行なわれる稲の収穫行事。長野県北部を中心に分布する。稲の収穫が終わった田から案山子を抜き取ってきて庭に立て、その前に一斗枡や箕を置いて大根や新米で搗いた餅を供えた。このあと案山子は山の神となるという。

(3)十日夜《とおかんや》
旧暦十月十日に行なわれる稲の収穫行事。甲信地方から群馬、栃木、茨城、埼玉など北関東地方に分布する。子どもたちが藁鉄砲で地面を叩いてまわる。大根の年取りだとか、田の神がこの日で仕事を終えて帰る日だともいう。

(4)亥《い》の子《こ》
旧暦十月亥の日に行なわれる稲の収穫行事。東海地方から九州地方までの西日本一帯に広く分布する。亥の子搗《づ》きといって子どもたちが縄を付けた石で家々の庭を打ってまわり餅などをもらう。

六．出雲の神迎え　―出雲の「引力」：pull―

1．記紀神話が記す神霊の海上来臨

(1)古事記（上巻）「是の時に海を光《てら》して依り来る神有り」

(2)日本書紀（神代上第8段一書第6）「時に神《あや》しき光海を照し、忽然に浮び来る者有り。（中略）吾は是汝が幸魂《さきみたま》・奇魂《くしみたま》なりといふ。」

2．出雲国風土記が記す佐太大神の誕生

「加賀の神埼　即ち窟《いわや》あり（中略）佐太大神の産《あ》れましし ところなり　産《あ》れまさむとする時に弓箭《ゆみや》亡せましき（中略）金の弓箭流れ出で来けり。」

3．出雲の神在祭

旧暦十月は「お忌みさん荒れ」の季節　龍蛇様が漂着来臨

(1)出雲大社の神在祭

旧暦十月十日（二〇一四年は新暦では十二月一日）夜　神迎神事

稲佐の浜　↓　神楽殿　↓　十九社（天保杵築惣絵図）

十一日　十五日　十七日　神在祭

十七日夕　神去出祭《からさでさい》

二十六日夕　第二神去出祭《からさでさい》　上ノ忌を中心に執行

○寛文七年（一六六七）将軍家が奉納した御櫛笥に「亀甲に有字」の神紋

(2)佐太神社の神在祭

新暦十一月二十日夜　神迎神事

二十五日夜　神去出《からさで》神事　三十日　止神送《しわがみおくり》神事

旧暦十月を一月遅れで執行　明治年間に上ノ忌を廃祀し下ノ忌だけとした

もとは　十月十一日―十六日（上ノ忌）
十七日―十九日（中根）　二十日―二十五日（下ノ忌）

－10－

シンポジウムの資料より

七．まとめ

1．七世紀末—八世紀初の古代律令国家の成立の時点で、出雲は大和王権にとって特別な存在と位置づけられた。それは王権の二重性（世俗王・祭祀王）にもとづくものであった。⑴儀礼としては、「三種神器」を王権連合の紐帯としてきた三世紀半—六世紀末の古墳時代から七世紀のプレ律令時代まで続いていた大王と国造との間の賀詞奏上と神宝献上という王権儀礼交流を保存伝承するモデルとしての、A「古代文化保存伝承装置」としての出雲、という位置づけであった。そして、⑵観念としては、大和王権のB「霊威力補給輔弼装置」としての出雲、という位置づけであった。大和王権にその位置づけをさせた出雲の祭祀王の霊威力の根本とは、毎年海上来臨する神霊の龍蛇神の祭祀、折口信夫のいう外来魂の来觸とその身体内化であった。

2．九—十世紀の律令制の解体から新たな摂関制の形成へという動きは、⑴天皇の祭祀王への純化、とそれにともなう⑵新たな石上鎮魂法の整備、⑶出雲の「霊威力補給輔弼装置」としての機能の喪失（新たな政治的輔弼機能を果す摂関の新設）、⑷神賀詞奏上と神宝献上の儀礼の喪失、という大きな転換をもたらした。しかし、出雲の⑸国造という遺制は保存伝承された。つまり、律令制下の上記のAの一部が保存され、Bが喪失したのである。

3．出雲のAが保存伝承されたことは、Bが表向きは喪失したものの、それが完全には無化されなかったことを意味した。新たな出雲の位置づけへの胎動が始まった。それは平安京の貴族たちの復古的な思潮とそれにともなう和歌や古典の研究の中でのことであった。大国主神とともに出雲神話の主人公である素戔嗚尊が和歌の始祖として注目されることとなった。

4．「神な月　時雨《しぐれ》もいまだふらなくに　かねてうつろふ　神なびのもり」と詠まれているように、平安貴族の社会では十月は神な月であり時雨と神なびという季節感が共有されてきていた。出雲のBの喪失という空白感の中に、「和歌」と「素戔嗚尊」と「出雲」と「時雨」と「神なび」と「神な月」という六つの要素が混淆しあう状況が生じてきて、「神な月」と「出雲」という要素が結びついていきた。それはやがて「出雲」の大神を古代の「大国主神」から中世の「素戔嗚尊」へと変換させる動きともなっていった。

5．「時雨」と「神なび」の季節である「神な月」は、宮廷では旧暦九月の神嘗祭と十一月の大嘗祭という最も重要な二つの王権稲作祭祀の間に挟まれた忌籠りの月であり神祭りがない月であった。忌籠りで神祭りのない十月という空白感が、「神なび」と「神な月」と「出雲」と結びついたとき、「神な月」と「出雲」とが結びついた。それが、保延年間（一一三五—四一）に『奥義抄』の記事となって現われてきた。

6．宮廷と神社と民間習俗とに共通していた毎年秋の旧暦九月から十月へかけての稲作の収穫祭祀はその後の神送り行事とセットになっていた。それに対して、旧暦十月は出雲では忌籠りの中に海上来臨する神霊つまり龍蛇神を迎えて祭る神迎えの月であった。その神送りの出力 push と、神迎えの引力 pull とが呼応しあって、神々の出雲参集という神無月の信仰が十二世紀半ばの平安貴族の歌学の世界で醸成された。そしてその後、中世から近世を通じて、出雲御師や吉田神道の宣伝の中で流布していった。

－11－

シンポジウムの資料より

いうことから、出雲の国でも神様を迎えて祀った後は、いっしょにやって来るであろう変な邪霊や雑霊を追い払うために神等去出神事《からさでしんじ》で追い出してきました。つまり、神を迎えて祀りそのあとで雑霊を送り出すのが出雲であり、収穫を感謝し、祝い、雑霊を送り出したのが全国でした。

ということで、プッシュ（push）とプル（pull）の関係からすれば、出雲に神様が集まるという理由がわかります。稲作の収穫祭と神送りとが全国的な神無月旧暦十月の行事です。それに対して、龍蛇様という恐ろしく強い霊威力を迎えてそれを吸引する季節、お忌みさんの月、その時季に神々を集めておいて、そのあとできれいにピュリファイド（Purified）、浄化する、止神送《しわがみおく》りとか神等去出《からさで》をするのが出雲の神在月旧暦十月なのです。出雲の海蛇祭祀が、龍蛇神祭祀が、平安京の宮廷で出雲が必要でなくなった空白状態、そんな空白状態の中で、和歌の世界を通じて出雲のスサノオのもとに神が集るというかたちになったと考えられるのです。

いまお話ししたことは、資料の二二〇頁の七の1から6のまとめの文章で書いておきました。なぜ神無月に神々は出雲に参集されるのか、という問題に対して、民俗伝承学の立場から私が今日お話ししたのは、実はそこに書いてあることがすべてです。

錦田　氏

新谷先生ありがとうございました。

先生からは「出雲とは何か」という、出雲そのものが持つ古代における大和王権の守り神としての存在。天皇が天皇であるための、それを保証するための存在が出雲にはあった。しかし、霊力の補給、輔弼装置としての出雲の役割が、摂関政治の中で失われていくと。その時に出雲の役割が大きく変化するというスケールの大きな推論を述べていただきました。そしてその後、万葉集と古今和歌集の事例等から、季節感にも言及されました。大体出雲の人は神在月のことを「お忌みさん」と言います。最近は神在月と言いますが、私どもも子供の頃は「お忌みさん、お忌みさん」と呼びました。毎年のように大荒れの天気になりまして、「お忌み荒れ」と呼ぶのです。

まさに時雨れる季節とスサノオさんの持つ「水」という属性がキーワードになって、出雲というものが、神在月と十月がだんだん結びついていく素地が出来ていき、最終的には稲の収穫祭、全国における収穫祭を行う十月、或いはこの月に大和からの出力、追い出す力についても推定されました。一方の出雲では神霊が海上の彼方から来臨される、或いは出雲の持つ引き付ける力、それと最終的には邪悪なものも含めてもう一度大和にお返しして、更なる国家としての霊力、世の中の平安を保っていくというような役割を出雲とこの十月の関係性に見出すことができるのでは、というお話でした。

続いて、國學院大学の西岡先生にお話を頂きたいと思います。

西岡先生には、近世の出雲大社の歴史が十月に神々が出雲に集うこととどのように関わってくるのか、この辺りを中心にお話いただこうと思います。

西岡　氏

先ほど新谷先生が、神在祭を全体にわたり、かつ理論的にご説明下さったので、わたくしは神在祭の認識が江戸時代に全国に広まった一つのきっかけというものを、出雲大社を中心に申し上げたいと思います。

その前に近世の出雲大社について概観しておきましょう。出雲大社は織豊時代から江戸時代の間に二度の大きな変化がありました。

一つは豊臣秀吉が朝鮮に出兵するに際し、全国の社領や寺領の大半を簒奪《さんだつ》したことです。出雲大社も五千石以上あった社領が、二千石くらいになるまで削減されました。そのため、出雲大社の予算も半減し、今まで盛んに行っていたお祭りを縮小、もしくは廃止しなければならなくなったのです。

中世まで出雲大社には、三月に行われる「三月会」、五月に行われる「五月会」、九月に行われる「九月会」という三つの大祭がありました。

その内の三月会は三月一日から三日間行われました。これは今の五月十四日から十五、十六日と行われる例大祭にあたります。ただし、「三月会」は三月の一日と二日は千家国造方が中心となってお祭りをし、三日は北島国造方が中心となってお祭りを行いました。それに対し、「五月会」と「九月会」につきましては、北島国造方が中心となって行っていました。ところが社領が大幅に取られたため、五月と九月の両会とも廃止されました。そうすると、北島国造方においては「九月会」に多くの参拝者をお迎えして、多くの収入を得てきたわけですが、それが出来なくなってしまいました。

つまり、北島国造方にとって一番の収入源であった「九月会」が廃止されたことから、それに代わるお祭りを新たに設けなければならなくなり、この十月の神在祭に注目することになったのです。これは最初のご講演で品川先生も、昔から神在祭は北島国造側が強調しだしたものだとおっしゃっていましたが、正しくそういう事件があったからであります。

次に、北島国造方が十月を大祭にした理由を知る上で、当時の出雲大社のしくみを見ておきたいと思います。江戸時代までは十二ヵ月の内の奇数月は千家国造方が中心にご本殿でのお祭りを、偶数月は北島国造方がご本殿でのお祭りを担当していました。よって、千家国造方の抱え月の参拝収入はもちろん千家国造方が、北島国造方の抱え月に得た収入は、北島国造方が受けるわけですから、両家とも抱え月にいかに多くの参拝者をお迎えするかが大きな課題であったわけです。

そこで十月は偶数月であることから、北島国造方に注目されたわけです。

ただし、このお忌みさんの期間は、例え北島国造方の抱え月であったとしても、千家北島両国造家が行う出雲大社のお祭りでもありますので、必ずしも北島国造方がということではないわけですが、抱え月であるということで十月に注目したわけです。

もう一つの変化は、延享度のご造営の時にありました。出雲大社の今のご本殿はそのときに建てられた建物でございます。延享のご造営の前は寛文のご造営でした。寛文のご造営のときは、徳川幕府が全部お金を出してくれました。それに対して、延享のご造営は、幕府の財政は疲弊していましたので、お金を出してくれなかった。ですから、寛文のご造営が終って六〇年たってもいっこうにご遷宮が出来ないという状態が続いたわけです。もちろん幕府も徳川家康以来、天下の大権を執行する政府としての責任があるわけですから、何とか援助したいのでしょうが、金銭面で援助できないので、普通は許されないことですが、出雲国外での募金を認めよう、と幕府は異例の許可を出したのです。それがいわゆる「日本勧化《にほんかんげ》」と、出雲大社側が言い出した言い方ですが、出雲の国の神主さんが北海道や沖縄を除く日本全国を、期間は限定されていますが、浄財を集めることの許可を受けたわけです。

そこで出雲大社の神主さんは全国を巡ります。このときは出雲の御師が中心に活動したのではなくて出雲大社の上官。上官と言いますのは、今で言えば権宮司さんくらい高い地位のある方です。ただし、上官家は両国造方で各八家ありましたので、十六家くらいの上官が分担して、まず東日本を巡ってお金を集めます。それが終れば次の年は西日本をということになるわけですが、実は、東日本を巡ったときに経費があまりにもかかりすぎるということが判りました。実は今も昔も大して変わりなくて、よく学生に聞くのですが、今年の正月に賽銭箱に千円札入れた人、と聞きますと誰も手を上げません。昔もそんなものです。ですから、全国を巡っても集まるものでなく、かえって経費の方がかかりました。特に上官さんは馬に乗りますから、かなり経費がかかります。そこで出雲大社としましては、全国を勧化させてもらえるのは有難いのだけれど、かえってお金がかかっていくらも集らないことから、来年の西日本は各国々のお役人に集めてもらって、それを寄こして欲しいというようなことまでお願いしたのですが、結局集まらず松江藩が造営費を補填することになりました。ここが普通の神社と全然違うところです。一般に神社は氏子区域内の布教活動が中心で、しめることができました。ただこの全国を巡るということがきっかけに、全国に出雲大社を知らしめることができました。それに対して、出雲大社の神主さんは全国を巡ることが出来る。しかも、出雲大社のご縁起まで知らしめることができるようになりました。

今まで全然ご縁の無かった神主さんが突然やって来て、浄財くださいといっても出してくれるところはありません。そこで出雲大社は幕府の支援もあって全国で勧化ができるようになりましたから、今度は出雲大社の神主さんにご寄付するのは大事なことだと思わしめるための理由が必要となりました。そこでどのような理由を付けたかというと、そこに神在祭を持ってきたのです。

要するに、全国の神々が出雲にやって来て、出雲大社で会議をなされて、会議の結果各国々にお帰りになって、その会議した結果が国々の人々のご縁につながってゆく、すなわち神々のお力を頂戴するということになるわけですから、何の縁もゆかりもないと思っていた出雲大社が、実は地元の神々が出雲に行って、ちゃんとお力をもらって、帰ってきて我々にお力をお分けくださっているわけだから、我々も六十年に一度のご遷宮にお金を少し出そうではないか、という気持ちになってもらえるように、出雲大社側は考えたわけです。

こうして、出雲大社は全国に知られるお宮となりました。今までは出雲の国だけのお宮であったのが、全国区のお宮になり、そして全国区になるための一つの理由に神在祭を持ってきたのです。したがって、出雲大社が今のように有名になったことと神在祭が全国に広まったこととは非常に関係が深いわけです。

もう一つあげました十九社の問題です。出雲大社の境内に全国の神々がやって来られると、東の十九社と西の十九社にお泊りになったり、会議を開かれたり、いろいろなことがなされる社殿がありますが、この社殿がいつ頃出来たのかはよく判りません。ただ、神在祭との関係が非常に深い社殿で、先ほど三先生方がお話しくださった、古い時代からの影響があって、境内に神々がお泊りになるような社殿がかなり古い時代に設けられていたのではないでしょうか。かつて出雲大社の境内に三十八社といわれる社殿が東西に二つありましたが、後々今の境内に整備されていく中で、東西の十九社が出現したと考えられます。

ところで、何故十月に出雲に神が集まるのか、先ほど品川先生のお話に陰陽の説がございました。それ以外に十月に『万物は根に帰る』という中国の説に基づいた説がありました。『万物は根に帰る』と、神祇の根本が出雲にあり、だからこそ十月に出雲に神々が集まる、との説で、これも近世の頃から出されていたことを付け加えさせていただきます。

時間も来ましたので、まとまりはございませんがこのあたりで終えたいと思います。ありがとうございました。

提案3

十月に神々が出雲に集うのはなぜか？

―近世出雲大社の視点から―

西岡和彦

はじめに

十月に神々が出雲に集うのはなぜか。この課題を直接論じたものではないが、筆者はかつて近世出雲大社における神在月や神在祭の意義的変遷を考察したことがある（「神在祭と近世出雲大社」『國學院雑誌』一一五九号、平成十五年）。そこで、今回はそれをベースに、出雲大社荒垣内東西に鎮座する十九社も視野に入れて課題の周辺を考えてみたいと思う。

近世に於ける神在祭の変遷

近世に入って出雲大社では神在祭に二度の変化が生じた。

一度目は豊臣秀吉の朝鮮出兵による大社領の大幅な削減にともなう御頭神事（三月一～三日、五月五日、九月九日）の衰退である。三月は三月会と称した出雲大社の大祭で、同月一日と二日を千家国造が執行し、三日は北島国造が執行した。五月と九月は奇数月（千家国造抱え月）ながら北島国造が執行したが、その五月と九月の御頭神事が廃絶となった。そこで北島国造側は抱え月十月の神在祭に力を入れ変え、神在祭の意義を今まで以上に強調するようになったのである。

二度目の変化は、延享度の造営事業における「日本勧化《かんげ》」とともに、出雲大社が全国区の大社に変貌した時である。幕府公認で全国勧化を執行した出雲大社は、諸国郷土の産土神が出雲大社に参集する神在祭をもって、諸国郷土と出雲大社との間には密接なご縁があると主張するようになった。しかも、それは北島国造側だけでなく、両国造側が協力して採用した教化方針であったことから、出雲大社の祭りといえば、大祭の三月会ではなく、対外的には神在祭がその代名詞になったのである。

こうした一連の神在祭の変化とともに、出雲大社境内にも変化が生じた。それが出雲に集った神々の御宿所とされる十九社である。

（西十九社　出雲大社提供）

十九社について

十九社については、出雲大社社務所発行の『出雲大社由緒略記』に次のような説明がなされている。

十九社（二宇）

本社（注、出雲大社）の荒垣内、御本殿の東西に位す。八百萬神の遙拝所である。殊に、毎年陰暦十月に全国の神々が神集いされた時の御宿所となって居り、神在祭にはこの社でも祭りが行われる。

シンポジウムの資料より

と。なお、千家尊統氏は『出雲大社』（学生社、一六八〜九頁）で、もともと十九社は「三十八社」と呼ばれた社殿で、「仏教徒が、その寺内に斎く神社祭祀のしかたに由来するものであり、三十八所三十八神という考え方が、寛文の造営に際して、東西十九社ということになったのではあるまいか」と推測されている。そこで、次に三十八社について見ておこう。

三十八社について

『大社御造営日記』寛文元年（一六六一）閏八月八日条に、

三拾八社の儀、先日尊光・佐草宮内吟味仕り候へども、自然大社の末社記後代出申す事もこれ有り候へば、只今のと相違などこれ有り候ては御神慮測り難き候間、只今の分にて名の知れたるはその分、知らざるは知らざるに仕り然るべく候はんと、両家（千家・北島両国造家）内談一同仕り候、

とある。寛文元年八月に、徳川幕府の支援のもとで造営されることが松江藩から知らされた出雲大社は、寛文度の造営事業を宝治度（一二四八）のそれに遵守しようと決めた。そのなかで宝治度に「三十八社」なる社殿があったか否か、もしなかったのならば神罰をうけるのではないか、と国造千家尊光と北島国造方上官佐草自清が相談したのである。その後、『大社御造営日記』寛文四年六月二十一日条に、

今度御宮立卅八社・會所等門さきにふさがらざるやうに吟味仕り候、長谷をも呼び寄せ申し、千家殿門先にも御供所・卅八社さはらざるやうにごばんわりを以て吟味仕り、卅八社の内十九社宛東西に立て申し候所吟味仕り、御供所初は北へよせ立て申す談合に候、然るを今日五郎左衛門（注、造営奉行平野五郎左衛門）と談合申し、長谷・佐草吟味にて南へよせ、十九社をば北へ上げ立て申す様に仕り候、

とある。寛文度の造営事業で、北島国造邸を八雲山麓から境内東側

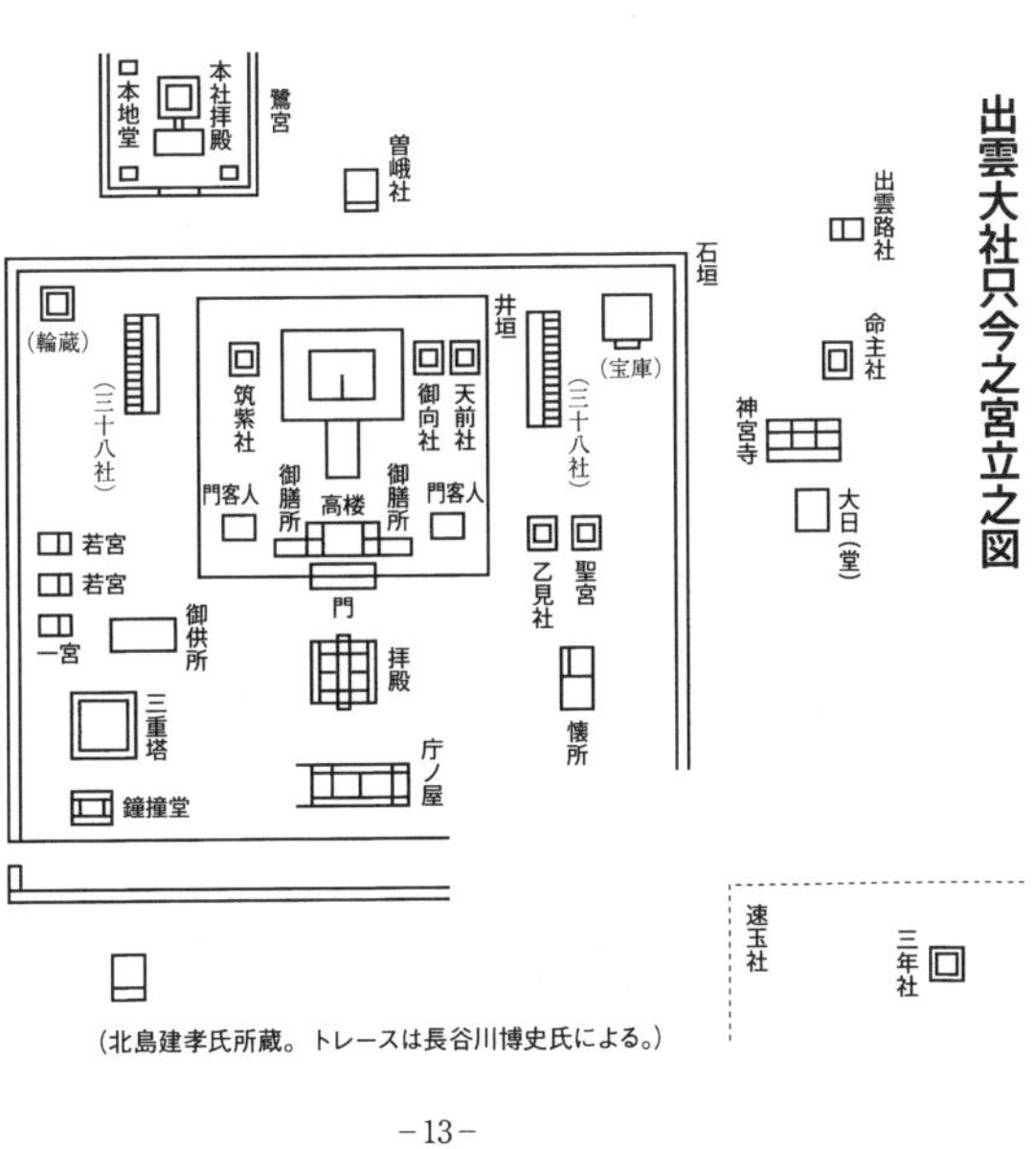

（北島建孝氏所蔵。トレースは長谷川博史氏による。）

−13−

シンポジウムの資料より

に流れる吉野川対岸に移築したことで、境内をはさんで東西左右に両国造邸が立ち並ぶことになった。そこで境内東側にある三十八社や會所の位置を、北島国造邸から境内に繋がる東側の門を塞がないように配置するため、両国造家の代表者（千家側上官長谷《ながたに》正之、北島側佐草自清）が相談した。また、同時に境内西側にある御供所と三十八社の位置も、千家国造邸と境内が繋がる門を塞がないように検討した結果、東西三十八社を半分の十九社にしたとある。このたび発見された「出雲大社只今之宮立之図」（北島国造家所蔵、図録『平成の大遷宮出雲大社展』作品55参照）には、本殿左右（荒垣内）に並立する三十八社があり、その南側に「懐所」（東側）と「御供所」（西側）が描かれており、『御造営日記』の内容を裏付けている。

なお、佐草自清の『出雲水青随筆』（元禄七年・一六九四成）には、

三十八社　社記に対ノ社という、国内大社之神を祭る也云々、且又神在月に諸々の神を祭る所也云々、水青（注、自清）云、「大社之摂社・末社都而三十八所、祭る所の遙拝所ならんか、寛文造営之時、勢州大神宮之遙拝所（注、内外両宮にある「僧尼拝所」のことか）に準じ、東西十九社宛分かち建つ」（『神道大系　出雲大社』二五九頁）

とある。

以上から、三十八社という名称の理由は不明だが（「出雲国造等勘文案」には「三十八所」とある）、それが十九社になる以前（三十八社の創建時は不明）から、荒垣内東西に並立していて、いつの頃かは不明だが、神在月に全国から集まった神々を祭る施設として崇敬されていたのである。

神在月の意義と教化

神在月の説明として神祇道の卜部家では、十月は陰陽の陽が尽きる月であることから、陽である神々が尽きる神無月と称すが、出雲だけ神在月というのは、そうした神々が出雲に参集するからだと説いた。それに対し、佐草自清は松江藩儒黒沢石斎や、その師林羅山の「出雲国は陰陽交合の霊地、神祇集会の勝地なり」（日御碕神社鐘銘序）との説と『史記楽書注』の「十月に万物根に帰るを以て本に合するの義あり」との説を併用して、十月に陰陽の区別無く万物諸神が出雲大社に参集するのは、出雲大社が根本の霊地であるからだと説いた。すなわち、神在月を単なる陰陽説で説くのではなく、十月に万物が根本に帰るように、出雲大社は神祇根本の霊地であるから、十月に神々が集会すると説いたのである。

いっぽう教化面では、神在祭の意義を民衆により分かりやすく説いた。例えば『日本勧化帳　御縁起』では、出雲大社の造営に協賛することは、まわりまわって毎年十月に出雲大社に参集する郷土の神々のお恵みを蒙ることに繋がると説いた。また、江戸時代後期の御師の活動では、大己貴神は神々の中心的存在であり、神在月に大社の海辺に龍蛇が上がるのは、そのご神徳の現れである。だから、わが国に生きとし生けるものは、その神秘現象にならって遠近問わず大社に足を運び、大神に拝礼すれば、人々の本意にも叶い、大神のご加護は益々厚くなるであろうと説いた。しかも、大社への参拝が叶わない者には、御師が仲立ちをして祈祷するシステムまで導入したのである（『大社新嘗会大祭略記』）。

おわりに

近世出雲大社は、神在祭に二度の変化を見、その間に幕府公認のもと「日本勧化」を実施することで、出雲の郷土の大社からわが国を代表する大社へと変貌した。それにともない教化活動も三月会や九月会よりも、諸国の郷土神と密接に関わる十月の神在祭に力点が置かれるようになった。その結果、出雲大社や出雲の代名詞として神在月や神在祭が語られるようになったと思われる。

－14－

シンポジウムの資料より

錦田　氏
ありがとうございました。

西岡先生からは、近世の出雲大社の歴史を紐解いていただきました。

神在祭に二度の変化があったということ。

一つ目は、豊臣秀吉の朝鮮出兵による大社領の大幅な削減が契機であったとのことでした。その際、出雲大社は神在祭の意義を今まで以上に強調したのではないかと述べられました。二つ目の変化は、延享の造営事業におけるいわゆる「日本勧化」。今の言葉で言えば全国へ布教して歩くときに、『お宅の氏神様も出雲大社にお集まりなのですよ』と積極的に広めていったということになろうかと思います。

そしてまた十九社の存在は、実は元々存在していた三十八社。これは少し補足しますと、仏教の習合した神社の中で、よくこの三十八神が祀られることがあります。それを寛文の造営に際して東西の十九社に分かったと……。その東西に分けたということの説を補強して、全国の神々のお宿としての役目が今に伝えられているのだというお話でした。

先生方ありがとうございました。

ここからは、私なりに会場の皆さんが、知りたいなぁと思われることを想像して、三つないしは四つ、論点を絞っておうかがいしたいと思います。

一つは「何で出雲なのか」ということを、もう一度先生方に確認したいと思います。もう一つは、十二ヵ月あって、うるうは別としまして、「何で十月なのか」。それから先ほど品川先生の基調提案にもありました北は青森県から南は鹿児島県まで神送・神迎伝承が広がっている。インターネットもテレビもラジオも新聞も雑誌も無いような時代に、どうして全国津々浦々にこうした信仰が広がったのか。それは「いつ頃のことなのか、いつ頃から広がっていくのか」「起源はいったいどこら辺からなのか」というところまでお聞きしたいと思います。

その前に、時間の関係で省略されたところもあると思いますので、これだけは補足しておきたいという先生がおられたらお願いしたいのですが。

西岡　氏

だんだん違う方に行きそうになりましたので、止めさせていただいたのですが、品川先生のお話にもございました、吉田家、すなわち吉田神道の影響があります。十月は極陰の月であることから、陽が尽きる月とされます。しかも、神は陽でございますから、全国の陽が尽きて、つまり陽が全て各地から離れ出雲に集まることから出雲は正しく極陰の陰みたいなところとの説もありました。

ただ、出雲は早い段階で、林羅山の神道説、理当心地神道が松江藩の儒者である黒沢石斎を通じて入っており、彼と大変仲の良かった北島国造方の上官で、恐らく寛文のご造営は彼がいなかったら出来なかったと思われる、佐草自清という方が、林羅山の説を受け入れていました。その説は、レジュメ二二八頁の下段一行目にある、林羅山の「日御碕神社の鐘銘の序」の「出雲国は陰陽交合の霊地、神祇集会の勝地なり」にうかがえます。すなわち、出雲の国とは、極陰でも陽でもなくて、それらが交合した正しく神祇根本の地であるというのです。神祇根本の地であるからこそ出雲に神々が集まって来るのです。では何故龍蛇が上がるのか。古代から龍蛇信仰があったことは新谷先生のご説明にもありましたが、龍蛇を神々が集まってきたことのシンボルのようにとらえるのではなくて、神祇根本の霊地である出雲の国に鎮座する尊い神、すなわち出雲大社のご祭神である大穴牟遅の神様のご神徳の現われが、龍蛇が上がる現象なのだ、などと解釈をすることによって、吉田神道色を省いた、出雲大社独自の神学というものを出して、十月に出雲大社に、出雲の地に神々が集まる理由としたわけです。以上、補足させていただきました。

錦田　氏

ありがとうございました。
西岡先生に補足いただきました。

それでは一つ目の論点に入らせていただきます。

学問の方法が違えばそれだけ導かれる答えも違ってくるわけですし、長い歴史の中ではさまざまな解釈がされているわけですが、何故全国六十余州あってこの出雲の国が選ばれたのですか。この当たり前のことをもう一度お聞かせ願いたいし、或いはこの先生の意見には反対だというところを是非聞かせていただきたいのですが。まず口火を切って頂きたいのですが、森田先生、全国に開放的な場所はいっぱいありますよね。でも、何で出雲なのですか。やはり、日本書紀の国譲りが影響しているのですか。

森田　氏

国譲りも大切なのですが、先ほどあげなかった史料がありまして、二〇七頁の史料の④のところに、『日本書紀』の垂仁二年是歳条というものがあります。ここの「一に云わく」で、「御間城天皇の世に」という崇神天皇の頃の伝承ですが、額に角が生えている人が、一隻の船に乗って、越の国の笥飯浦に来たといっています。「笥飯浦を名づけて角鹿と日う」というのですが、これは福井県の敦賀市です。この人物は、「意富加羅国の王の子」の「都怒我阿羅斯等」というのですが、その人物は日本に「聖の皇」がいると聞いて帰化したのだというのです。「穴門」つまり山口県ですね。そこに上陸して、そこにいた「伊都都比古」という人が、「私はこの国の王だ」と言ったのだけれど、それを信用しないで、さらにもう一度船に乗って「北海」を廻ったという。日本海のことを上田先生はよく古代では北海と呼ばれていたということをおっしゃる時にこの史料を使われるのですが、「島浦に留連ひつつ、北海より廻りて、」というところで、わざわざ「出雲国を経て此間に至れり」と書かれていまして、ここで数ある国の中で、出雲だけを挙げているということは、やはり出雲が北海における重要な中継地点として認識されていたということを示していると思います。

それから天平五年（七三三）に『出雲国風土記』ができた時なのですが、その頃日本と新羅の関係が悪化していまして、烽を出雲に三箇所配置したのですが、その場所が全て出雲の西部です。神門郡と出雲郡に三つあります。何でそこに配置したのかと言えば、一つは海上交通との関わりもあると思いますが、それだけでなく出雲は瀬戸内海に向かって行きやすい場所、開けている場所の一つであった。例えば『出雲国大税賑給歴名帳』という史料を見ますと、吉備の国から来た「吉備部」という人の名前がありまして、逆に『備中国大税負死亡人帳』というものを見ますと、「出雲部」という名前があります。この二つの史料から、瀬戸内海側の吉備と出雲が、非常に関係が深いことがわかります。ですから、ご当地ソングを歌っているわけではないですが、古代においては、出雲西部、出雲市というところは、水上交通と陸上交通の結節点、一つの十字路であると同時に単なる出雲における交通の要所ではなくて、私は列島の古代における幾つかあった中の要所でもあったと言っていいと思います。私はかつて松江市民だったのですが、古代におきましては、出雲市の方もすごく開けていたということを主張したいと思います。ここで強調しておきます。

錦田　氏
品川先生どうでしょう。
イザナミノミコトさんのお話はすごく説得力がありましたが、どうでしょうか。

品川　氏
私は歴史が専門ではないので、歴史的にどうかと言われると、少しひいてしまいますが。実は「何で十月か」というこのような簡単な質問は一番答えにくいものなのです。
基本はやはり十月は陰の月であり、また出雲は陰の場所という考え方にあるのではないかと思います。基本ではないかと思います。先ほど、スサノオが十月を統治しているという説を挙げましたが、スサノオは神話的にはイザナミの御神徳を引き継いでいるという意味において陰徳ですね。また方位も考えなければなりません。東西軸ということは後から森田さんに説明していただきたいと思いますが、古代の世界観において、出雲は戌亥の方向、つまり陰の方向であり、中央を挟んで伊勢があると理解されていたと考えられます。先ほどのイザナミ崩御説も、ある意味イザナギが陰神であるという前提がありますし、スサノオにおいてもイザナミの御神徳を引き継いだということが前提になっていることから、あくまでも史料的に見た限りは陰徳に関係しながら出雲が選ばれたというふうに言わざるを得ないかと思います。

錦田　氏
新谷先生、お二方の意見を聞かれてどうでしょうか。

新谷　氏
なぜ出雲かというと、神話とか歴史史料によると、先ほど言った通りです。ところがもう一つ、私たちは別の歴史情報をもっています。それは考古学の資料情報です。たとえば、日本列島ではなぜ東北地方の津軽や南部から銅鐸が出土しないのか。なぜ下北半島からは鉄剣が出土しないのか、それは、地勢的な条件という見方から考えてみることができるでしょう。日本列島が文化や文物を取り入れるのは、中国大陸あるいは朝鮮半島からでしょう。海を隔てた向こう側からです。そこには海流というものがあります。海流を利用すれば、揚子江河口付近から九州へ、朝鮮半島から九州や島根半島へ、さらには若狭や能登へ、つまり日本列島に来られます。私たちは漁師さんたちに話をよく聞きますが、むかし戦前のことでエンジン付きの船ですが、北九州の沿岸から自分の船で朝鮮に行っていたのはどのルートですか、と聞くと、朝五時頃に宗像の神湊や博多沿岸あたりを出れば、夕刻には対馬に着けるといいます。対馬で西海岸へ回れば、少し休んで次の日あるいはその次の日には朝鮮に行けたといいます。古代の人たちの航海は古い記録にもあるように非常に危険なものであったと思いますが、北九州地方、筑紫という地域は、大和王権にとってみれば非常に重要な大陸や半島との交流の先端基地であった。こちらからも行けますし、向こうからも来られます。ところが出雲は向こうから来るだけです。出雲から船に乗って日本海へ出て行ったら、きっと海流で流されてしまい朝鮮には着かないと思います。

そうしてみると、日本列島にやって来るものが、一番のメインは筑紫に来ると。もう一つが海流に乗って島根半島へやって来る、たとえば龍蛇さまは多古鼻まで、加賀潜戸までは漂着できるでしょうが、そこを通り過ぎたら美保関までは龍蛇さまは来ていません。島根半島を過ぎると若狭や能登半島まで行きます。大陸や半島の文物が若狭で上陸するとあっという間に、近江へ、琵琶湖まで出て、東に進めば尾張、三河まで届きます。ですから、たとえばもっとも古い銅鐸は尾張、三河辺りから出土しています。平成八（一九九六）年に加茂岩倉遺跡から発掘された計三九個の銅鐸ももっとも古い銅鐸は鐘として使われていたと考えられますが、おそらくは半島渡来だろうといわれています。そうしてみますと、なぜ出雲か、という問題については、地勢的に考えて、考古学的な情報を整理してみると、大陸や半島へこちらから行ける北九州、筑紫は一つの入口ではあったけれど、シンボリックなものではなく現実的なものが多い。ところが、出雲というところは受けいれるものは受け入れるけれど、こちらから半島や大陸には行けない、むしろそこから国内の近畿、東国へという展開を考えると、北九州よりは東国へのびる上では出雲や若狭の方が展開しやすかったと考えられます。

古墳に先行する四隅突出墳丘墓も、最初期のものは中国山地で出土していますけれど、古墳時代に先駆けてそれが普及してくる中心地は出雲です。そしてその時点で、出雲ではそれまで盛行していた青銅器祭祀をやめてしまいます。出雲というところはそのように先端的な地域であることが考古学ではいえるだろうと思います。

古墳時代の前方後円墳は考古学の知見からいえば、「天円地方」の形状だといわれています。その天円は銅鏡の形状に通じます。古墳時代へと入っていく邪馬台国の卑弥呼の時代には、銅鏡が貴重なものとされていました。『魏志倭人伝』の中国王朝の魏の皇帝からすれば、王権のシンボルは印章です。日本でものちに天皇の文書に「御名御璽」といわれるように、璽こそが貴重な王権の表現物です。その金印を授けても卑弥呼はあまりありがたがらなかったようで、銅鏡の方を「汝の好物」と記されているようにとても喜んだのです。なぜか、それはまだ律令国家的な文書行政が実現していなかったからです。文書行政の威力をまだ知らない段階だったからです。卑弥呼の頃から始まる古墳時代の中央王権と地方の小王権との連合にとってもっとも貴重な紐帯としての器物は、さきほどもお話ししたように、銅鏡、鉄剣、勾玉を中心とする三種の神器のセットだったからです。その銅鏡とは忌部広成が『古語拾遺』に「日像之鏡」と記しているように、太陽の表象物であり、稲作を定着させていった「日の御子」の系譜をひく歴代の王権のシンボルが銅鏡だったのです。その銅鏡に通じる「天円地方」の前方後円墳の、後円墳を早く造ったところは大和であって出雲ではないのです。出雲は前方後方墳にこだわるのです。この出雲の特殊性というものは、大和王権とはちがう文化をもち続けているという意味で考えることができます。大和王権のそれは、稲作、神嘗、新嘗です。もちろん出雲も稲作を強力に定着させた社会であり、その生産力の豊かさが古代出雲の文化を支えていることにまちがいはありません。しかし、それに加えて日本海の海に広がる国際的な交流の場をもっており、やはり海と交流交易の文化を強くもっていたと考えられます。この点は、先に森田先生がお話になったところと近いところもあります。

ということで、結論を急ぎますが、稲作を拒否し抵抗した歴史が、記憶の中で神話の中に投影されスサノオの神格の中に語られ、そのスサノオの活躍した舞台こそが出雲であり、またその出雲の前方後方墳の形状の中には、「銅鏡」と「天円地方」と「日の御子」の王権たる大和の王権とは異なる歴史と自己表現とがある、と読み取ることができると私は考えています。

錦田　氏

ありがとうございました。

森田先生一つだけ。出雲国風土記で佐香郷の伝承を引用されましたが、もう一つご当地、杵築の郷の神宮の造営伝承のときも、諸々の神様が集まって、造営された……。あれはどう考えればいいでしょうか。

森田　氏

確かに、諸々の神様が集まって、「所造天下大神《あめのしたつくらししおほかみ》」に宮を造ったということですが、そちらの方では、佐香郷のような伝承ではなくて、大社の造営ということですから、確かに沢山の神様が集まったということなのですが、それが毎年行われる年中行事というものではないので、沢山集っていることは間違いないですが、少し性格を異にすると思っています。

錦田　氏

ありがとうございました。

品川先生、他に何かありますか。

品川　氏

神様が集まる伝承として、先ほどの話を出雲大社が神集いの理由として挙げてもよいのでは、と個人的には思うのですが、先ほどの話はどこに結びついているかというと、出雲大社においては、杵那築《きなつき》の森の伝承に結びついているようです。荒神さんのようなものが、杵那都岐森として祀られています。近世くらいから、杵那都岐の森に神様が集まって神社を建てたという伝承が見られます。先ほど森田さんが言っておられたように造営伝承にはつながるけれど、それは神集いの伝承にはつながっていません。

錦田　氏

ありがとうございます。

西岡先生、近世の資料で風土記の造営伝承の「諸々の皇神たち宮処に参集いて杵築き給いき」ですが、神在祭と何か関わってくるという資料はありますか。

西岡　氏

見たことがありませんね。

当時まだ風土記の研究がそんなに進んでいませんでした。もちろん、風土記を読んでいないことはなく、佐草自清もしっかりと読んでいました。だが、当時神道の書物といえばやはり日本書紀が中心になるので、そちらで主張していくのが一般的でありました。

錦田　氏

ありがとうございました。

では二つ目の論点に移ります。

何故十二ヵ月のうち、この十月が神の集う月として選ばれたのか。古くから様々な説があります。新谷先生、そこのところご自身の説を強調していただいてよろしいでしょうか。

新谷　氏

私が出雲にご縁があったのは、最初は小学校の修学旅行で、出雲大社へお参りさせていただいてからです。それから何度かお参りさせていただきましたが、大学時代、私の先生が早稲田大学の水野祐という古代史の先生で、とくに出雲の古代史の研究で有名な先生でした。出雲大社の千家尊統さまにいろいろと教えていただいたとも話しておられました。早稲田大学の関係者でいいますと、私より少し年上が、関和彦という出雲ではたいへん有名な先生で、私も長いお付き合いをいただいております。そして私より少し若い方ですが、やはり出雲では有名な瀧音能之という先生で、この三人は水野祐という先生の教えを受けています。なぜ、大学院で水野先生のゼミに入れていただいたかというと、私は最初から民俗学を志していましたが、歴史学に在籍した理由は、柳田國男や折口信夫の学問がアンチテーゼとしたのが文献史学や文献の古典研究だといわれたからです。「相手を知り己を知らば」の意味から文献史学の中に身を置くことにしました。

そこで、民俗伝承学から十月ということを考える上でも、まずは古代史の史料や古典を参考にします。万葉集ではどう詠われていたかというと、次のとおりです。

十月《かみなつき》　鍾礼尓相有《しくれにあへる》　黄葉乃《もみじばの》　吹者《ふかば》　将落《ちりなむ》　風之随《かぜのまにまに》　大伴池主

十月《かみなつき》　之具礼能常可《しぐれのつねか》　吾世古河《わがせこが》　屋戸乃黄葉《やどのもみじば》　可落所見《ちりぬべくみゆ》　大伴家持

つまり、神無月といえば時雨《しぐれ》の季節、黄葉・紅葉の季節と詠われています。

もう一つ注目するのは、もちろん民俗伝承です。稲作や神事祭礼の伝承です。神無月といえば先ほども言いましたように、秋の稲の収穫の九月から新嘗の十一月のあいだ、ちょうど神祭りの空白期間、新穀への忌みのひと月です。日本の祭りというのは稲作にかかわって、春祭りと秋祭りがあります。春祭りは祈念祭です。「稲が豊かに実りますように」と祈念します。秋は収穫祭です。「豊かな稲の収穫に感謝します」という感謝ですね。その春秋の祭りに対して、夏の祭りは京都の祇園祭のように、疫病がはやる季節なので禊ぎやお祓いをしてきれいにしようとします。冬の祭りは、冬籠りと厳しいもの斎みの中で新たな稲の霊力を凝縮させようとします。

次に参考になるのは、これまでの先生たちの研究成果です。私にとって比較的身近な一人は宗教学者でもあり民俗学者でもあった原田敏明先生です。私が初めて佐太神社の神在祭を見学させていただき、神ノ目山の斎場にも行かせていただいたのは、昭和五十（一九七五）年十一月のことです。

強力な国鉄ストが長いあいだ続き、東京へなかなか帰ってこれなかったことをよく覚えています。帰って来て町田市にあった原田敏明先生のお宅におじゃまして見学してきたことをお話ししました。そのとき先生がおっしゃるには、「神無月」は「神無し月」ではなくて「神の月」だよ、「水無月」は水無瀬川とか伏流水の川というけれど、「水な月」で、梅雨の季節だから水の月です。「な」というのに「無」の漢字を付けたのは表現のアヤであって、「水無月」は水の月であり、稲作の恵みの水の月であり、「神無月」はむしろ神祭りに関係深い月だということを、先生はおっしゃいました。

それで次に、折口先生のお説はどうか、と思って読んでみました。すると、「水無月《みなつき》」と「神無月《かみなつき》」はペアになるとされています。先ほども言いましたが、対になる、対にした方が、ものごとがよく見えるといいます。「水無月《みなつき》」と「神無月《かみなつき》」を対でとらえますと、六月の「水無月」が下《しも》の「水無月」であり、十月の「神無月」が上《かみ》の「水無月」だ、といわれるのです。上の「水無月」は「神無月」、下の「水無月」は下を省略しただの「水無月」です。秋が上で、春が下だと折口先生は言っておられます。そして、下の「みなつき」も上の「みなつき」も、月という言葉はいらないと。「つき」がつく月の名よりは如月《きさらぎ》とか弥生《やよい》のように、月という言葉をとってしまえば、その意味がわかるといわれるのです。そこで月をはずせば共通しているのは「みな」です。上の「みな」と下の「みな」です。では、その「みな」とは何かというと、万葉集を読んでみると巻貝のことだとわかります。巻貝は何に使ったかというと占いに使いました。つまり、田植えをして、水の祭りをして、その年に台風とかの風水害、また虫の害などがないかどうかを夏の水無月に占ったのだろう、そして、秋の収穫をしたあとの神無月には、収穫をしたのだけれど、次の来年に向けて稲の生命力や稲種が健全に次につながるだろうか、それを神無月は占った月だろうというのです。これが折口先生の説です。

この折口先生のお説はなかなか奥が深くて、いまの私のレベルではもう一つその意味が理解できません。しかし、ここであえて紹介しておいたのは、今日の聴衆のみなさまの中から、とくに若いこれからの研究者にぜひとも研究してみていただきたいと思うからです。

さて、現在の私のレベルで言えることとは、先ほどもお話ししたとおりです。やはり、稲の収穫の九月から新嘗の十一月までの真ん中の忌みの十月、つまり、天照大神が九月には神嘗祭で新穀を食される、天皇は一ヶ月待たされて十一月に新嘗祭で食される。その中間の忌みの十月、というとらえ方です。その十月には一般の農村の人たちは、亥《い》の子《こ》や十日夜《とうかんや》の行事で田畑や庭先などの地面を叩いたりして、さまざまな雑霊や邪霊を追い出して収穫のけりをつけている。稲作のいわばファイナルイベントがこの十月に集中していた。それなのに出雲では、龍蛇さまがやってくる。つまり神を迎える。一般に、春に田の神様を迎えていますから、秋の収穫祭では田の神も送りますがその他の雑

雲だけは神迎えの月でもあるのです。

りの月でもあるわけなのです。日本全国は収穫の月でもあり、神送りの月です。神迎えではありません。しかし、出

らいらっしゃる。それが龍蛇さまです。その龍蛇さまを迎える神迎えの月です。出雲では神迎えの月でもあり、神送

霊や邪霊も送り出します。収穫が終ったら神々は送るのです。ところが出雲では、その月にスペシャルゲストが海か

錦田　氏

ありがとうございました。

今の十月の問題で、先ほど品川先生も触れられ、森田先生も少し触れられた件があります。

皆さんのお手元に資料編という一枚紙表裏のものが渡っていますか。

これは、島根県古代文化センターがかつて、品川先生を中心にまとめられた、出雲大社の祭礼行事に関する報告書の一部をコピーしたものでございます。

「資料編　神在祭関係社以外の記録」と書いてあります。

これが長徳元年といいますから、九九五年の資料です。

「権之記」又は「権記」と呼ばれますが、これはどういうことかというと、当時の最高級官僚の一角を担っていた権大納言の記した日記だから、「権」「記」です。その方は誰かというと、三蹟の一人として有名な藤原行成です。権大納言。藤原道長全盛期の政権中枢を支えた都人の日記の十月六日の条に次のような記述があります。「熊野杵築両神致斎廃務之間、不能糺定犯人等之事」と書いてあります。熊野大社さん、杵築大社さんの両方の神様をお祭りする、最も厳重な物忌み中は、廃務つまり公務が廃止です。その時に、罪人達を裁判にかけたり、その罪に対しての刑を執行してはいけないとの内容が見られます。何故これが十月に限って中央の日記に出てくるのか、これをどう捉えるのか。先ほど品川先生がご紹介されたように、これを一つの根拠にして、十月は出雲の神在祭を、政権中枢が特別に重視をしていたのだという古代史の田中卓先生の学説も知られています。それは、先ほどのレジュメ二一八頁をご

覧ください。新谷先生の資料です。

「五．十月とは何か？」「1．宮廷と神社の祭り」「十月は神祭がない空白の月」と書いてあります。その一つ目、旧暦の九月には、お伊勢さん、伊勢の神宮が、神嘗祭という、天照大神がその年初めての新穀をきこしめすお祭りが行われるわけです。十月は何故か、律令で神祇祭祀が定められていません。十一月になると今度は鎮魂祭や大嘗祭、新嘗祭が全国の神社で行われます。何故か十月が空白とされています。この空白は、天皇とその側近たちが、出雲に対する格別の配慮をしたのではないかという学説もあるのです。

はたして、この十月というのは神在祭のことを言っているのでしょうか。

森田先生いかがでしょう。

森田　氏

実は、古代文化センターの報告書であげておられるところの『権記』の長徳元年十月六日条には前後がありまして、この日記で藤原行成は何を言っているかというと、『右大臣のご宿所にまひる』。右大臣とはこの場合藤原道長です。藤原道長に呼びつけられて、道長のオフィスに行くわけです。そこで、若狭国、越前国と出雲国の国衙から解文が上がってきていると。それを審議するぞと。その出雲国の解文をみますと、出雲国からこんなことを言ってきているぞ。困ったものだ。「熊野、出雲両神社が忌であり、何もできない状態だから、犯人を処罰できないと言っている。どうしようか」ということになって、そういうことだったら、出雲から都まで罪人を移送して検非違使の方で直接処罰したらどうかというように、藤原道長と行成が決めたということです。かつては教科書に、摂関政治ということがいわれていますが、実は太政官の権限がなくなって、摂政や関白が政治を行ったということは、今は古代史では否定されていて、むしろ道長が左大臣として、他の国からあがってくる上奏文を掌握していたということです。そのことが判る史料として『権記』のこの記事は大事なのですが、ここで出雲国から上がってきている史料をどう捉えるかです。私は、田中先生のご見解は魅力的であると思います。神在祭の起源がかなり古くまでさかのぼる可能性があります。しかしながら私が疑念を抱かざるを得ないのは、杵築大社の前に熊野大社の名前があるということです。実は熊野と杵築を並列して書いて、しかも熊野を先頭に書くという書き方は、『出雲国風土記』及び『出雲国造神賀詞』等に典型的に見られる例でありますから、その点を踏まえると、廃務は何のためにやっているかというと、『延喜式』の出雲国造の神賀詞に関わる規定に関係してくると思います。そこでは、出雲国造が神賀詞を奏するときに、負幸物を賜って、国に帰って潔斎を一年間すべきことが規定されている。その物忌みの期間に重刑を決しないと。それから、班田収授とか田地の調査のような重要なことを出雲では止めなさいと『延喜式』に規定されています。

『延喜式』は、九二〇年代に成立して、九五〇年代に施行されていますから、時期的にいうとまさに、四五年くらいです。『延喜式』の論理にのっとって行われているものでして、かつては一〇世紀は、律令制が変容或いは解体したといわれていたのですが、むしろ律令制を日本に合うような状況に変えていったのが、実は、摂関政治といわれていた時代なのです。

ですから、結論としては、神在祭の史料としては使えない。むしろ、出雲国造神賀詞の史料であるということです。

錦田　氏

ありがとうございます。

品川先生このあたりどうでしょう。

品川　氏

ロマンのない話をしますが。

いわゆる全国から神様が集まるという積極的な意味での神在祭の原形は、基本的には中世のいずれかの時期に始まったと考えています。もちろんその前に、火のないところに煙は立ちませんので、先ほどは刈上祭というかたちで説明をしましたが、何らかの刈上に関する祭が出雲にはあったと思います。後の史料なのでその証明にはなりませんけれど、出雲大社の神在祭を、十月の亥の日の行事と書いてある史料はけっこうあります。つまり神在祭を亥の子といった刈上祭に関係するものとして捉えようとしている近世の史料があるのです。ところで、中世末の史料から、当時の神在祭を復元しようとすると、榜示幣の祭といいますか、いわゆる境に幣を立てて、聖域をつくってその中で祀るというかたちになります。奈良の石上神社に榜示幣の祭、榜示浚神事という有名な中世の祭がありますが、それと同じような構造が、佐太神社には十月二十一日の幣立祭に見られます。これは神域に幣を立てて祀る祭です。出雲大社は、榜示幣の祭というものはないようですが、神在祭に関連する神社、すなわち湊社、仮宮、出雲井社などをみますといずれも、出雲大社の神域の境なのです。神在祭で重要な場所はどこかというと、全て境なのです。それから同じ「ほうじ」でいきますと、神魂神社、真名井神社、六社神社では、十月十一日に何をするかというと、法事祭です。「ほうじ」という言葉は一緒なのです。神魂神社などでは恐らく、イザナミの法事という「ほうじ」ではなくて、元は榜示の「ほうじ」であった可能性があるのではないかと。このように中世末の史料から、中世の祭を復元しようとすると、「榜示祭」のかたちを各社共通して持っていたのではないかと考えています。積極的に神様が集まるという意味での神在祭の根本は、「榜示祭」のかたちを取りながら中世に始まったのではないでしょうか。ただ、先ほども言ったように、火のないところに煙はたたないので、その前に何らかの形で十月に神様を迎えて祀る、亥の子、十日夜といった刈上祭があったのだろうと思います。そこに龍蛇さんが関係してくるのは、新谷先生がおっしゃったように、刈上祭である以上、稲作に関係する蛇としての龍蛇は必要ですし、また外界の威力を迎えるという意味でも龍蛇は必要だったからだと思います。刈上祭のようなものが原神在祭としてあって、中世のときに、榜示祭のような形態に整えられて、しかも先ほど西岡先生が言われたように、より積極的に神様が集まることを主張し、今の見るかたちのような神在祭になっていったのだろうと基本的には理解しています。やはり、『権記』の記録をもとに、それを神在祭に結びつけていくことは困難なように思っています。あまりロマンのない話で大変申しわけありません。

錦田　氏

ありがとうございました。

十月が元々民俗的な信仰として、農耕も含めて祭祀の重要な月というところがあった。そこに様々な時代の価値観、宗教観、神観念、場合によっては仏の観念というものが習合して意味づけられていった。その中で特に陰陽説というものが重要な役割を果たしてきた、ということになるでしょうか。この問題はなかなか答えが出ませんね。なかなか難しい。

では三番目。最後になりましたけれど、北は青森県から南は鹿児島、南西諸島まで、この伝承が広がっています。いったい何がこの信仰を支えたのでしょうか。出雲というアナザーワールド、異界の地への憧れ、憧憬、信仰というものが無かったら、ここまで全国へ広まったのでしょうか。新谷先生どうでしょうか。

新谷　氏

先ほど、品川先生、西岡先生のまとめられたのは正しいと思います。

私が言っているのは、古代にはこのようなかたちで始まったけれど、中世からいろいろな変化があり、近世にもいろいろな変化があって、伝承というものは常に変化をしながら現代にまで伝えられてきているということです。変わらないものは何ひとつない、それは柳田國男も言っています。

ですから、いろいろと変化をしながら、ミックスした状態で伝わっているので、それを少しずつ分けてみると、これは古い情報、これはあの頃に流行ったやや新しい情報、これは最近のもっとも新しい情報というようになると思います。伝承というのは時代を経るごとに変化を重ねてきているものです。たとえていえばですね、パソコンの上書き保存の履歴、消去の履歴、その両方をさかのぼって解読するのが、私どもの民俗学、民俗伝承学（traditionology）なのです。その学問的な特徴、独自性とは何かといえば、歴史世界に対して、そのような、古代から現代までの上書き保存の履歴と消去の履歴とのその両者を追跡する、解明するという学問なのです。

今の質問に関しては、最も適した答えをなされるのは西岡先生だと思いますので、その西岡先生の本日のオオトリの前に、その露払いをしますと、以下のとおりです。やはり、ブームというものは結構あります。伊勢神宮というのは本来は天皇しか祀ってはいけない神聖な神宮です。それなのに、時代の流れの中で、やがて「お伊勢さん」と呼ばれるように、庶民もみんな親しくお参りするようになります。お伊勢参りとか、伊勢講とか、おかげ参りとか、庶民参詣もたいへん盛り上がります。幕末には「ええじゃないか」の熱狂が知られています。出雲大社の場合も、大国主の神さまが大黒さまだとか、地方によっては、子の神さま、ネズミの神さまだとか、いろいろ変形して、庶民にものすごく身近な神さまになっています。古代王権にとって神聖でその権力基盤であった神社が、その後の長い歴史の中で、庶民信仰の対象として盛況していきます。神聖でビッグな神社が、庶民の世俗の身近な神社になったり、その落差の中に信仰の力があるのだろうと思います。

もう一つは、日本社会がもっている、流行のエネルギーです。一つ火がつくともう「猫も杓子も」、という最近の流行です。出雲も伊勢もホテルの予約が最近では私たちにはなかなかとれないですね。そういう流行現象が日本の歴史の中では何度も繰り返し起こっています。この間も聞いた話ですが、島根県の人口よりも、出雲大社への参拝客の方が多いそうですね。それはやはり日本の社会が古くからもっているエネルギーといいますか、力といいますか、やはりブームというのは、いったん火を付けられたらとどまりなく広がっていきます。それも経済効果だけでなく文化効果も呼び起こし、それなりによいことだと私は思います。

東京都東久留米市は、私がかつて住んでいたところなのですが、市史編纂のしごとで民俗調査の現場でいろいろ勉強させていただきました。その多摩地区農村の典型的な地域でも、資料の写真で紹介しておりますが、旧暦九月三十日（新暦十月三十一日）には、オカマサマ（お竈さま）が出雲に行かれるといって、おばあさんが三十六個の団子を作っていました。そのような出雲信仰の広まりの背景にあるのは何か、というと、中世から近世にかけて活躍した出雲の御師の人たちの布教活動があったのではないかと私は考えています。自分の家の台所の火の神さま、オカマサマ（お竈さま）、それは荒神さまだと語られながら、その神様がはるか出雲の国に行って来られるのだよ、と語り、またその話を聞いて育った子供たちにとって、自分の世界と出雲という異界との交流という想像は幼い子どもたちの夢をふくらませたのではないかと思います。そのような記憶は結構楽しいものですから、大人の話から子ども心に刷り込まれたら、それがかなり後々までも語りつがれて、自分の世界と異界との交流というロマンが生まれたのではないかと思います。おばあさんがそういう話してくれると、それをまた孫が覚えておく、というかたちで、大きなブームを作った近世の御師たちの活動があって、それがずっと残影のように、しかも楽しみながら伝えられているのが出雲への神々参集の伝承だと思います。それを刷り込み、プリントしたのは誰かというと、中世から近世へかけての、室町期から江戸初期に向かっての出雲信仰の布教活動の動きだろうと思います。

というわけで、さきほど西岡先生が学術的な観点から指摘された、近世の延享期の「日本勧化」が、やはり決定的な意味をもったのだろうと思います。そして、その時に得た上級神主の「勧化」の上での公認活動が、さらに広範な御師の活動にも展開していった可能性があるのではないか、またその延享の公認に結びつくそれ以前からの御師の活動もあった可能性なども考慮してよいのではないかと思っています。

錦田　氏

ありがとうございました。

森田先生いかがでしょう。

何故この信仰がこんなに全国に広がったのでしょうね。

森田　氏

実は、「古代出雲の壮大なる交流」という展覧会を、県立古代出雲歴史博物館の学芸員時代に担当したことがありましたけれど、その時に、古代においても出雲という地名はかなり全国に分布していまして、丹波、山城、大和、信濃、武蔵、周防、伊予とかいったところに、出雲に関する名前の神社が実際あります。その前提として、出雲から、人々が移動したということを考えなければいけないと思っています。

錦田　氏

ありがとうございます。

古代においても、そのような素地があって、そこへ重なるように神在祭の信仰が広まっていくという考え方で良いでしょうか。

西岡先生、その契機は日本勧化でしょうか。

西岡　氏

先ほど三先生からお話いただいたように、古代、すなわち権記まではさかのぼれないまでも、奥義抄まではさかのぼれるのは確かであるわけですから、平安時代には、知識人はともかく民間の人々も漠然とながら全国の神々が出雲に集まるとか、出雲に神様が行かれるという考えは、かなり古くからあっただろうと思われます。

それに対し、出雲大社は、そうした漠然とした考えを持つ方々を積極的に迎え入れるためにはどうすればいいのか、ということを考えていたわけです。そこで日本勧化をすることによって、そうした方々を目覚めさせなければいけなくなりました。今まで漠然としていたものを、積極的に出雲大社に目を向けさせなければいけない。十月は確実に出雲に神々が来るのですよ、ということを積極的に訴え続けて、彼らの漠然とした目を覚醒させないといけない、ということを出雲大社はやったのだろうと思います。

そのためにはどのような意味付けをすればいいか。そこでオオクニヌシの大神さまのご神徳が注目されたのであります。この神様は農業の神様でもあるし、医療の神様でもあるし、産業の神様でもある。オオクニヌシの大神様は大変多くのお名前をお持ちであるのは、それ程ご神徳を多くお持ちであるということになります。とすると、お蔭を受けていない方は誰一人としていないわけになります。そこで、お蔭参りとして出雲に来られるのは人々だけでなく、神々も当然お越しになられる。だから皆様も神様と同様にされるべきですよ、と教えていったわけです。

さて、出雲の御師などが全国に布教していく中でご祈祷をします。従来、御師のご祈祷を受けて、出雲大社のお札をいただいていたのですが、改めて各地でご祈祷を受付るようになりました。どう変化したかというと、出雲大社に帰って、出雲国造さまにご祈祷していただきます、とご祈祷を募ったわけです。現人神の出雲国造さまにご祈祷をしてもらえるとなると、普通の御師や伊勢の恩師のご祈祷とは全然破格の違いでありますから、こんな有難いことはない、是非お願いしようということになりました。この件は出雲大社の神主さんに後でお聞きしないといけないのですが、そういう伝統は今もあるのではないかと思います。私が出雲大社でご奉仕させて頂いたときに、毎朝、ご本殿で国造さまが、ずっと人のお名前を読み上げられていました。何でそんなことを神前でやっておられるのかと思ったのですが、もしかしたらこれは、前の日に拝殿や神楽殿でご祈祷された方のお名前をあげているのかなと勝手に思ったのですが、それを聞いてとても有難いと思いました。人の名前をご神前で国造さまが読み上げられているわけですから、直接国造さまを通じてオオクニヌシの大神さまに届くわけですから、こんなご利益のいいご祈祷はないと素朴に感じたわけです。そして、恐らく江戸時代の方も同じように思ったのではないでしょうか。

まとめますと、毎年我々の神様ですらご利益を受けに出雲へ行かれるのだから、我々も出雲に行こうではないか。しかし、出雲はあまりも遠い所だから、行けないならば御師にお願いしてご祈祷でもしてもらおうか。また、ご祈祷も国造さまがしてくださるのなら、なおさら有難いではないか、ということで、出雲大社の方にどんどん目を向けるように工夫し、全国の人がそのようになっていったのではないでしょうか。以上のような要因が重なって、出雲大社が全国区になったと思われます。

ところで、「伊勢、出雲」というのは、今では当たりまえのように口に出てくる神社の代名詞になっておりますが、江戸時代は必ずしも伊勢神宮の次に出雲大社が出てくるということはなくて、石清水八幡宮とか賀茂とか春日とかの京都や奈良の大社が出てくるのが一般でした。それがいつの頃からか、神社の代名詞が「伊勢、出雲」というような、新谷先生も伊勢と出雲の本をお書きになって大変売れているそうですが、「伊勢、出雲」が神社の代名詞になったという事実です。

元々古代はそうであったかも知れないけれど、それをもう一度現代の人々に、「伊勢、出雲」というようにさせたのは、恐らくこの江戸時代の神在祭であり、出雲の御師や神主さんらの色々な働きがあって今に至っているのではないでしょうか。

したがって、出雲市の繁栄もこの神在祭にあるのではないかという気がいたします。以上です。

錦田　氏

ありがとうございました。

締めくくりになりますが、今日基調提案をいただきました地元の品川先生、信仰が広がった、信仰を支えたのは何だったのでしょうか、一言お願いします。

品川　氏

なかなかきつい質問が回ってくるので……。

先ほども申しましたように、出雲大社は御師の活動もしくは勧化によって広まったと考えて良いと思いますが、では佐太神社は、と考えたときには、証明はできませんがやはり紀州の熊野の影響を考えなければならないと思います。古代から熊野と出雲は密接な関係がありますし。

それから、先ほど吉田家の話もしましたけれど、中世末から近世では吉田家の影響。実際に出雲に神様が集まるということを知らない神主さんが、吉田家に行って、そういう伝承を聞いて帰ったということが日記に残されています。出雲への神集い伝承を知らない神主、神職さんもいて、裁許をもらいに吉田家に集ったときに、そういう話を知り、地元で伝えたということもあり得ると思います。それに加えて、出雲大社の御師の活動もしくは日本勧化による広まりがあった。今日話題に出なかったのですが、実はもう一つルートが想定されます。それは出雲の縁結びの信仰です。これは近世になってからのものだと思いますが、出雲大社に直接関係ない形で、出雲の国結びの神という伝承が成立しているのです。これは皆さんご承知の弁慶伝説に関わるものなのですが、オオクニヌシやスサノヲとは無関係に「出雲は結びの神」という伝承がどこからか生まれています。紀州熊野の影響、出雲での縁結び信仰、吉田家の影響、御師の活動、日本勧化など様々な要素が相関しながら、やがていろいろな相関関係で、神社の方でも積極的に神様が集まることを主張して、現在のような姿になってきたのが実情だと思っています。

錦田　氏

ありがとうございました。

あっという間の時間でございました。

四名の先生と、非常に刺激的な、楽しくも有意義な時間を過ごすことができましたことができました。これもひとえに先生方をはじめご参集の皆様方のお陰です。

私も今年「うるう」ですから十二月の寒いときに、万九千神社の神迎祭を斐伊川の川原に下りて、一人で奉仕をいたします。その後、「お忌み」としての「神在祭」、神々をお見送りする「神等去出祭《からさで》」を奉仕します。毎年、神様をお祀りする立場として思うことは、目に見えない存在が、遥か彼方からお越しになってお帰りになるということ。大自然の中で神様をお祀りするということ。建物が必須の要件ではないということを常々感じています。

自然の中で、厳しい時雨の中でお祀りすることで、そして厳しい潔斎を経ることで、命長々久しく生かされていることは、本当に有難いことなのだと素直に感じます。人間は自然とともにあるのだといつも思います。目に見えない人との縁、目に見えない生きとし生けるものの命。そういった目に見えないものへの価値観を、時には思い出すこと、深く考える文化は大切な事柄ではないでしょうか。これはあらゆる信仰にいえることだと思いますが、すばらしい心の営みではないかなと思っています。

すばらしい神在月の文化がここ出雲には残っています。伝承は変化するものですから、これからもどんどん変わっていくかもしれません。しかし、大切な何ものかを皆さんと一緒に、これからも学んでいきたいと思います。

本日ご協力いただきました先生方、ご参集の全ての皆様に敬意を表しまして、シンポジウムを閉じさせていただきます。ありがとうございました。

あとがき

いづも財団では、全体テーマを「出雲大社と門前町の総合的研究」とし、四期五年間の公開講座をとおして、出雲文化の特質を系統的・総合的に把握することをめざしている。平成二十四・二十五年度は、第Ⅰ期公開講座として「出雲大社の造営遷宮と地域社会」をテーマに全一〇回の講座（講演一五本、シンポジウム二回）を開催した。そして、そのまとめを『いづも財団叢書』第一号（上巻）、第二号（下巻）として公刊した。

本書は、同叢書の第三弾である。平成二十六年度におこなった第Ⅱ期公開講座（全六回、講演一〇本・シンポジウム一回）の内容をまとめたものである。テーマは「出雲びとの信仰と祭祀・民俗・芸能」である。出雲びとの信仰を、祭祀・民俗・芸能の諸点から考えてみようとしたものである。

本書に掲載されているそれぞれの論考は、講師先生が公開講座で行った講演内容に、その後の知見を付け加えて、新たに執筆いただいたものである。多忙な中をご執筆いただいた先生方にまずもってお礼を申し上げたい。「謎」の解明が新たな「謎」を呼び、これだけの執筆スペースでは、とても論じきれなかったと思われるが、それぞれテーマごとに論点を示していただいているので、これから研究をめざす人にとっての手がかりとなろう。

最後に、本書は多くの方々のご支援があって初めて刊行することができた。公開講座を共催いただいた島根県立古代出雲歴史博物館、島根半島四十二浦巡り再発見研究会をはじめ、出雲大社、千家国造家、北島国造家など数えればきりがない。この場を借りて厚くお礼を申し上げたい。

平成二十八年六月吉日

公益財団法人いづも財団
出雲大社御遷宮奉賛会

◈**執筆者**（執筆順）
松本　岩雄（島根県立八雲立つ風土記の丘所長）
平石　　充（島根県古代文化センター専門研究員）
品川　知彦（島根県立古代出雲歴史博物館学芸企画課長）
関　　和彦（元島根県古代文化センター客員研究員）
浅沼　政誌（島根県教育庁文化財課企画幹）
岡　　宏三（島根県立古代出雲歴史博物館専門学芸員）
錦織　稔之（島根県古代文化センター専門研究員）
藤原　宏夫（島根県立古代出雲歴史博物館専門学芸員）
大谷めぐみ（島根半島四十二浦巡り再発見研究会副座長）
森田喜久男（淑徳大学教授）
西岡　和彦（國學院大学教授）
新谷　尚紀（國學院大学大学院教授）
錦田　剛志（万九千神社宮司）

事務局　公益財団法人いづも財団
和田　秀穂（事務局長）
山﨑　裕二（事務局次長）
松﨑　道子（事務局員）

出雲びとの信仰と祭祀・民俗・芸能

発行日　平成28年7月15日
編　集　公益財団法人いづも財団
出雲大社御遷宮奉賛会
発　売　今井出版
印　刷　今井印刷株式会社
製　本　日宝綜合製本株式会社

ISBN 978-4-86611-032-5